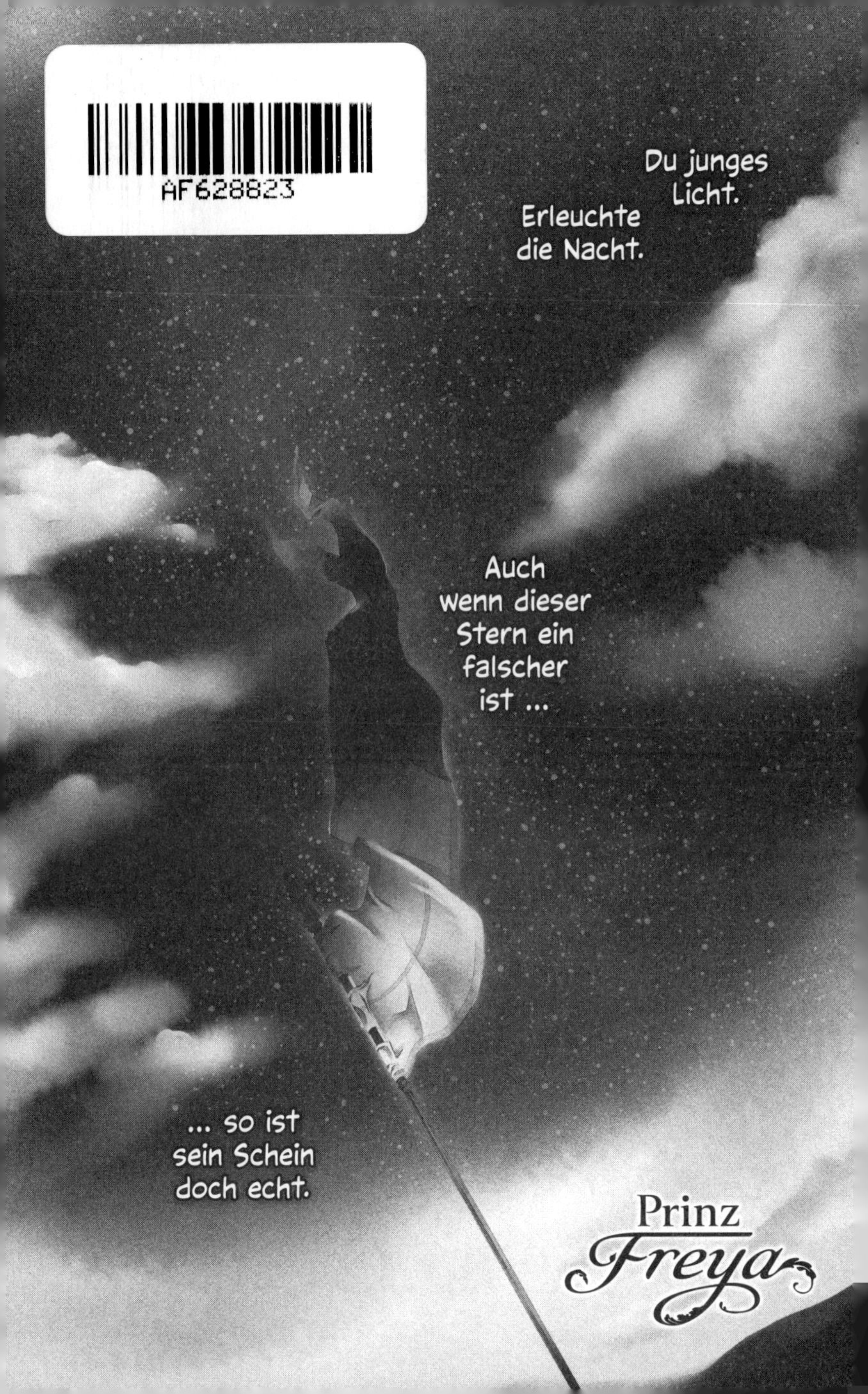
Du junges Licht.
Erleuchte die Nacht.
Auch wenn dieser Stern ein falscher ist ...
... so ist sein Schein doch echt.
Prinz Freya

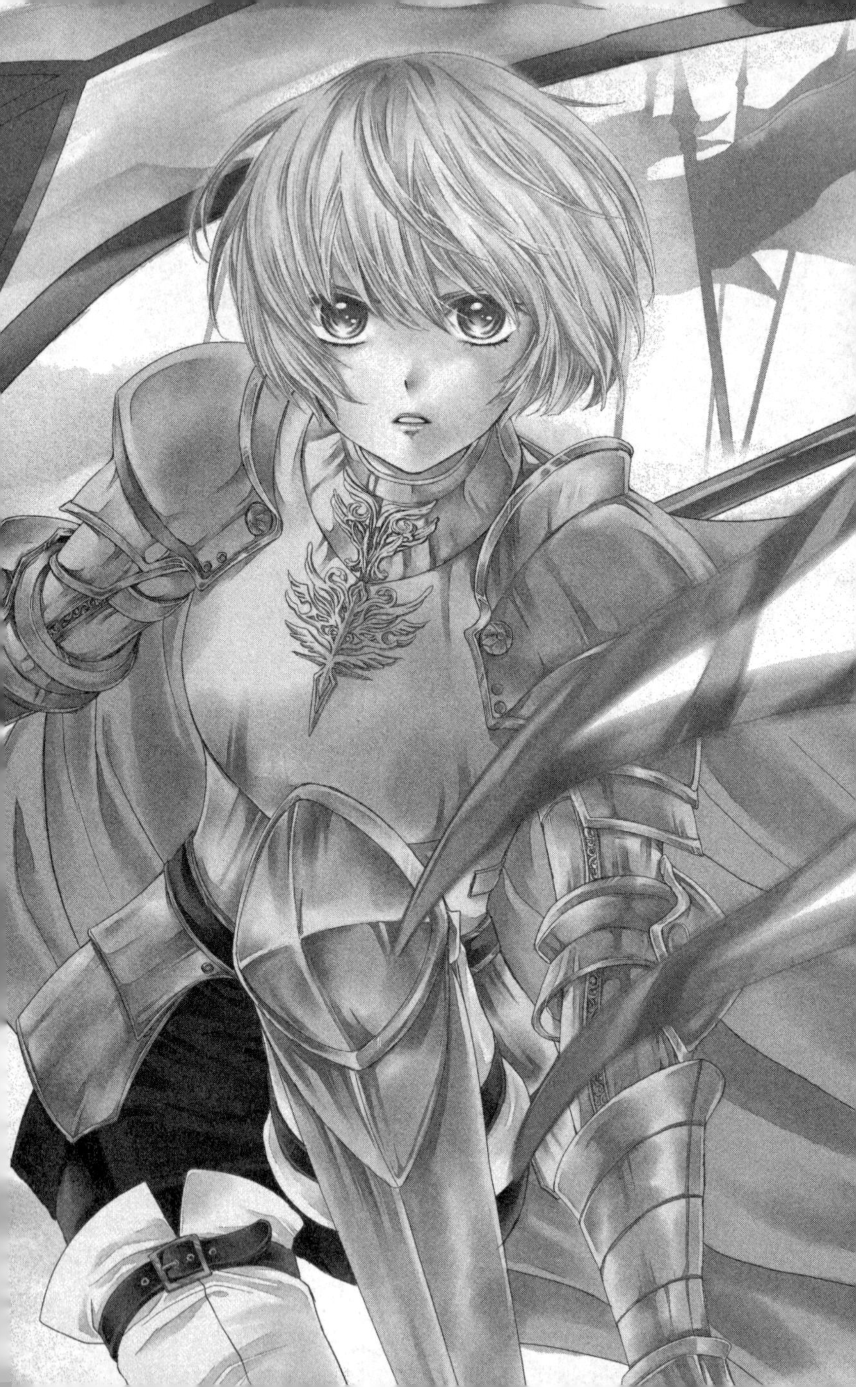

# Prinz Freya

# 1

Keiko Ishihara

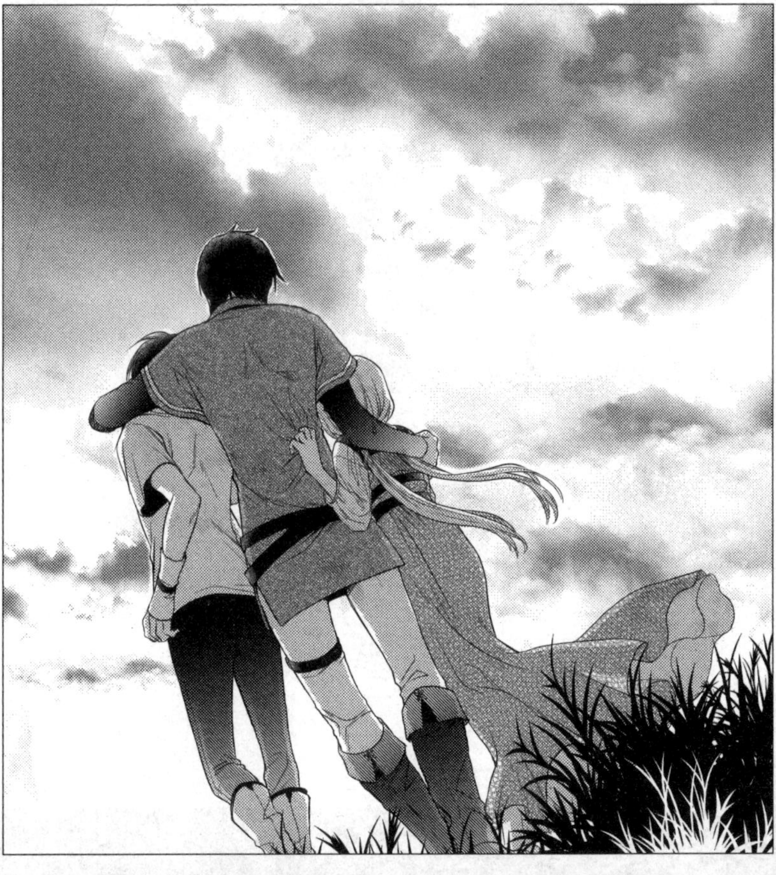

Prinz
Freya 1

# Inhalt

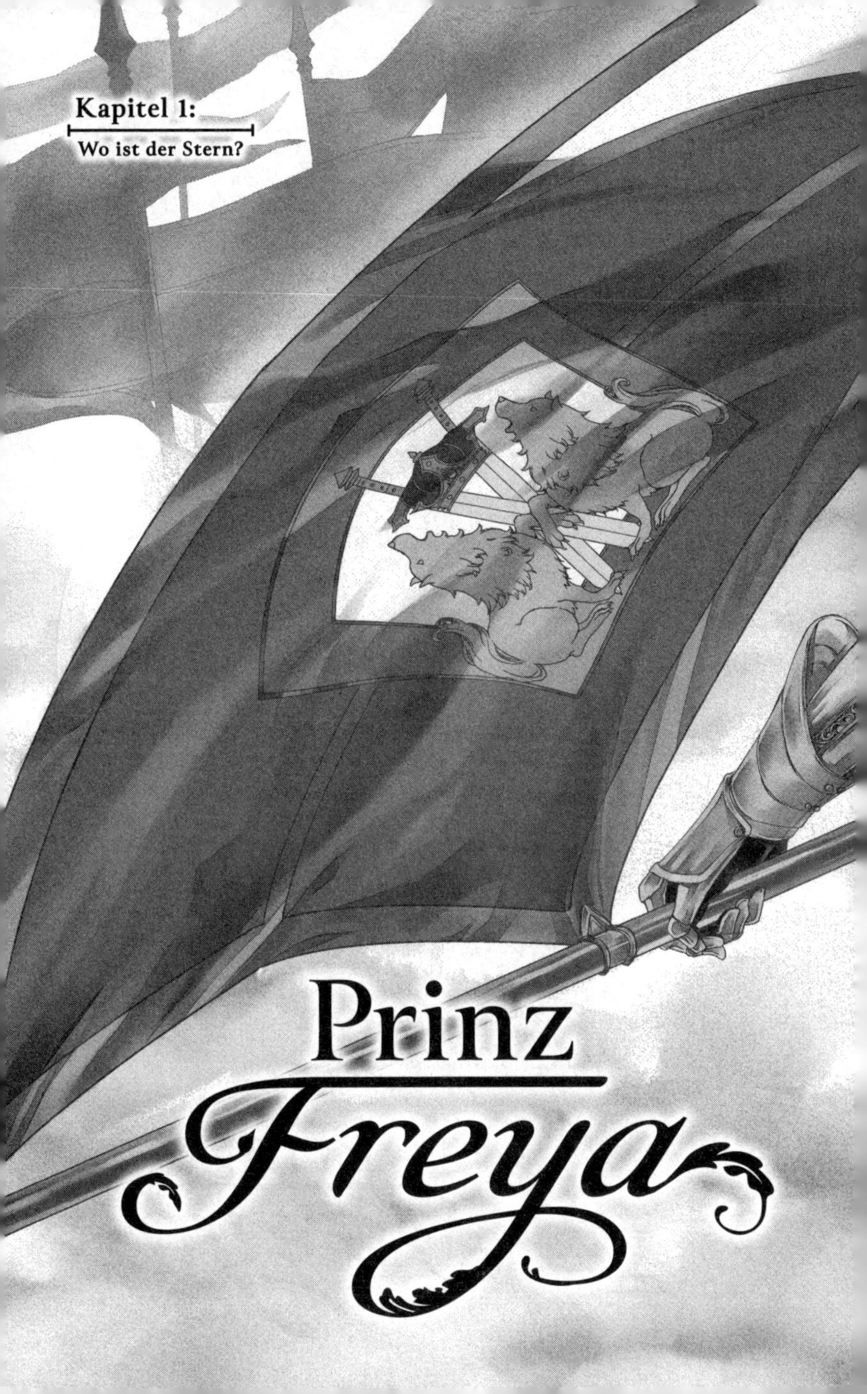
Kapitel 1:
Wo ist der Stern?
Prinz
Freya

Prinz Freya

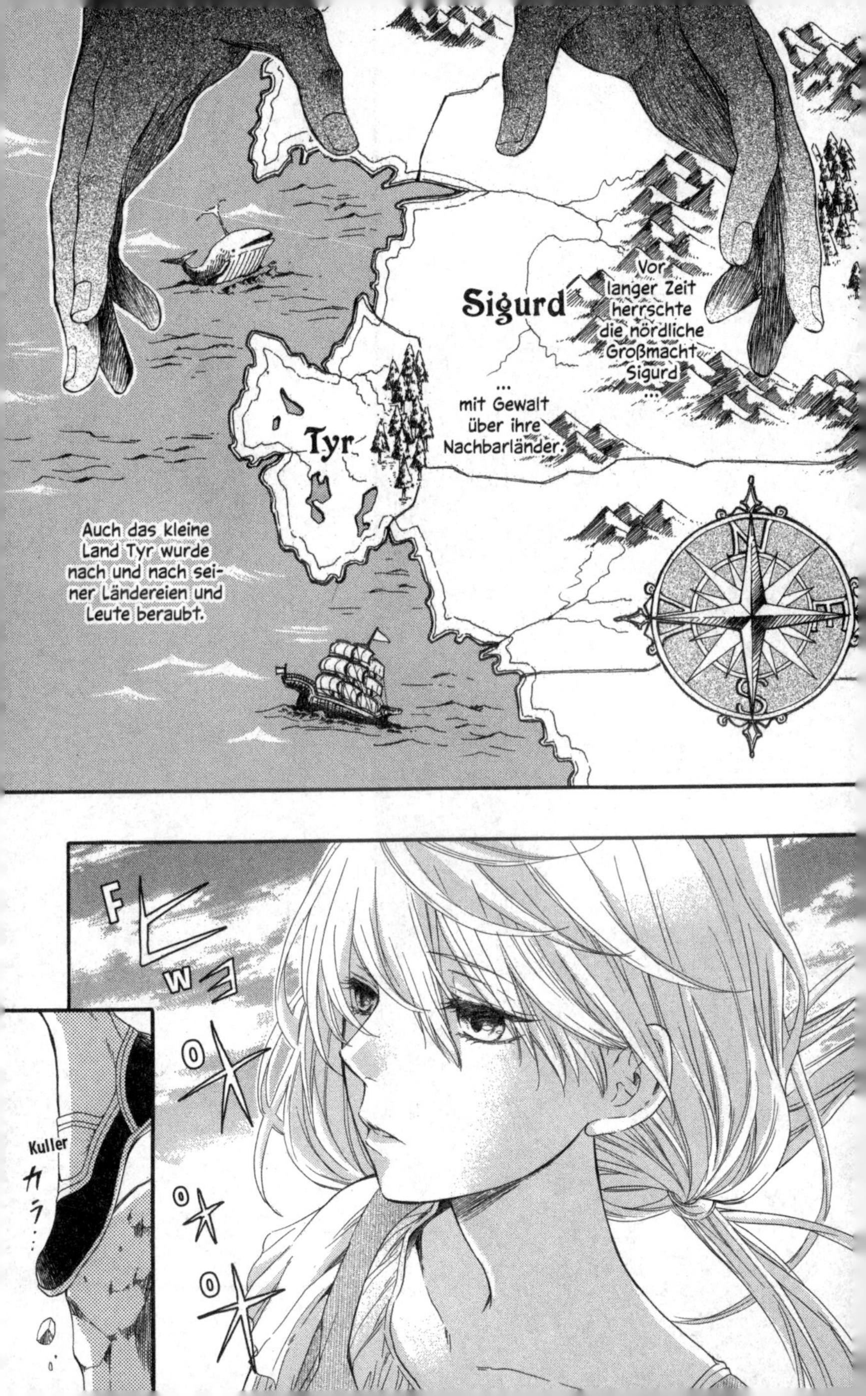
Sigurd
Tyr
Vor langer Zeit herrschte die nördliche Großmacht Sigurd ...
... mit Gewalt über ihre Nachbarländer.
Auch das kleine Land Tyr wurde nach und nach seiner Ländereien und Leute beraubt.
Fwooo
Kuller
カラ…

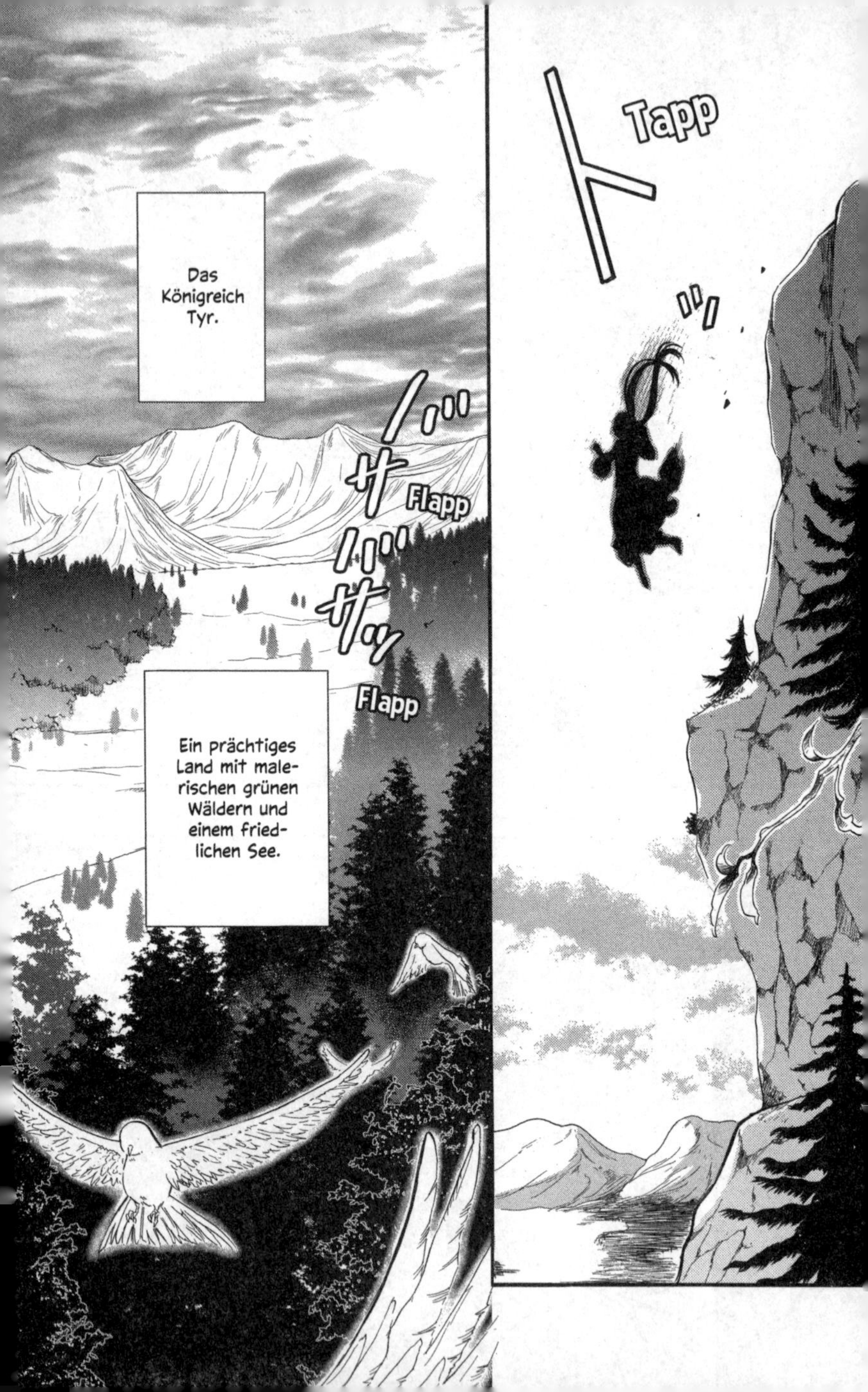
Das Königreich Tyr.
Flapp
Flapp
Ein prächtiges Land mit malerischen grünen Wäldern und einem friedlichen See.
Tapp

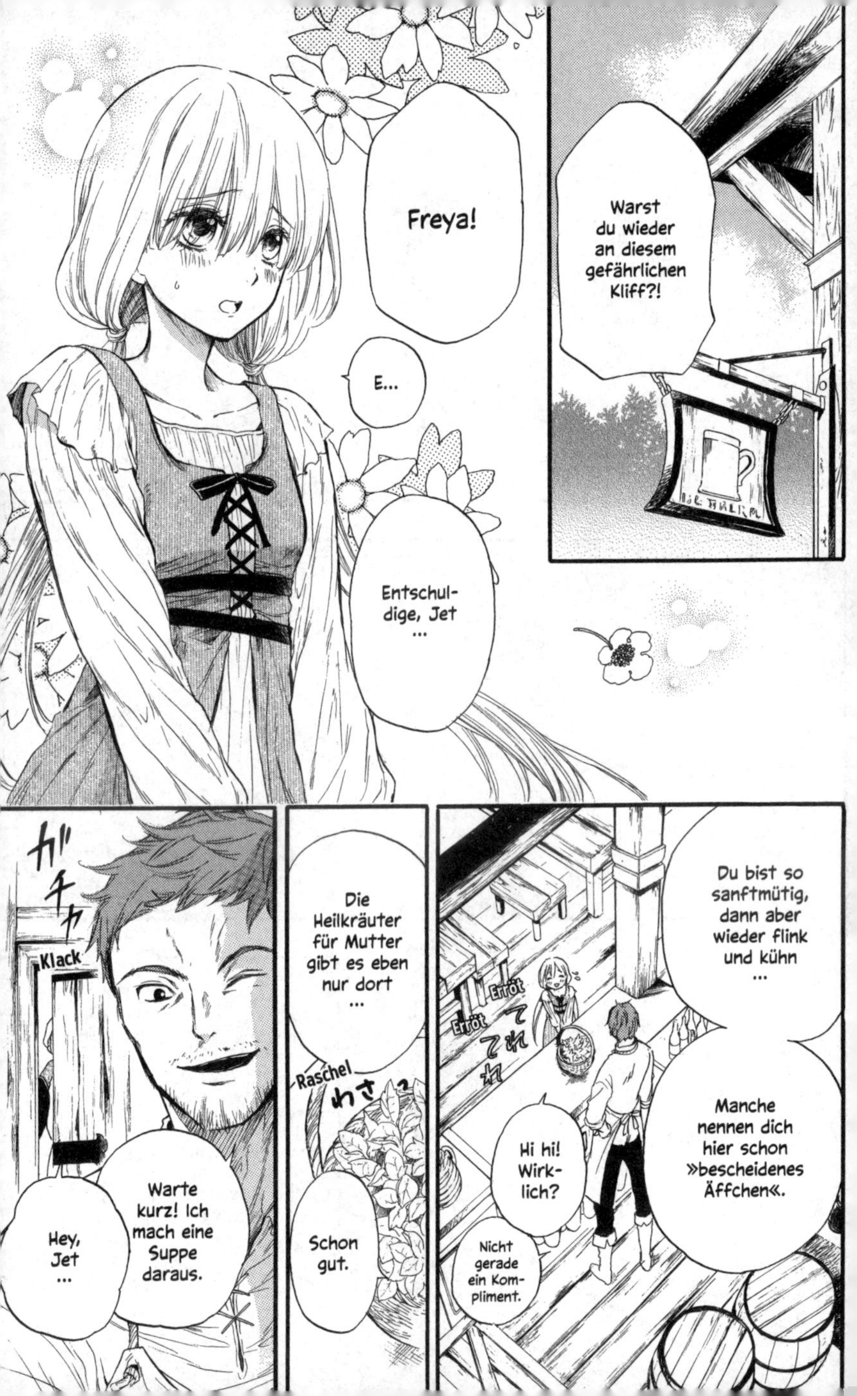
Warst du wieder an diesem gefährlichen Kliff?!
Freya!
E...
Entschul-dige, Jet ...
Du bist so sanftmütig, dann aber wieder flink und kühn ...
Manche nennen dich hier schon »bescheidenes Äffchen«.
Erröt
Erröt
Hi hi! Wirk-lich?
Nicht gerade ein Kom-pliment.
Die Heilkräuter für Mutter gibt es eben nur dort ...
Raschel
Schon gut.
Klack
Warte kurz! Ich mach eine Suppe daraus.
Hey, Jet ...

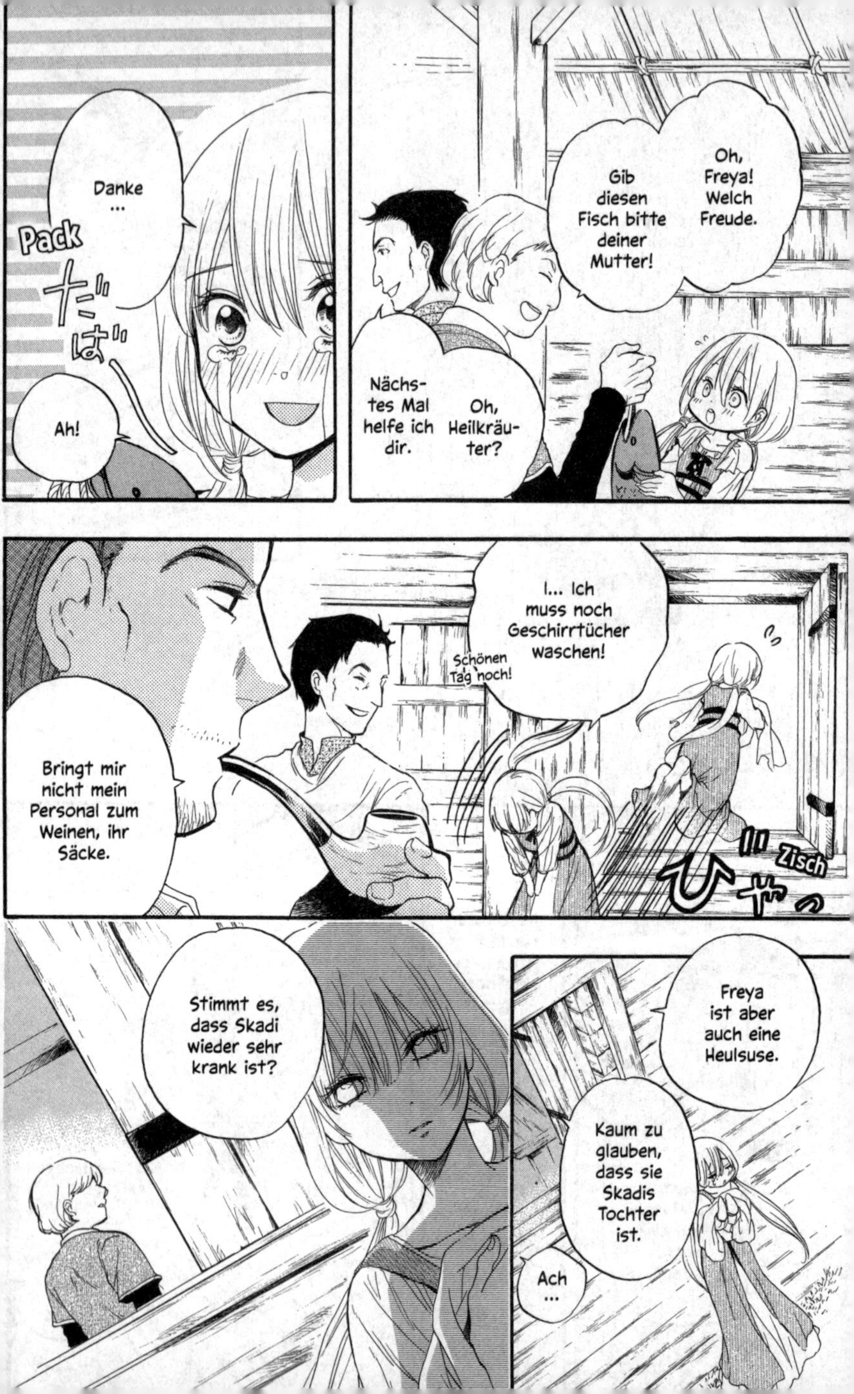
Oh, Freya! Welch Freude.
Gib diesen Fisch bitte deiner Mutter!
Oh, Heilkräuter?
Nächstes Mal helfe ich dir.
Danke ...
Pack
Ah!
I... Ich muss noch Geschirrtücher waschen!
Schönen Tag noch!
Zisch
Bringt mir nicht mein Personal zum Weinen, ihr Säcke.
Freya ist aber auch eine Heulsuse.
Kaum zu glauben, dass sie Skadis Tochter ist.
Ach ...
Stimmt es, dass Skadi wieder sehr krank ist?

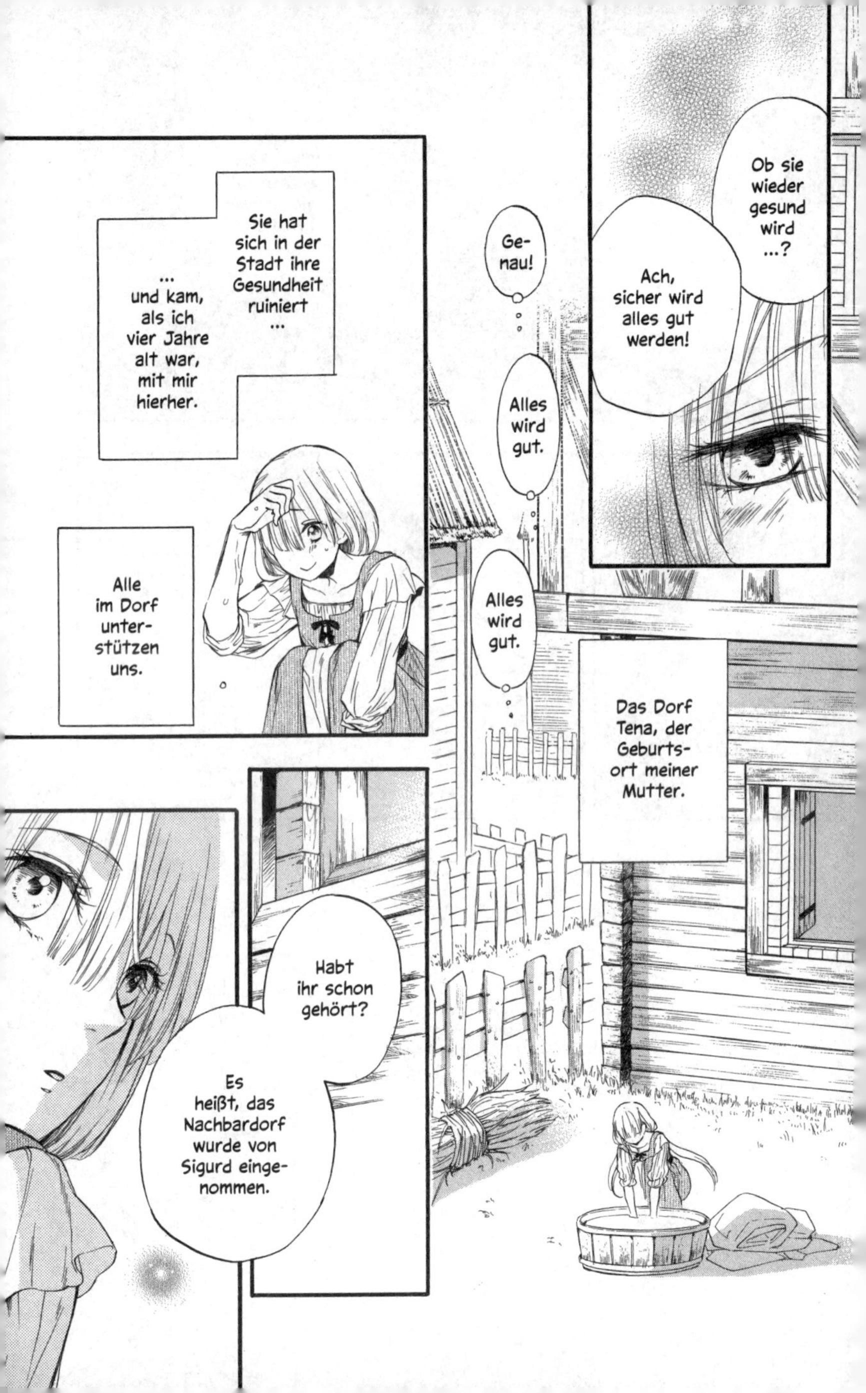
Ob sie wieder gesund wird ...?
Ach, sicher wird alles gut werden!
Genau!
Alles wird gut.
Alles wird gut.
Das Dorf Tena, der Geburtsort meiner Mutter.
Sie hat sich in der Stadt ihre Gesundheit ruiniert ...
... und kam, als ich vier Jahre alt war, mit mir hierher.
Alle im Dorf unterstützen uns.
Habt ihr schon gehört?
Es heißt, das Nachbardorf wurde von Sigurd eingenommen.

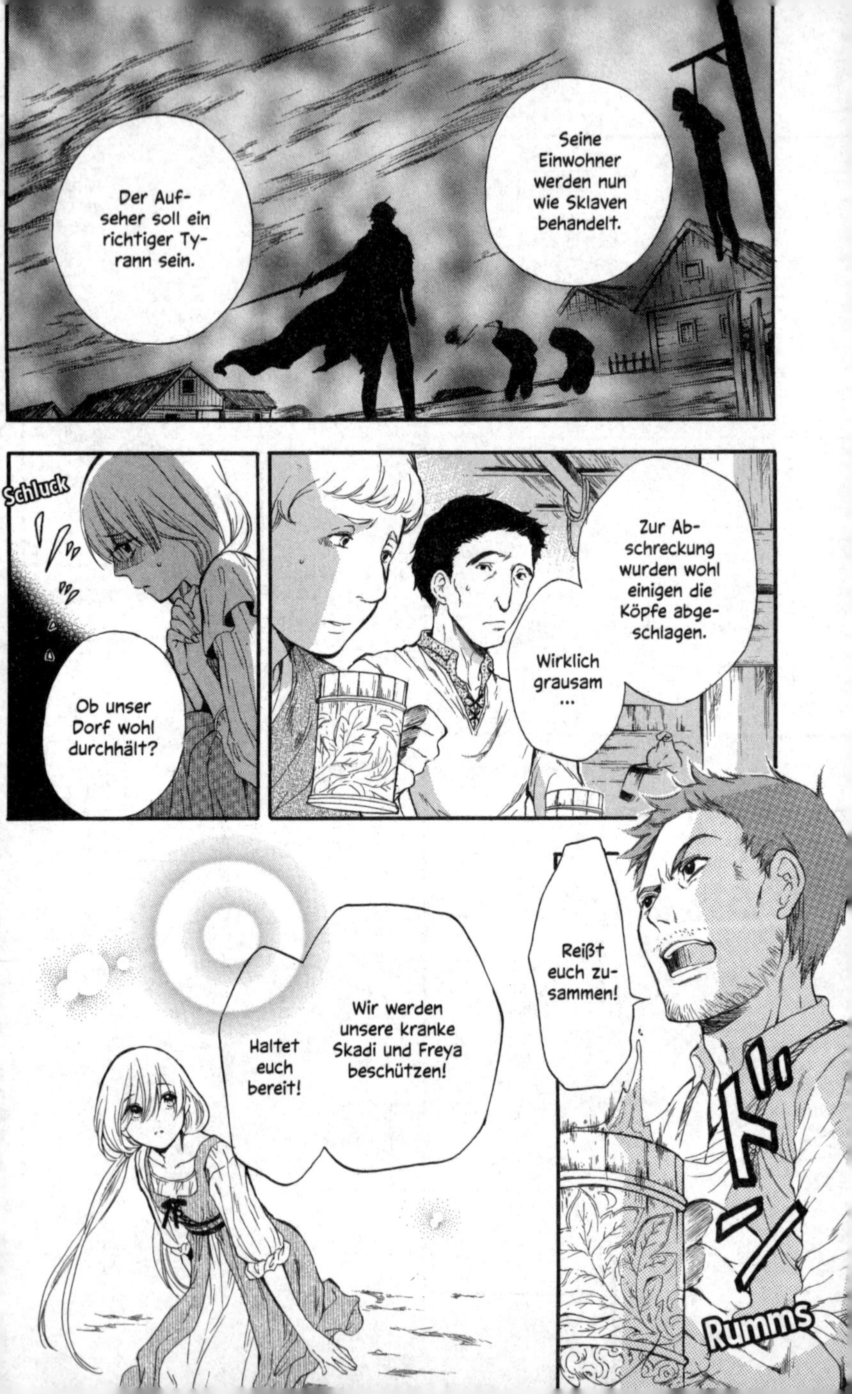
Seine Einwohner werden nun wie Sklaven behandelt.
Der Aufseher soll ein richtiger Tyrann sein.
Zur Abschreckung wurden wohl einigen die Köpfe abgeschlagen.
Wirklich grausam ...
Schluck
Ob unser Dorf wohl durchhält?
Rumms
Reißt euch zusammen!
Wir werden unsere kranke Skadi und Freya beschützen!
Haltet euch bereit!

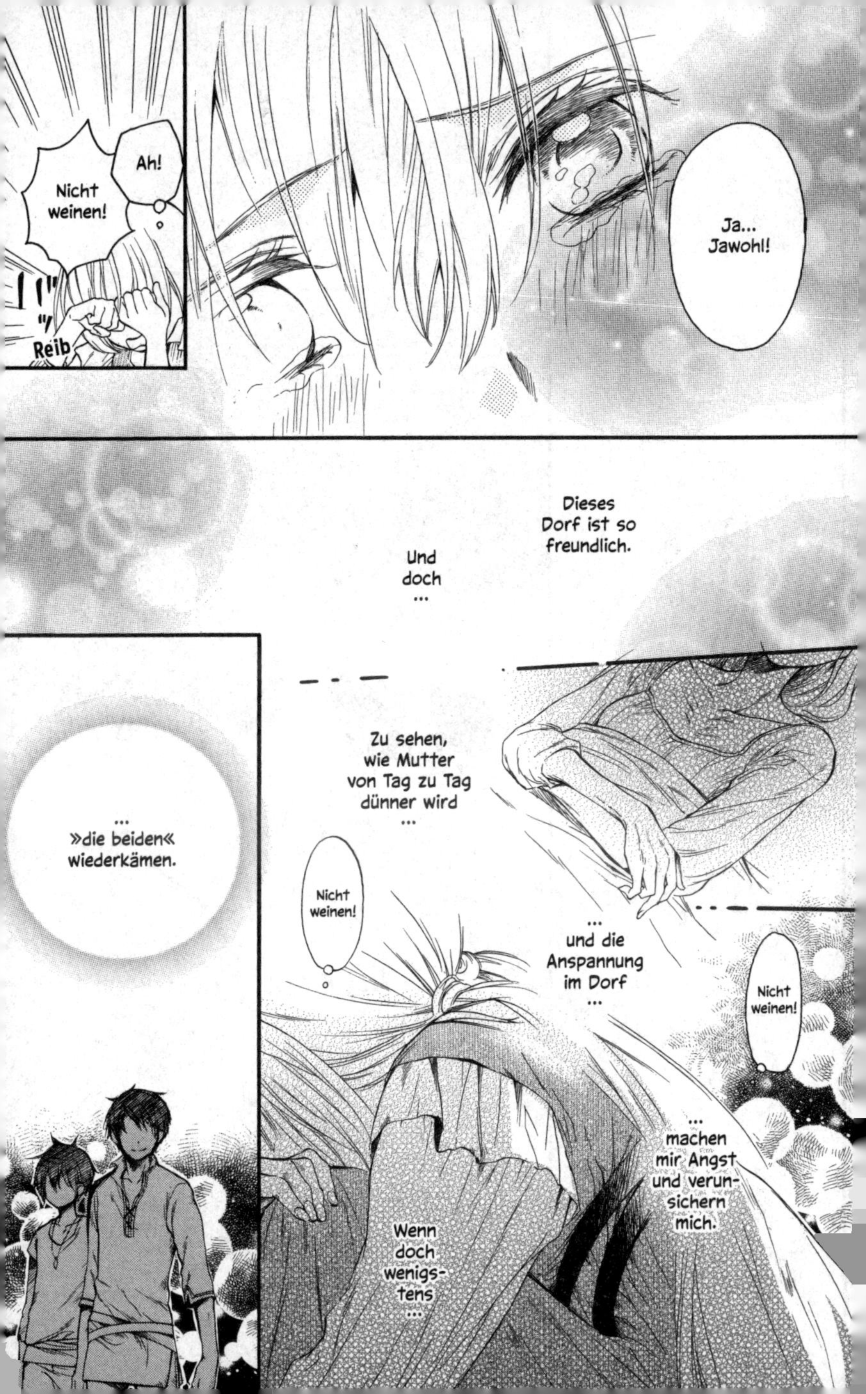

Ja... Jawohl!
Ah!
Nicht weinen!
Reib
Dieses Dorf ist so freundlich.
Und doch ...
Zu sehen, wie Mutter von Tag zu Tag dünner wird ...
... und die Anspannung im Dorf ...
Nicht weinen!
... machen mir Angst und verunsichern mich.
Nicht weinen!
Wenn doch wenigstens ...
... »die beiden« wiederkämen.

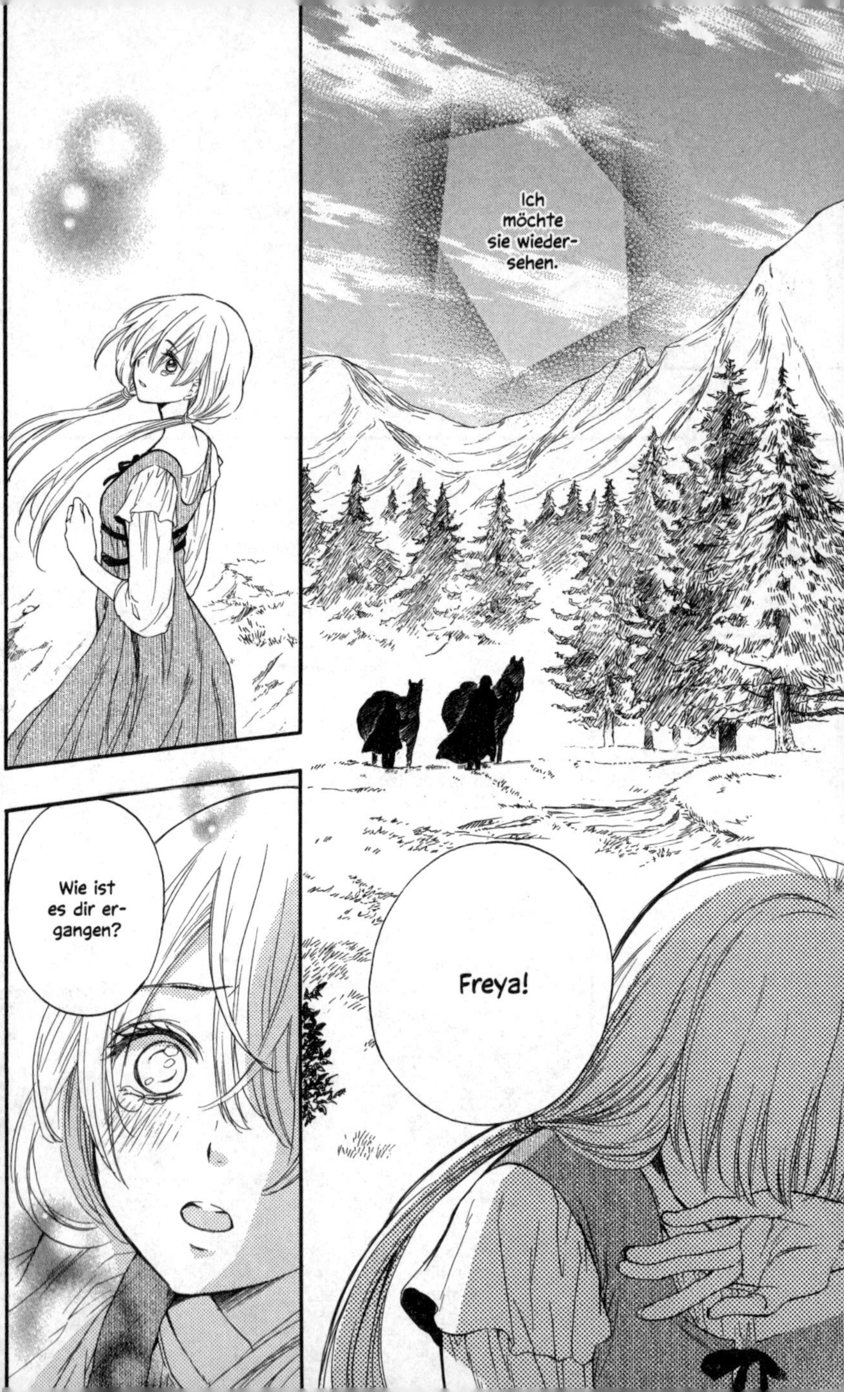
Ich möchte sie wieder-sehen.
Freya!
Wie ist es dir ergangen?

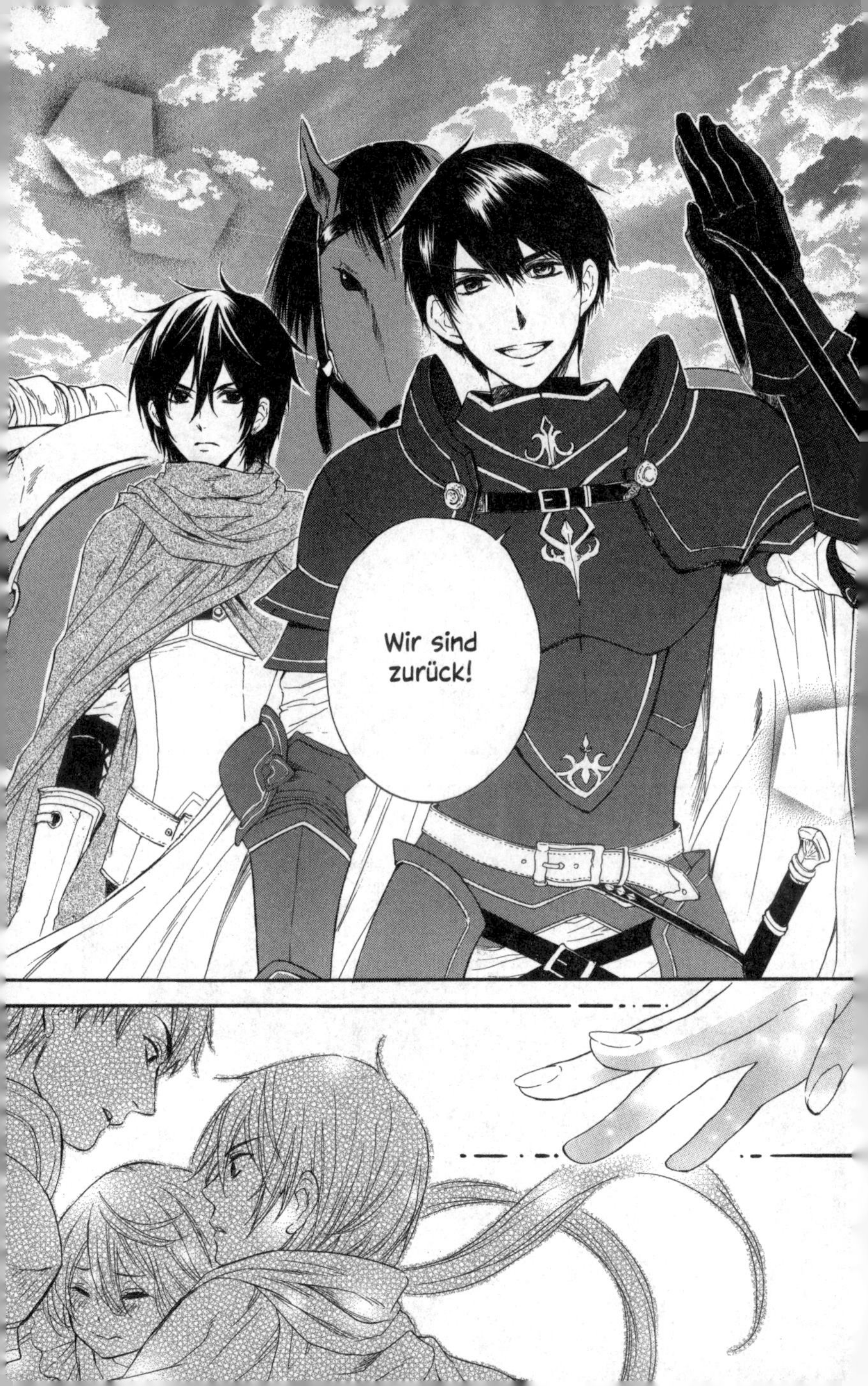
Wir sind zurück!

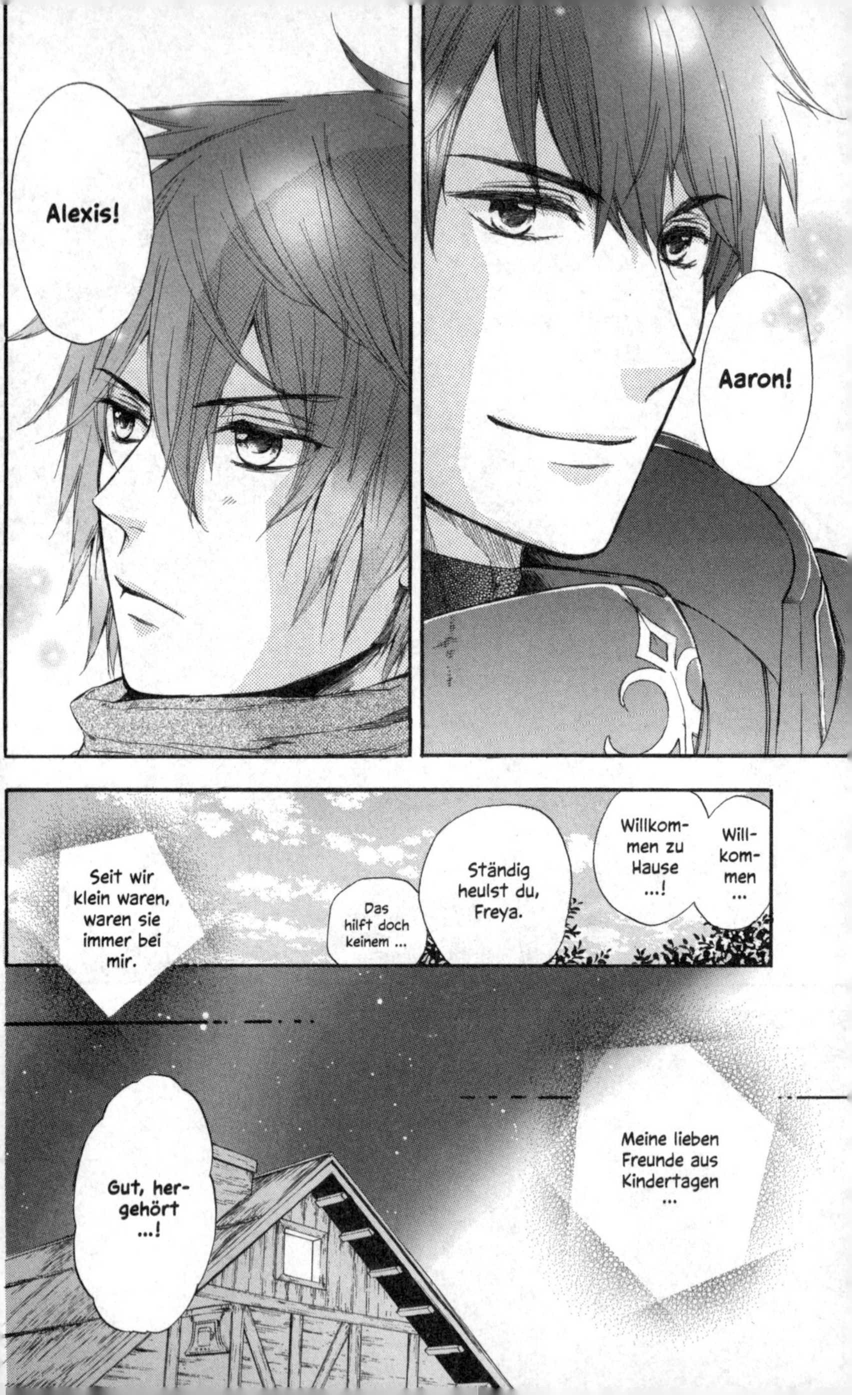
Aaron!
Alexis!
Will-
kom-
men
...
Willkom-
men zu
Hause
...!
Ständig
heulst du,
Freya.
Das
hilft doch
keinem ...
Seit wir
klein waren,
waren sie
immer bei
mir.
Meine lieben
Freunde aus
Kindertagen
...
Gut, her-
gehört
...!

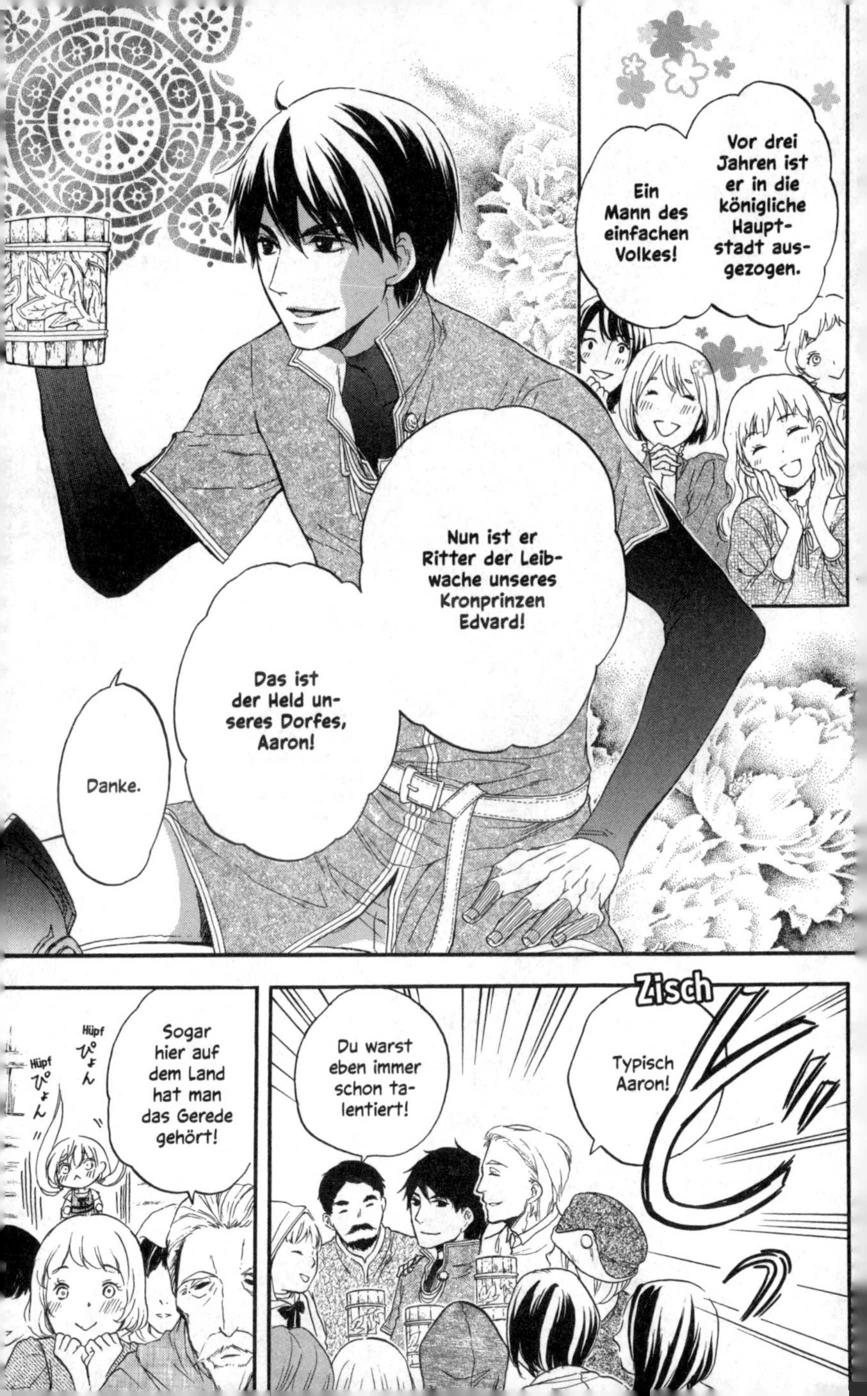

Vor drei Jahren ist er in die königliche Hauptstadt ausgezogen.
Ein Mann des einfachen Volkes!
Nun ist er Ritter der Leibwache unseres Kronprinzen Edvard!
Das ist der Held unseres Dorfes, Aaron!
Danke.
Zisch
Typisch Aaron!
Du warst eben immer schon talentiert!
Sogar hier auf dem Land hat man das Gerede gehört!
Hüpf
ぴょん
Hüpf
ぴょん

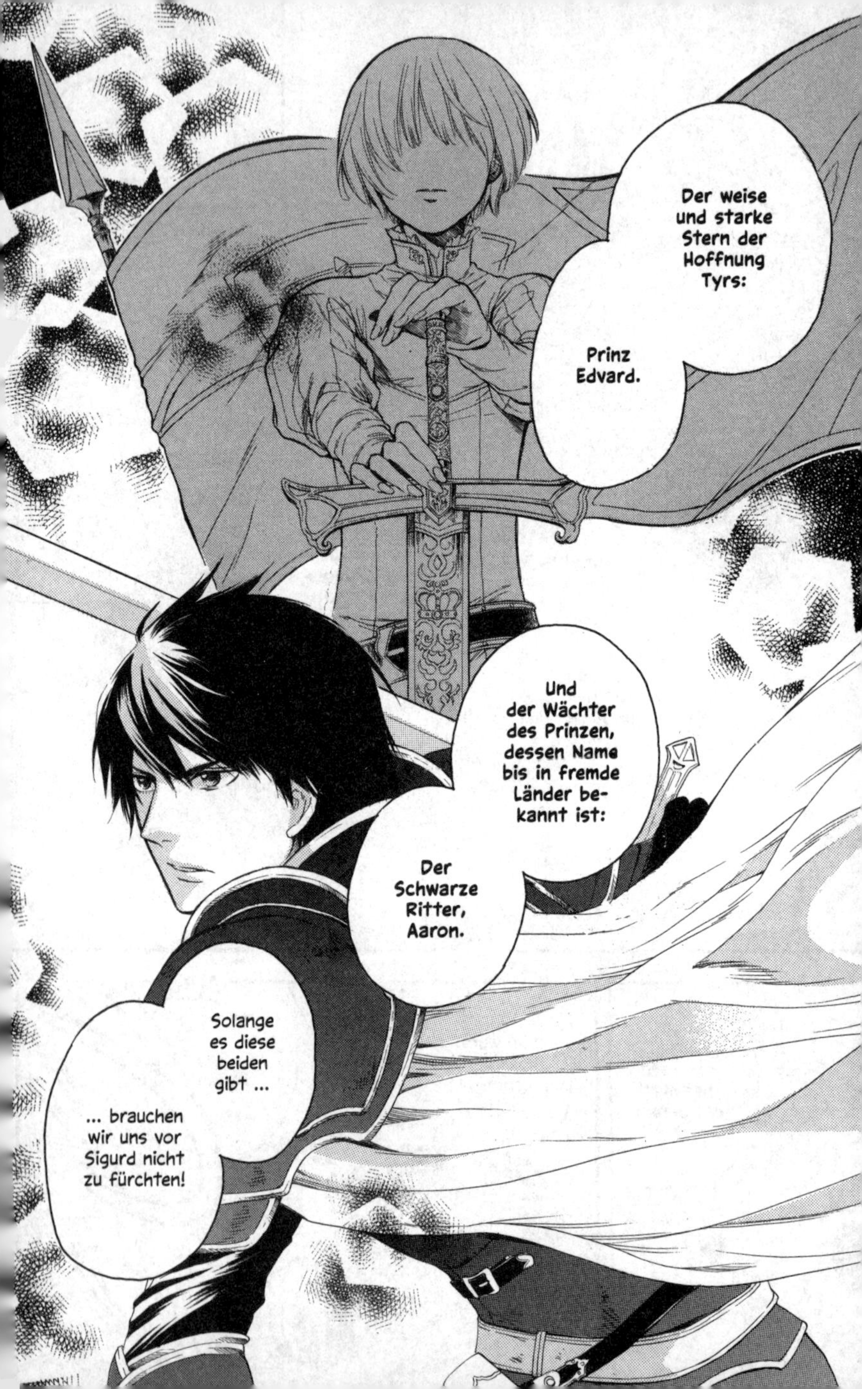
Der weise und starke Stern der Hoffnung Tyrs:
Prinz Edvard.
Und der Wächter des Prinzen, dessen Name bis in fremde Länder bekannt ist:
Der Schwarze Ritter, Aaron.
Solange es diese beiden gibt ...
... brauchen wir uns vor Sigurd nicht zu fürchten!

Vielen Dank, dass du den ersten Band von *Prinz Freya* zur Hand genommen hast.

Die Geschichte spielt in einer mittelalterlichen Welt, hat aber auch fantastische Elemente.
Ich wollte so etwas schon immer schreiben, habe mich aber zuvor nie getraut, weil ich dachte, dass ich es noch nicht bewältigen könnte.
Doch durch eine Verkettung sehr glücklicher Umstände konnte ich mich der Herausforderung nun stellen.

Es gibt viele Bereiche, über die ich noch nicht genug gelernt habe, sodass ich jedes Mal wieder ganz aufgeregt bin beim Zeichnen. Ich würde mich sehr freuen, wenn ich die Heulsuse Freya bis hin zu ihrer wundervollen Entwicklung zeichnen darf.
Bitte beobachte das Mädchen gemeinsam mit mir dabei.

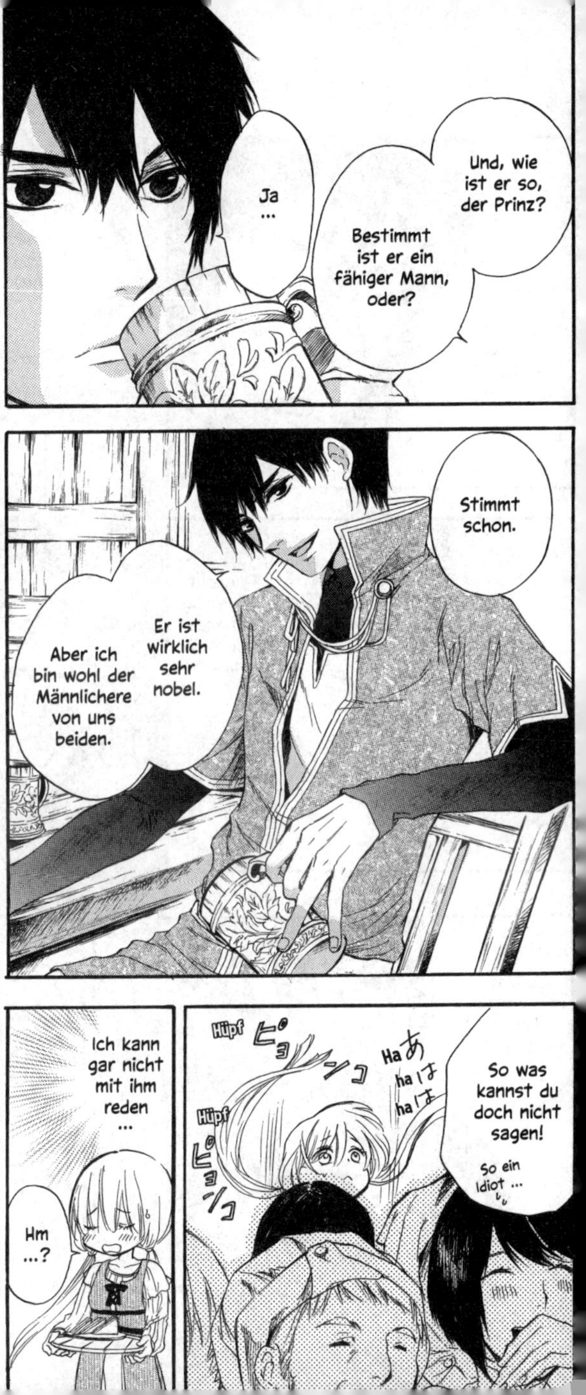

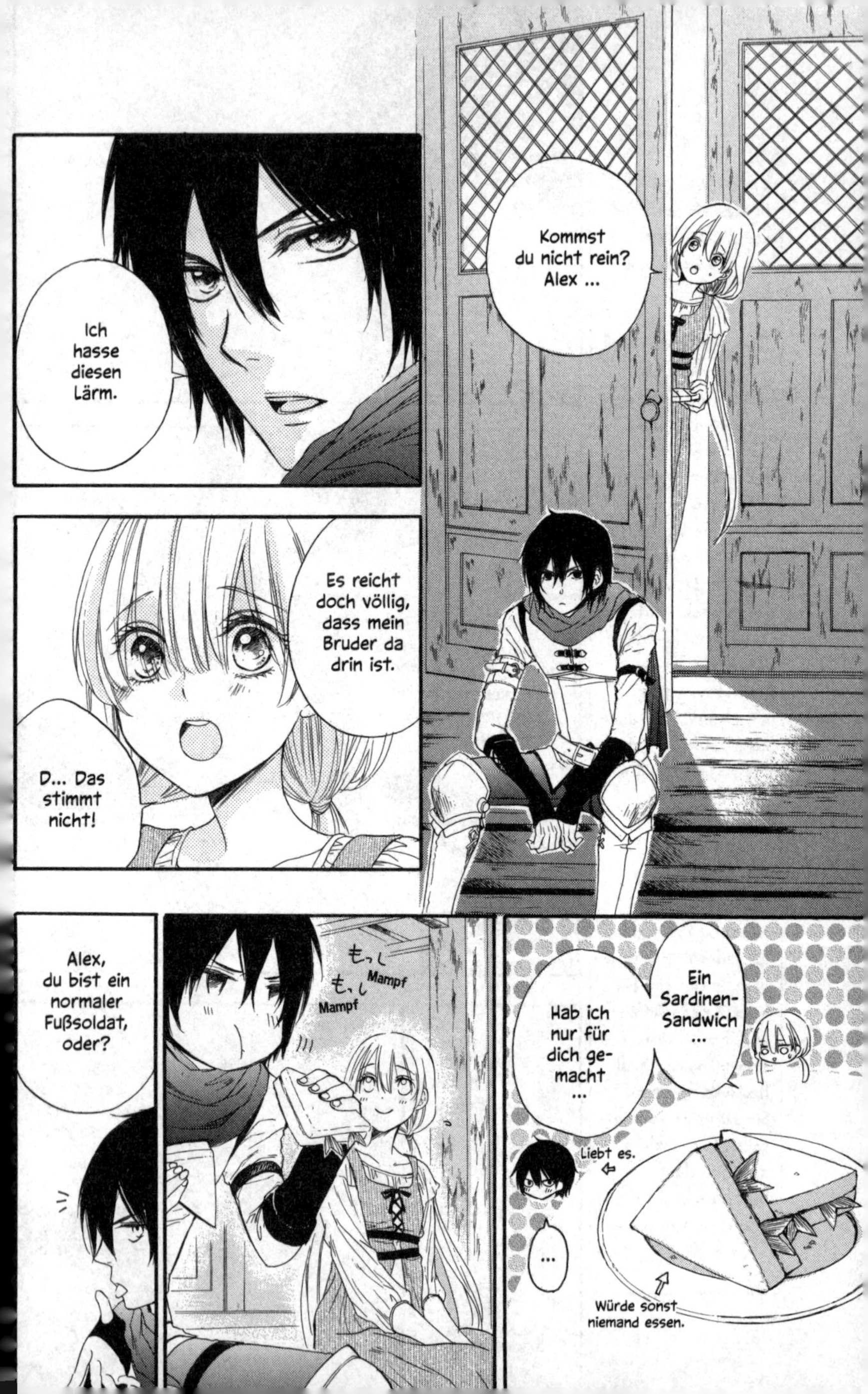
Kommst du nicht rein? Alex ...
Ich hasse diesen Lärm.
Es reicht doch völlig, dass mein Bruder da drin ist.
D... Das stimmt nicht!
Ein Sardinen-Sandwich ...
Hab ich nur für dich gemacht ...
Liebt es.
...
Würde sonst niemand essen.
もっし
もっし
Mampf
Mampf
Alex, du bist ein normaler Fußsoldat, oder?

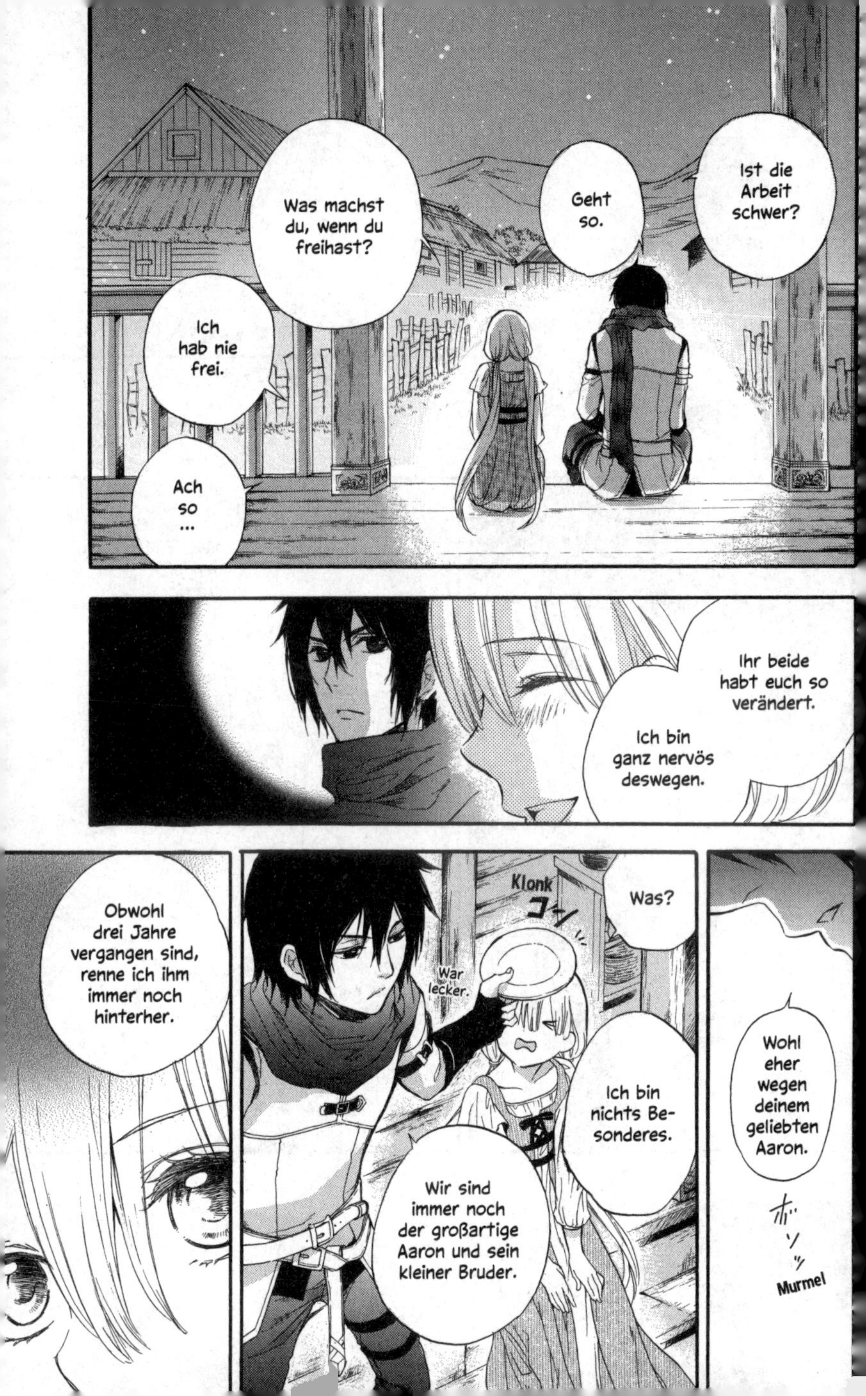

Ist die Arbeit schwer?
Geht so.
Was machst du, wenn du freihast?
Ich hab nie frei.
Ach so ...
Ihr beide habt euch so verändert.
Ich bin ganz nervös deswegen.
Wohl eher wegen deinem geliebten Aaron.
Murmel
Was?
Klonk
War lecker.
Ich bin nichts Besonderes.
Wir sind immer noch der großartige Aaron und sein kleiner Bruder.
Obwohl drei Jahre vergangen sind, renne ich ihm immer noch hinterher.

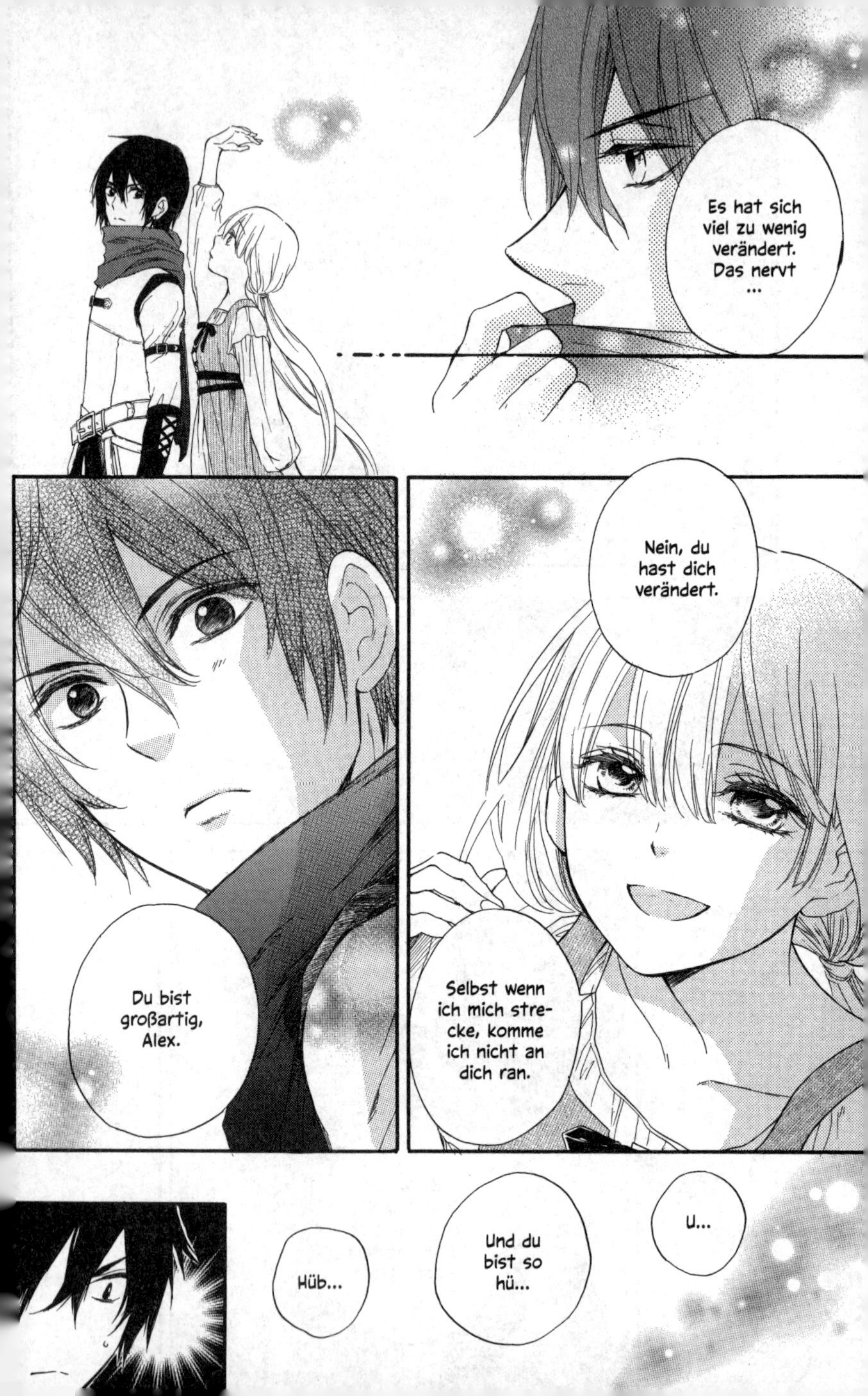
Es hat sich viel zu wenig verändert. Das nervt …
Nein, du hast dich verändert.
Du bist großartig, Alex.
Selbst wenn ich mich strecke, komme ich nicht an dich ran.
U…
Und du bist so hü…
Hüb…

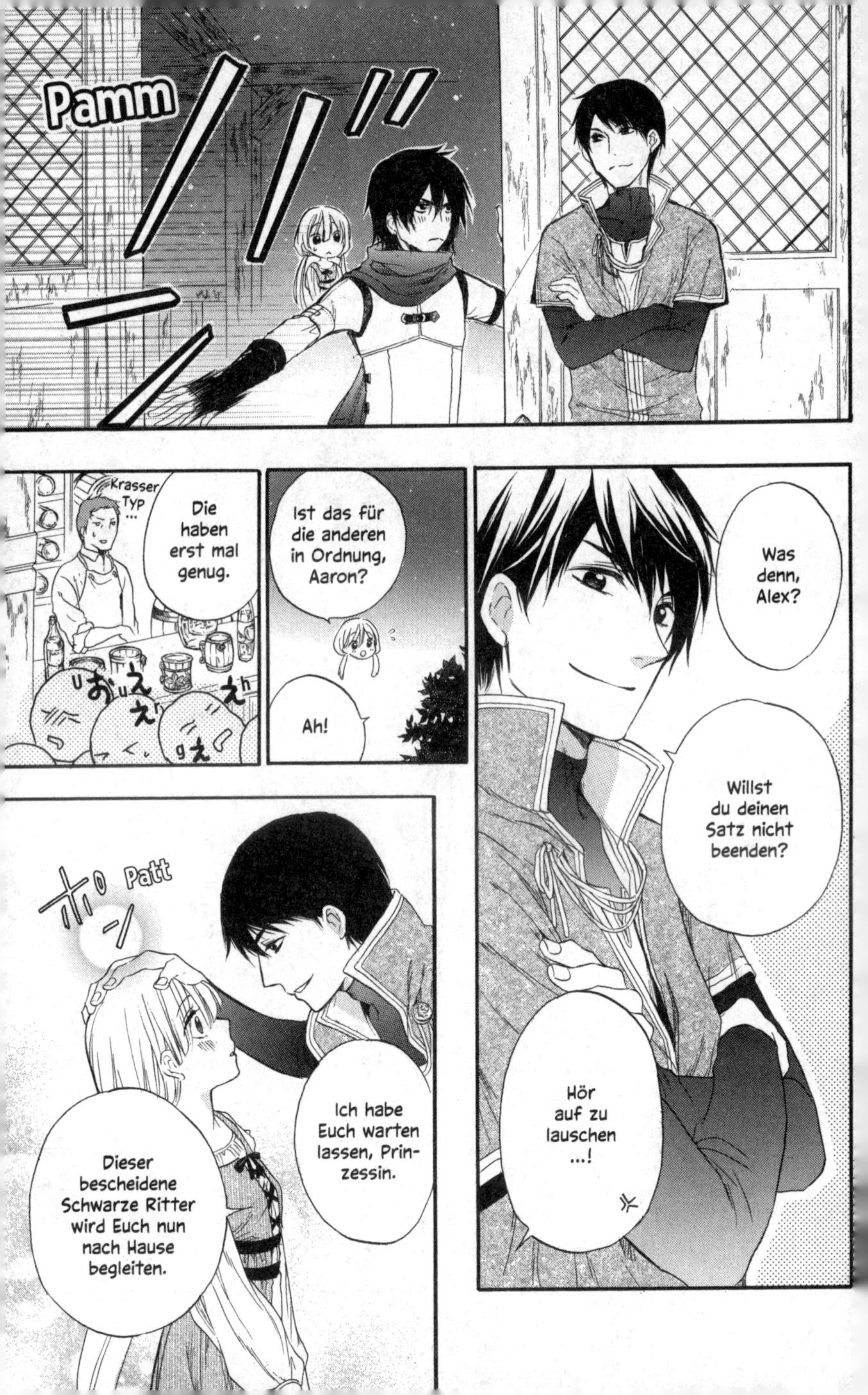
Pamm
Krasser Typ ...
Die haben erst mal genug.
Ist das für die anderen in Ordnung, Aaron?
Ah!
Was denn, Alex?
Willst du deinen Satz nicht beenden?
Hör auf zu lauschen ...!
Patt
Ich habe Euch warten lassen, Prinzessin.
Dieser bescheidene Schwarze Ritter wird Euch nun nach Hause begleiten.

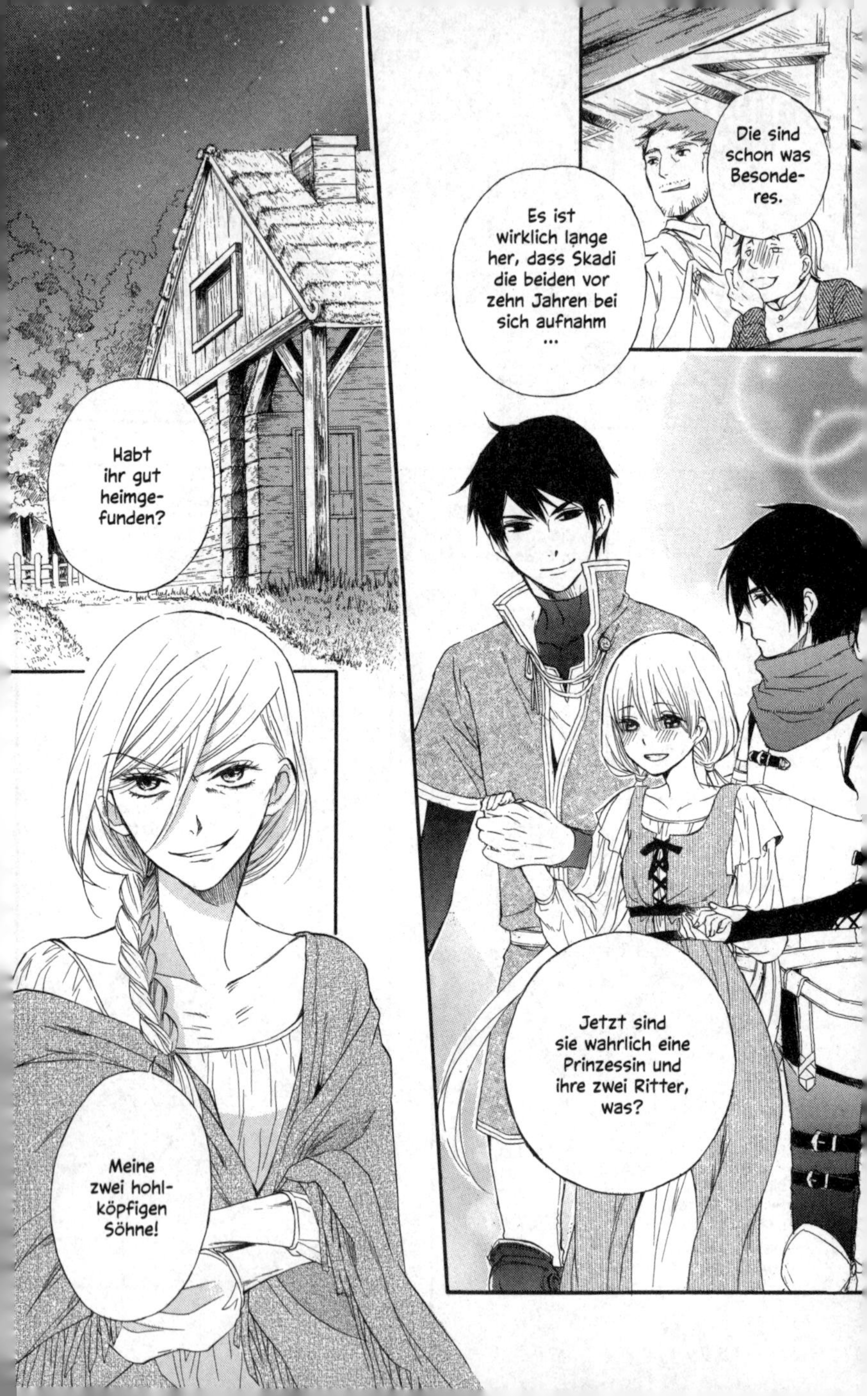

Die sind schon was Besonderes.
Es ist wirklich lange her, dass Skadi die beiden vor zehn Jahren bei sich aufnahm ...
Jetzt sind sie wahrlich eine Prinzessin und ihre zwei Ritter, was?
Habt ihr gut heimgefunden?
Meine zwei hohlköpfigen Söhne!

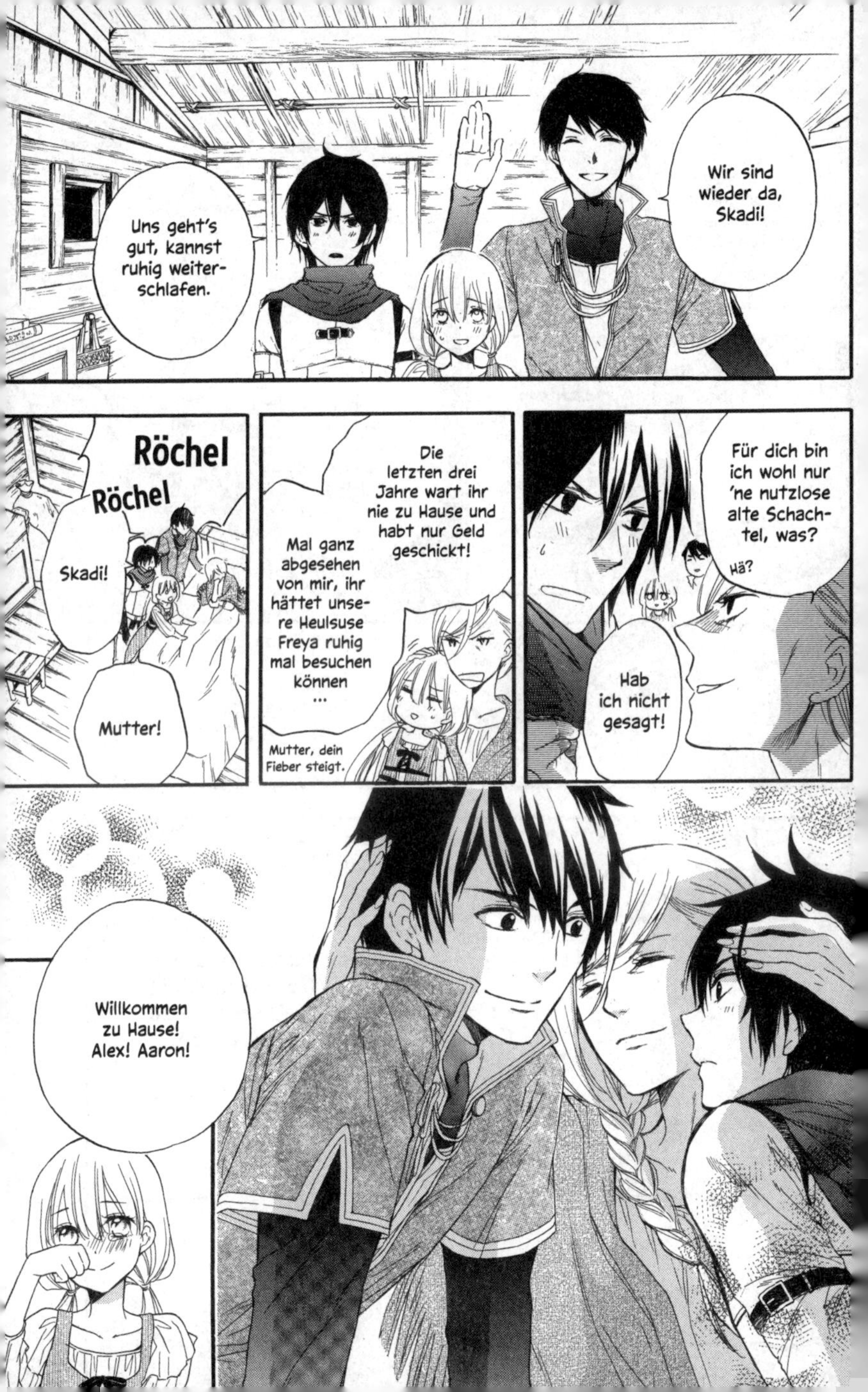
Wir sind wieder da, Skadi!
Uns geht's gut, kannst ruhig weiterschlafen.
Für dich bin ich wohl nur 'ne nutzlose alte Schachtel, was?
Hä?
Hab ich nicht gesagt!
Die letzten drei Jahre wart ihr nie zu Hause und habt nur Geld geschickt!
Mal ganz abgesehen von mir, ihr hättet unsere Heulsuse Freya ruhig mal besuchen können ...
Mutter, dein Fieber steigt.
Röchel
Röchel
Skadi!
Mutter!
Willkommen zu Hause! Alex! Aaron!

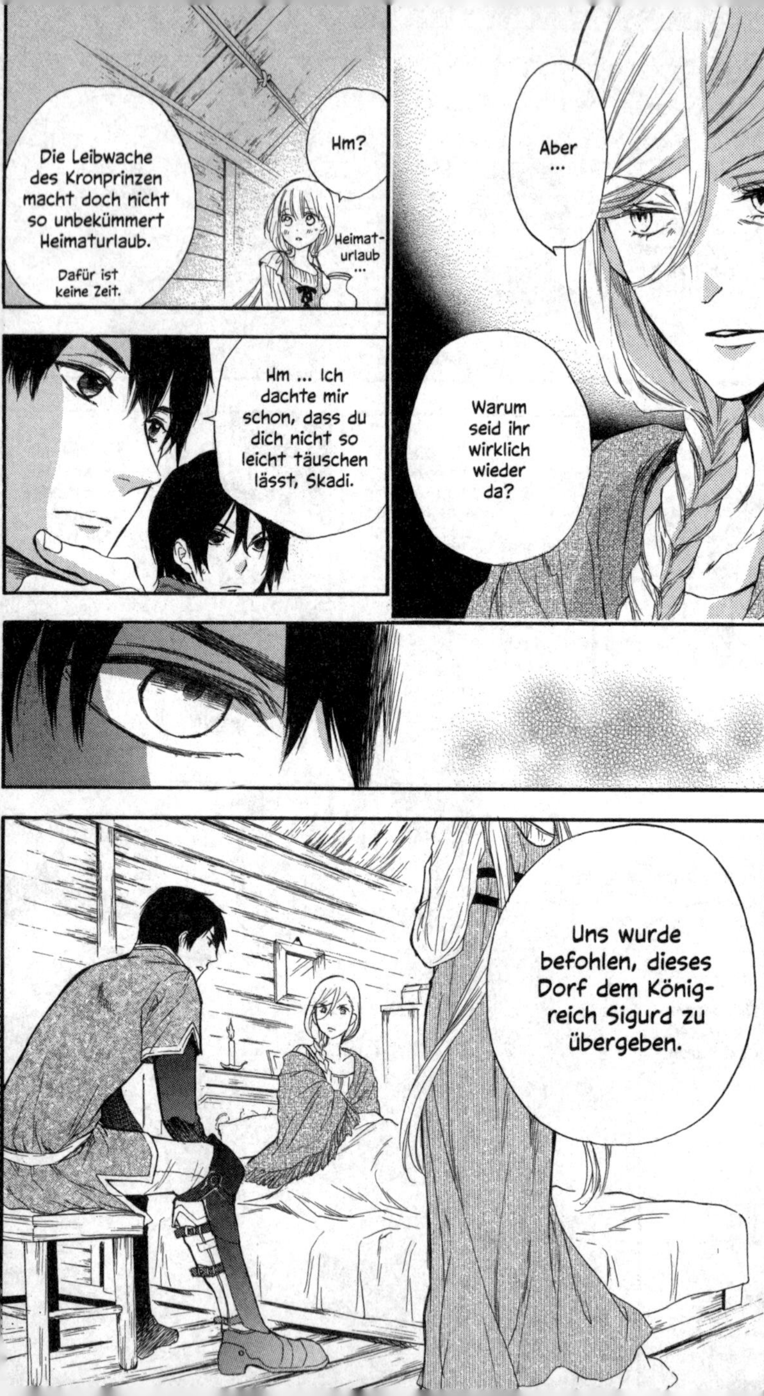
Aber ...
Warum seid ihr wirklich wieder da?
Hm?
Die Leibwache des Kronprinzen macht doch nicht so unbekümmert Heimaturlaub.
Dafür ist keine Zeit.
Heimaturlaub ...
Hm ... Ich dachte mir schon, dass du dich nicht so leicht täuschen lässt, Skadi.
Uns wurde befohlen, dieses Dorf dem Königreich Sigurd zu übergeben.

F

Wir wollten ein >>gewöhnliches Mädchen<< zum Hauptcharakter machen.
Als wir darüber sprachen, wurde das Mädchen Freya geboren.

Bisher spiegelten die Heldinnen in meinen Werken immer meine eigenen Vorlieben wider und ich zeichnete jede Menge mutiger und sehr würdevoller Mädchen.
Wenn ich Freya mit diesen Mädchen vergleiche, ist sie wirklich ängstlich und schwach.

Ich denke, ich muss fleißig an ihr feilen, damit sie bald erstrahlen kann.

Aber es ist wohl auch nicht gerade normal, von einer Klippe zu springen, was?

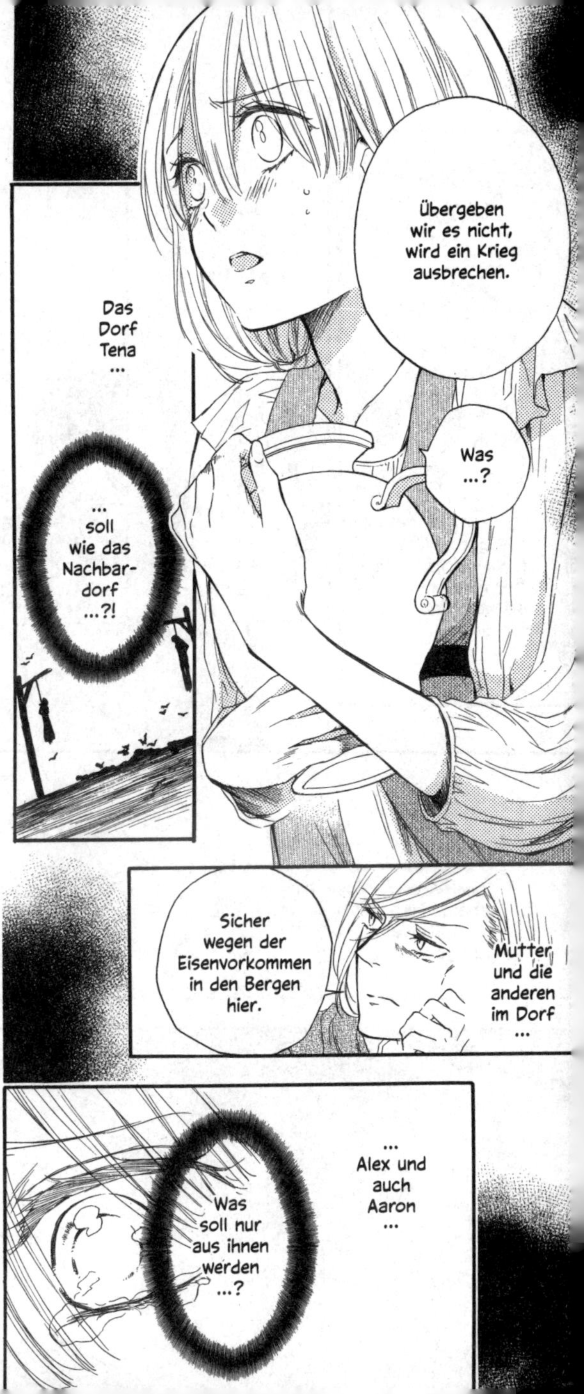

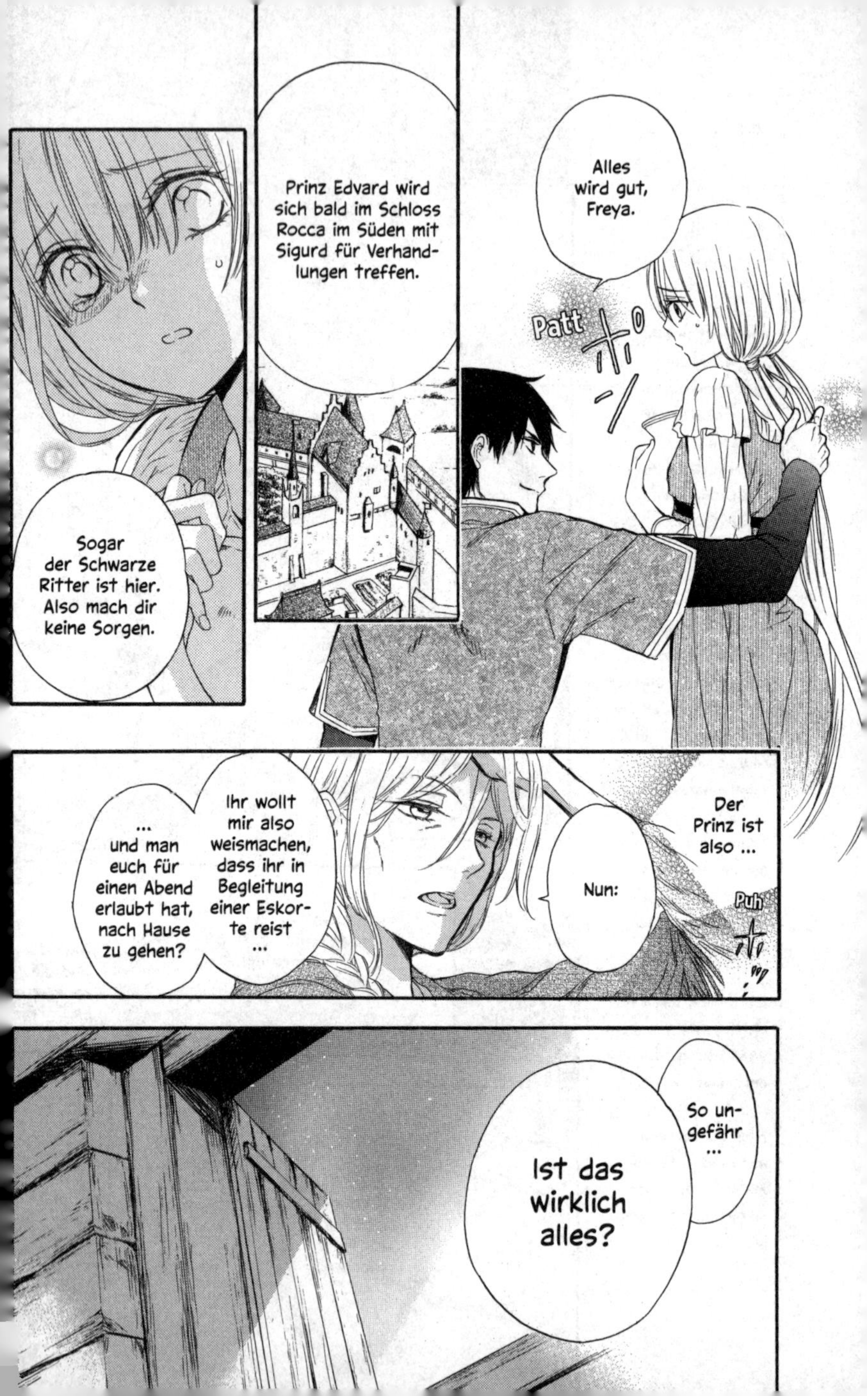
Alles wird gut, Freya.
Patt
Prinz Edvard wird sich bald im Schloss Rocca im Süden mit Sigurd für Verhandlungen treffen.
Sogar der Schwarze Ritter ist hier. Also mach dir keine Sorgen.
Der Prinz ist also ...
Puh
Nun:
Ihr wollt mir also weismachen, dass ihr in Begleitung einer Eskorte reist ...
... und man euch für einen Abend erlaubt hat, nach Hause zu gehen?
So ungefähr ...
Ist das wirklich alles?

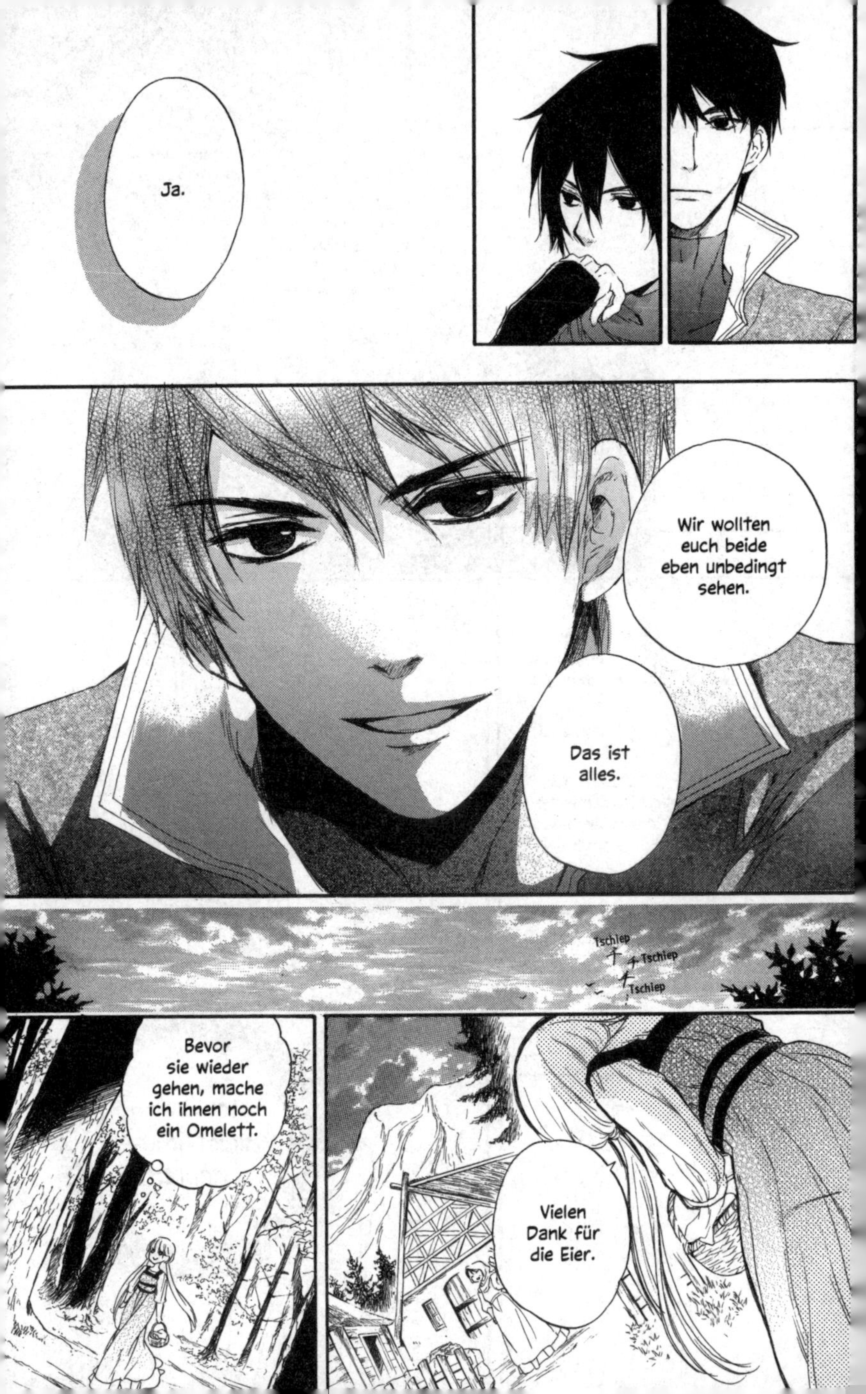
Ja.
Wir wollten euch beide eben unbedingt sehen.
Das ist alles.
Tschiep
Tschiep
Tschiep
Vielen Dank für die Eier.
Bevor sie wieder gehen, mache ich ihnen noch ein Omelett.

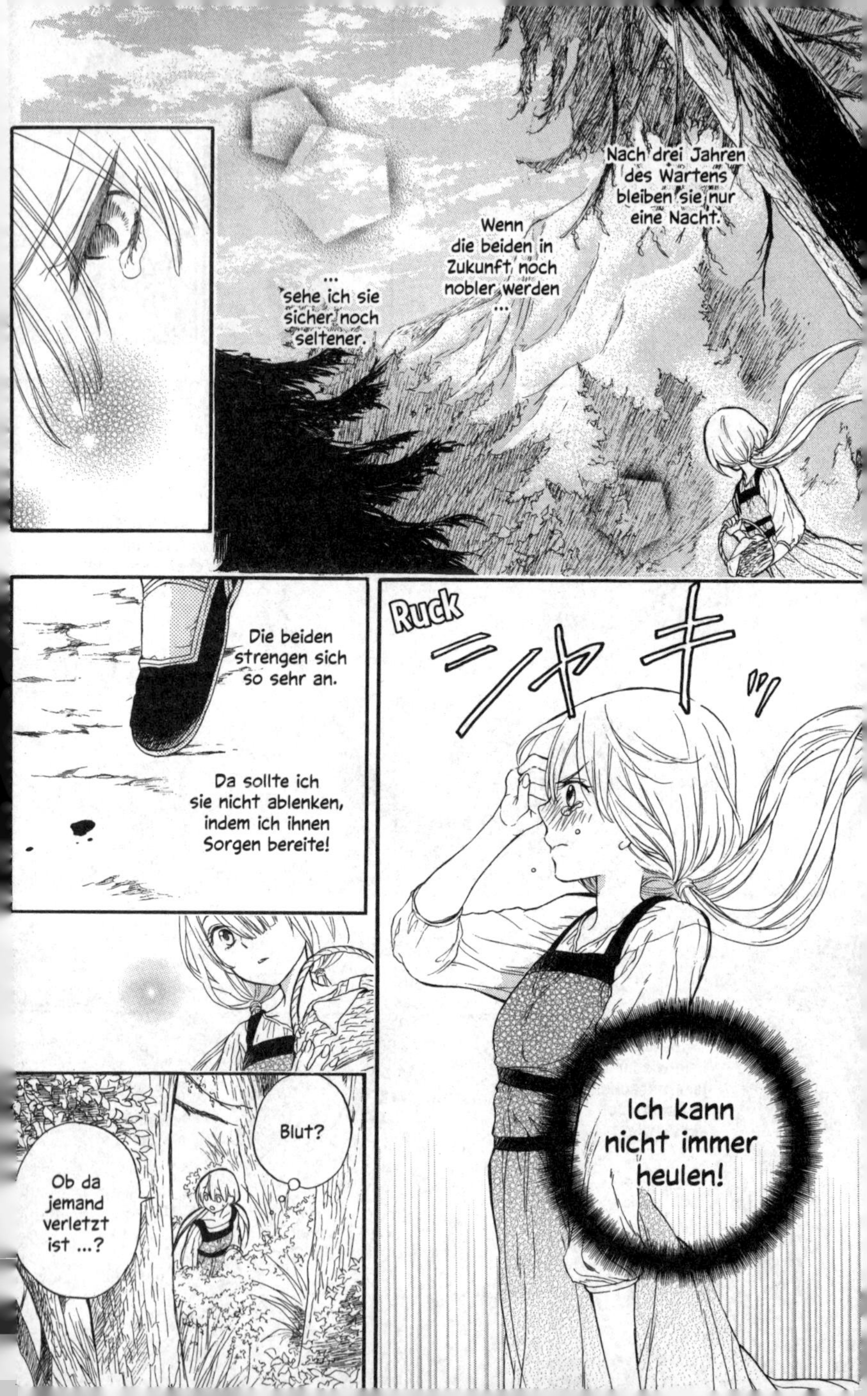
Nach drei Jahren des Wartens bleiben sie nur eine Nacht.
Wenn die beiden in Zukunft noch nobler werden ...
... sehe ich sie sicher noch seltener.
Ruck
シャキッ
Ich kann nicht immer heulen!
Die beiden strengen sich so sehr an.
Da sollte ich sie nicht ablenken, indem ich ihnen Sorgen bereite!
Blut?
Ob da jemand verletzt ist ...?

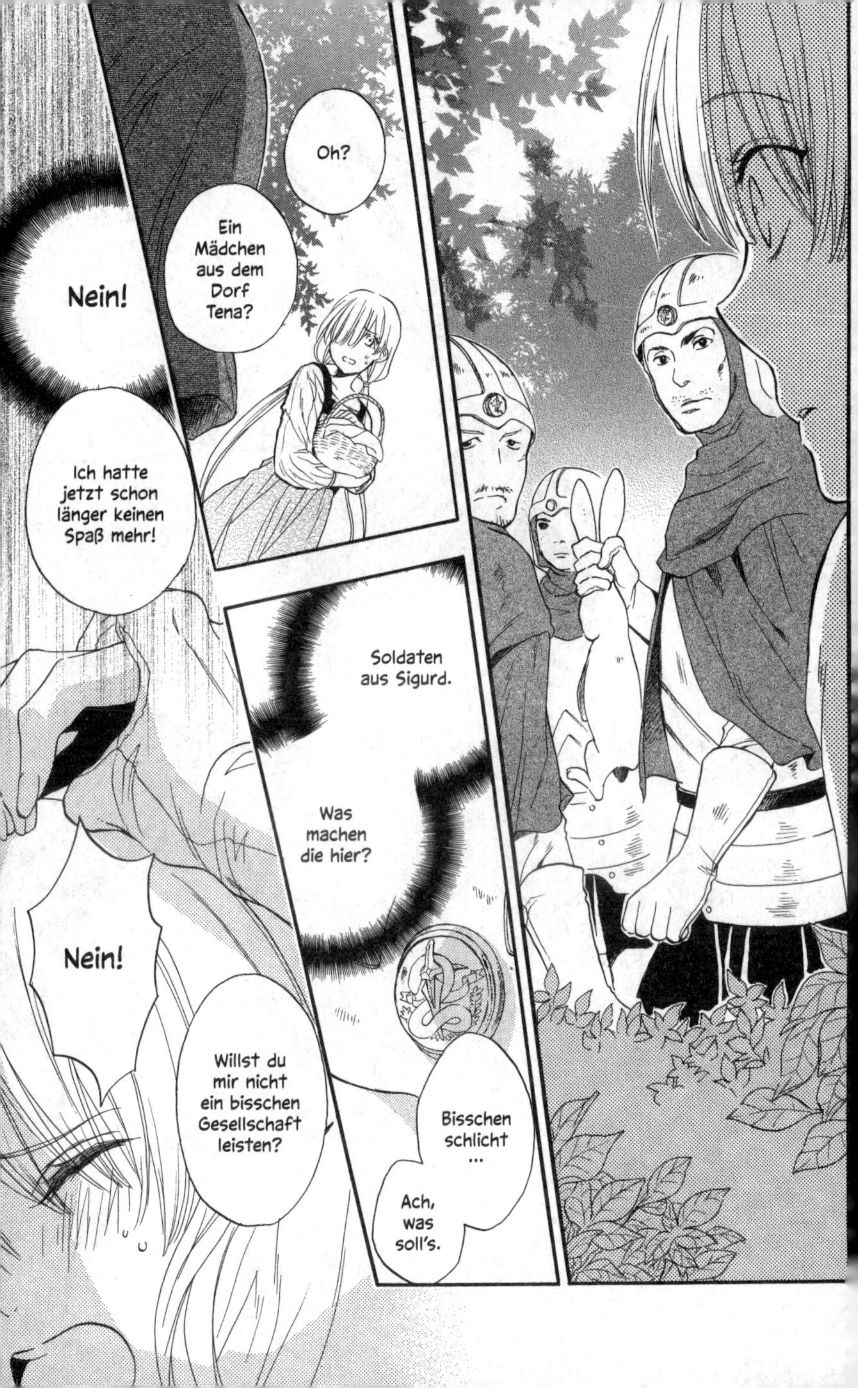
Oh?
Ein Mädchen aus dem Dorf Tena?
Nein!
Ich hatte jetzt schon länger keinen Spaß mehr!
Soldaten aus Sigurd.
Was machen die hier?
Bisschen schlicht ...
Ach, was soll's.
Willst du mir nicht ein bisschen Gesellschaft leisten?
Nein!

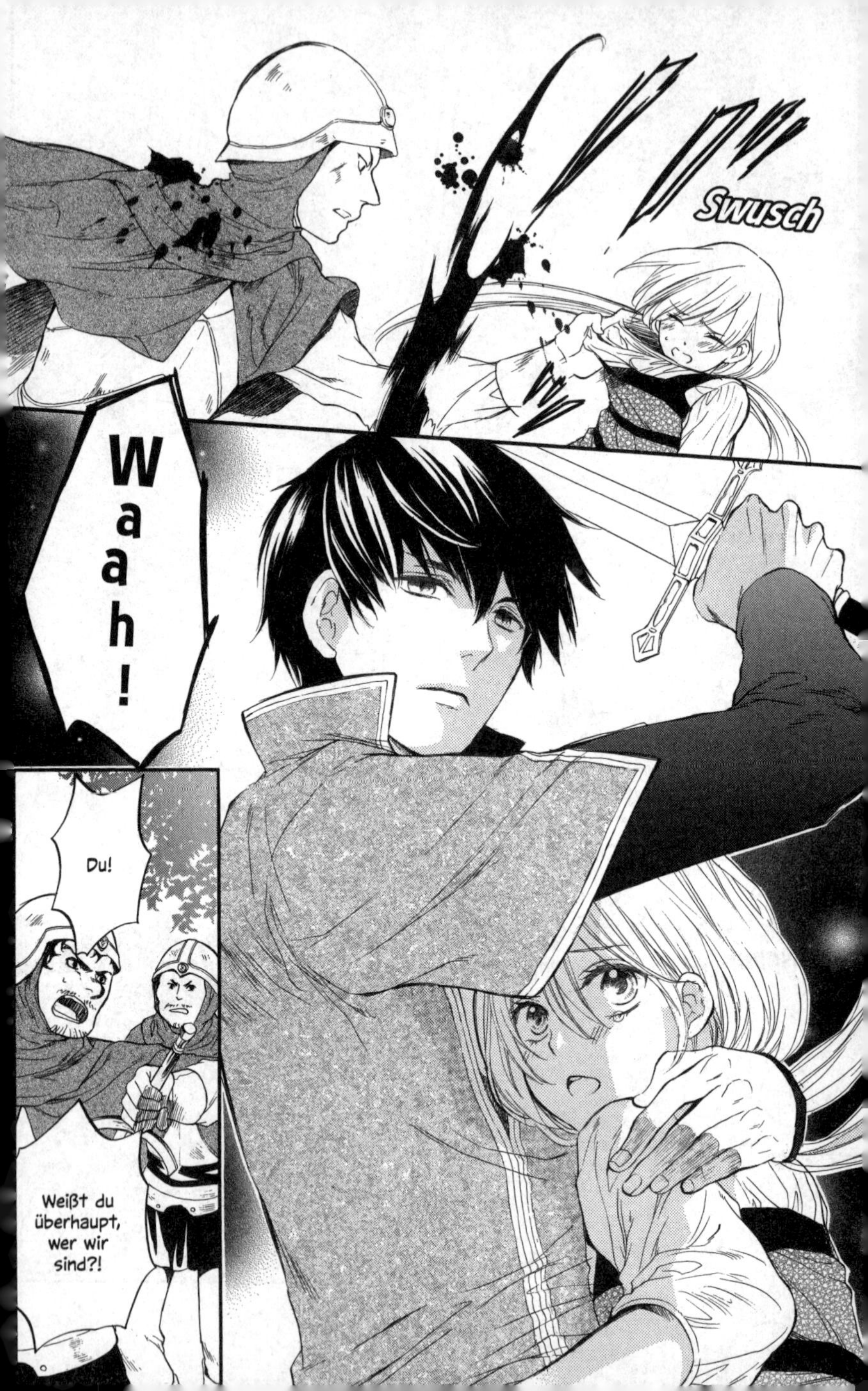
Swusch
Waah!
Du!
Weißt du überhaupt, wer wir sind?!

A

Der verlässliche große Bruder, Aaron.

Da in meinem vorherigen Werk ein zierlicher Junge der Held war, ist es eine Weile her gewesen, dass ich einen Mann mit kräftigem Körperbau gezeichnet hab. Da hat er mir viel Freude bereitet.

Doch als ich an der Geschichte arbeitete, bekam ich, egal wie oft ich ihn überarbeitete, immer nur zu hören: »Der sieht aber noch nicht besonders gut aus«, und war absolut ratlos.

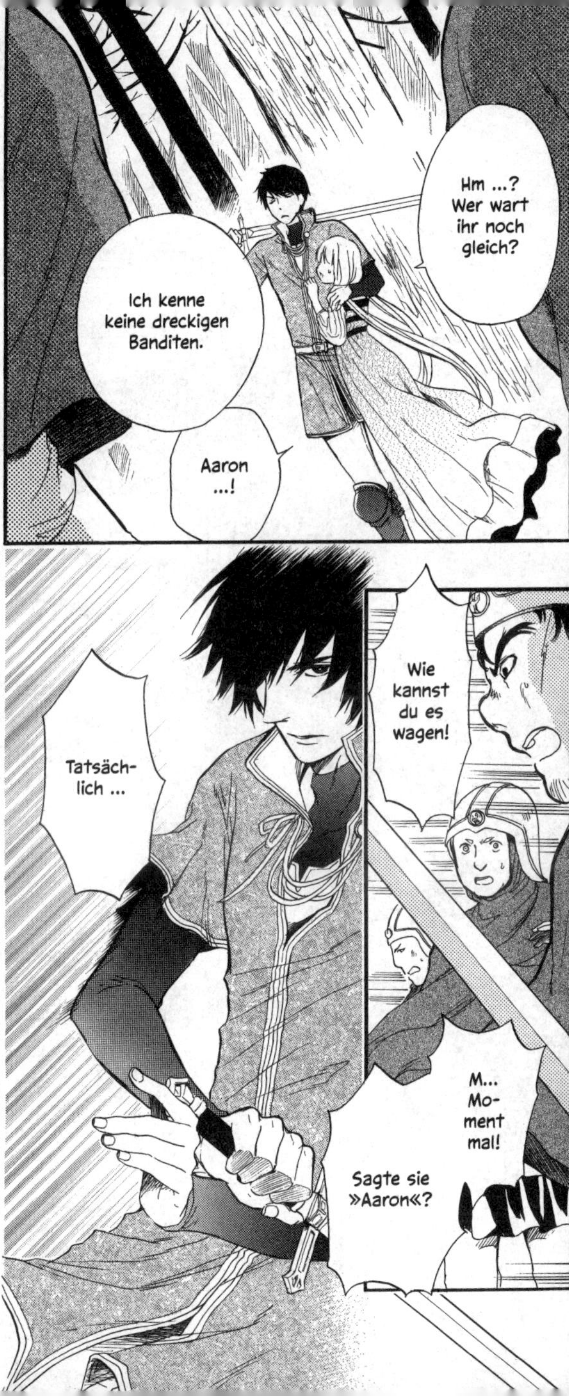

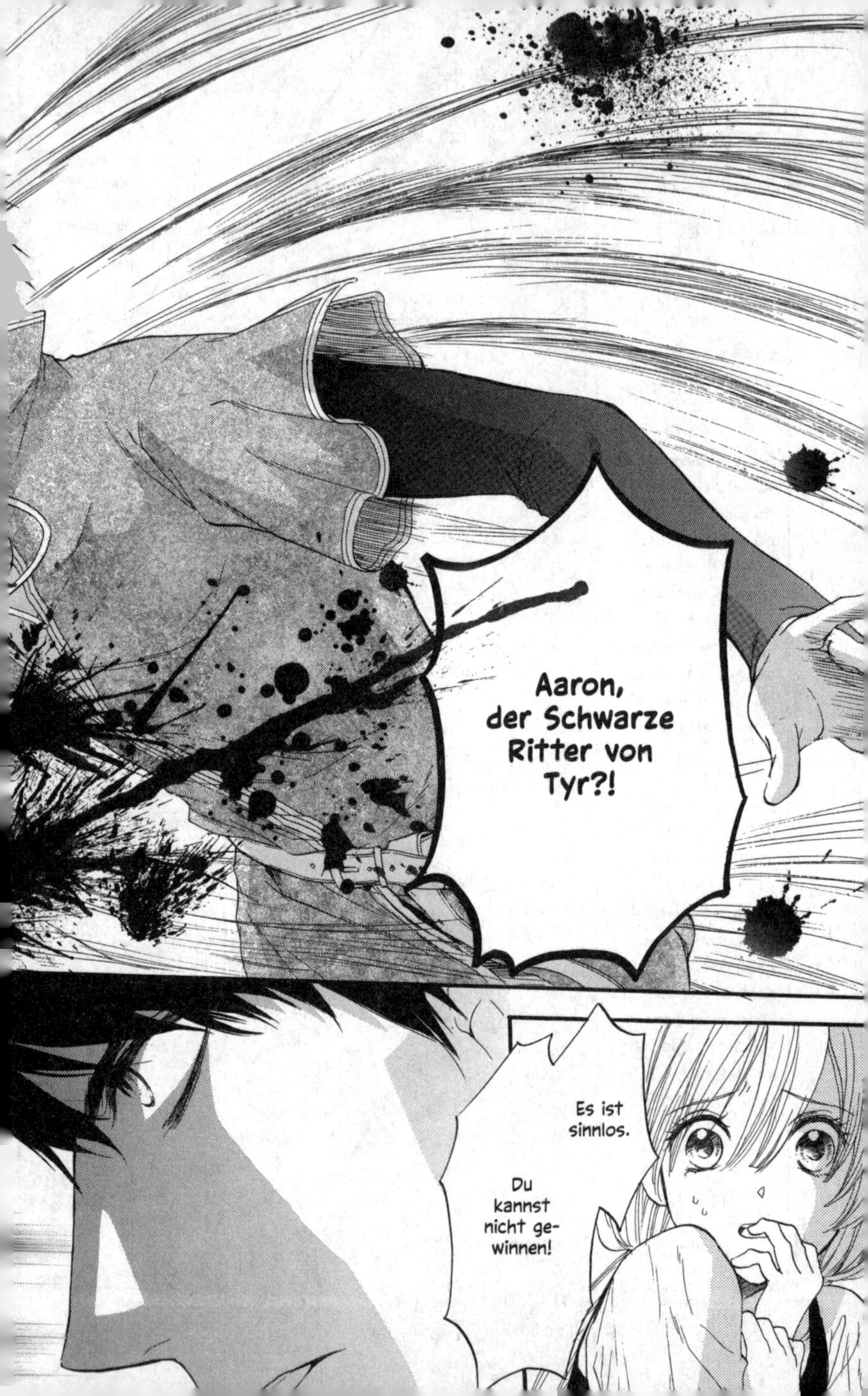
Aaron, der Schwarze Ritter von Tyr?!
Es ist sinnlos.
Du kannst nicht ge- winnen!

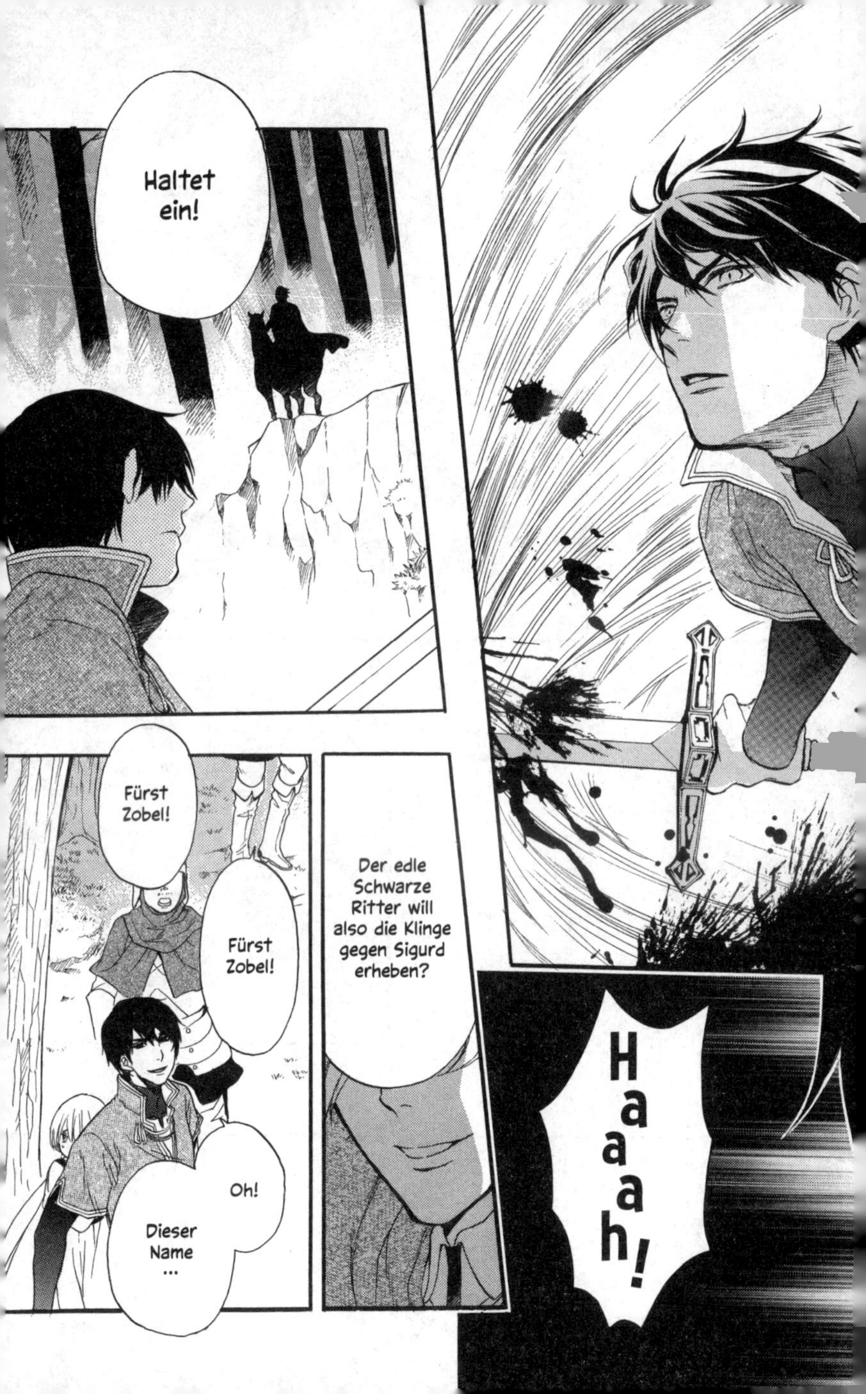
Haaah!
Haltet ein!
Der edle Schwarze Ritter will also die Klinge gegen Sigurd erheben?
Fürst Zobel!
Fürst Zobel!
Oh!
Dieser Name ...

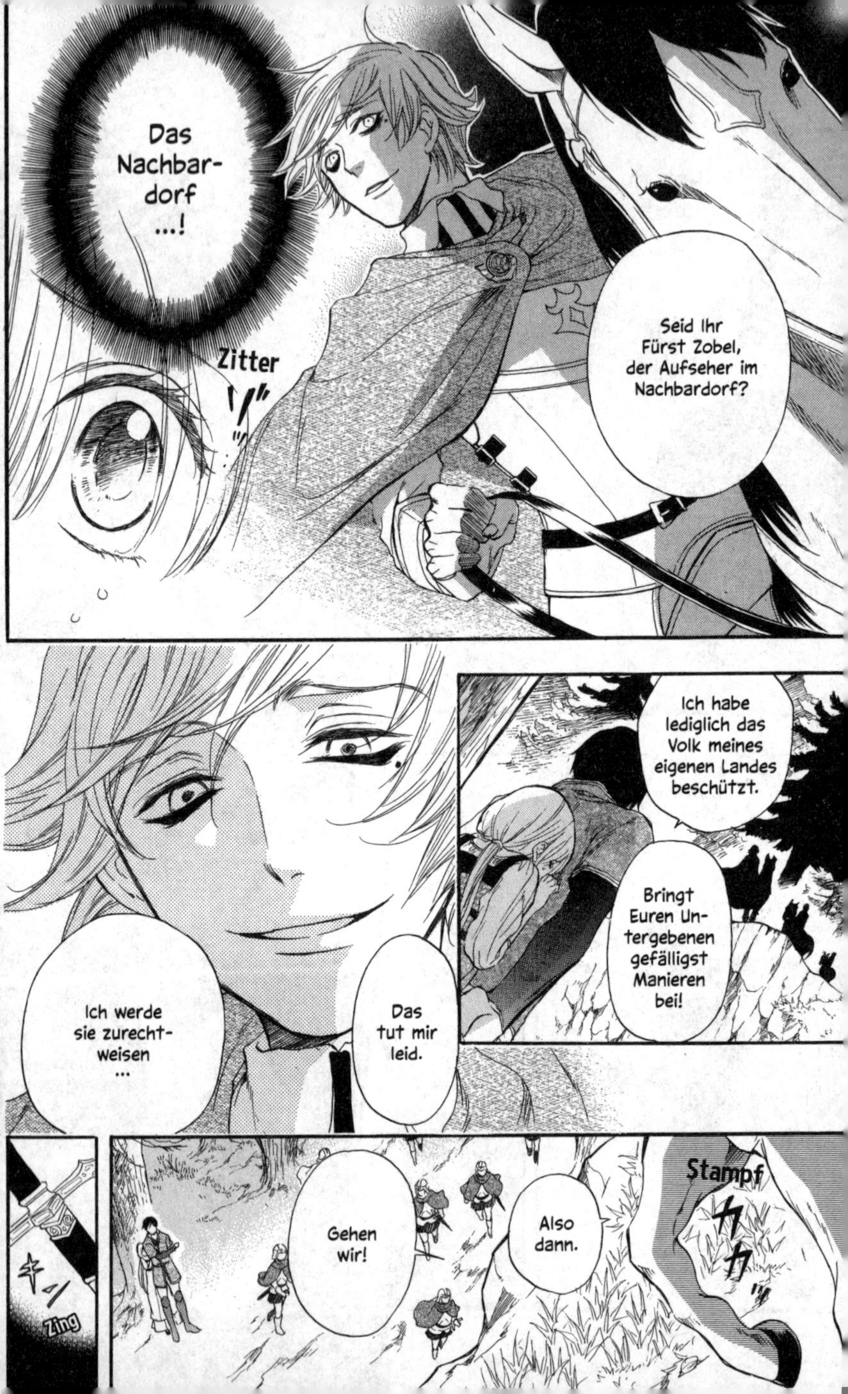
Seid Ihr Fürst Zobel, der Aufseher im Nachbardorf?
Das Nachbardorf ...!
Zitter
Ich habe lediglich das Volk meines eigenen Landes beschützt.
Bringt Euren Untergebenen gefälligst Manieren bei!
Das tut mir leid.
Ich werde sie zurechtweisen ...
Stampf
Also dann.
Gehen wir!
Zing

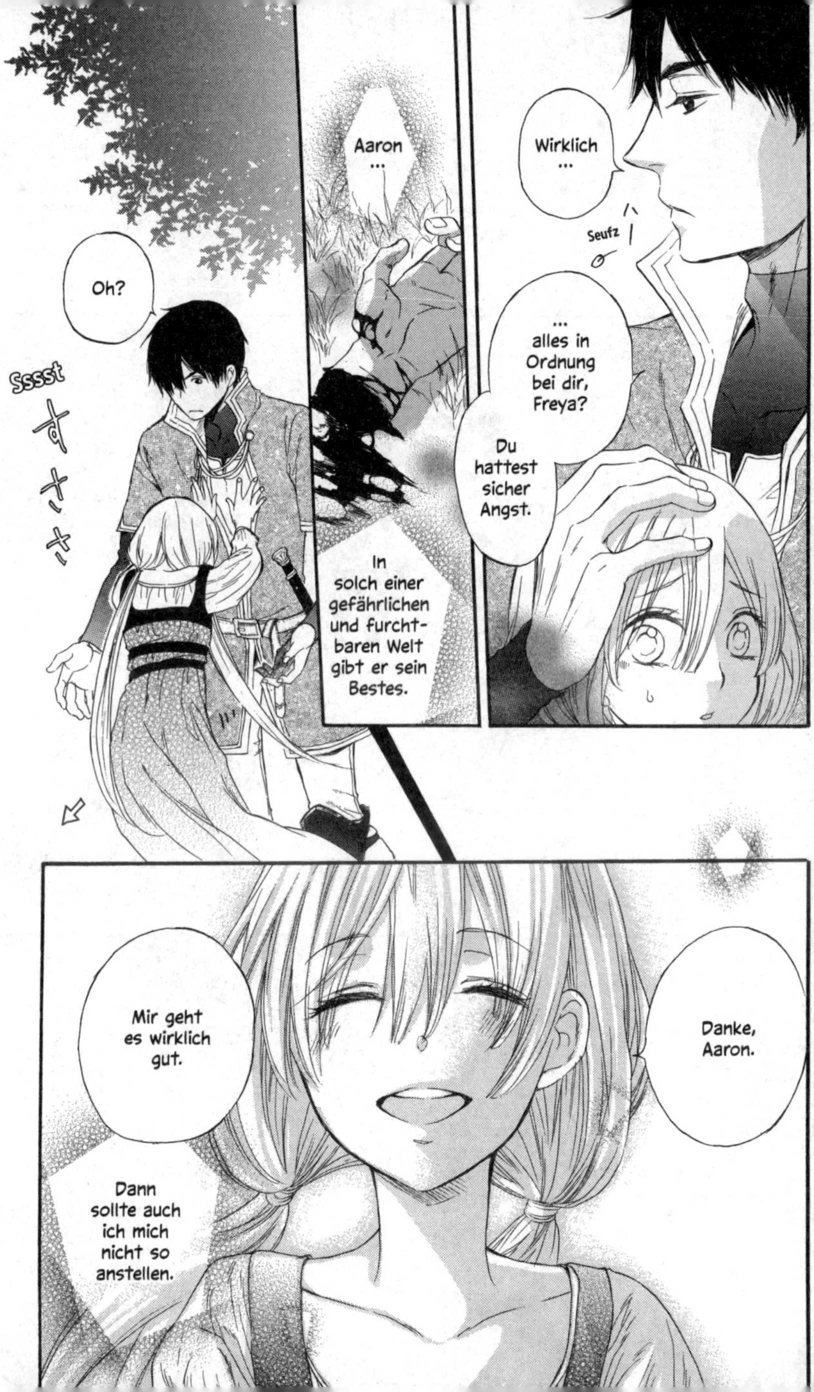
Wirklich ...
Seufz
... alles in Ordnung bei dir, Freya?
Du hattest sicher Angst.
Aaron ...
In solch einer gefährlichen und furchtbaren Welt gibt er sein Bestes.
Oh?
Sssst
すささ
Danke, Aaron.
Mir geht es wirklich gut.
Dann sollte auch ich mich nicht so anstellen.

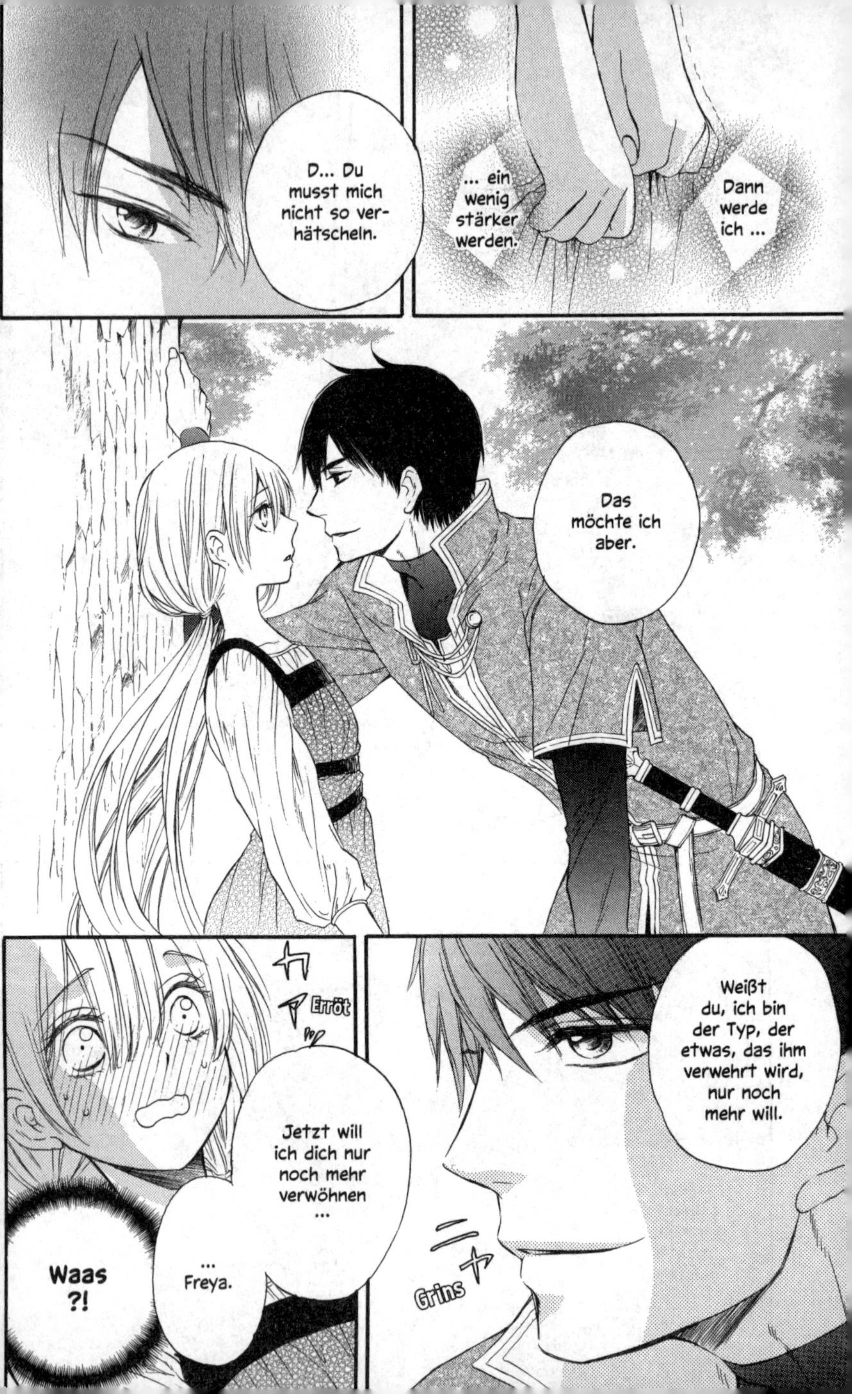
Dann werde ich ...
... ein wenig stärker werden.
D... Du musst mich nicht so verhätscheln.
Das möchte ich aber.
Weißt du, ich bin der Typ, der etwas, das ihm verwehrt wird, nur noch mehr will.
Grins
Errröt
Jetzt will ich dich nur noch mehr verwöhnen ...
... Freya.
Waas ?!

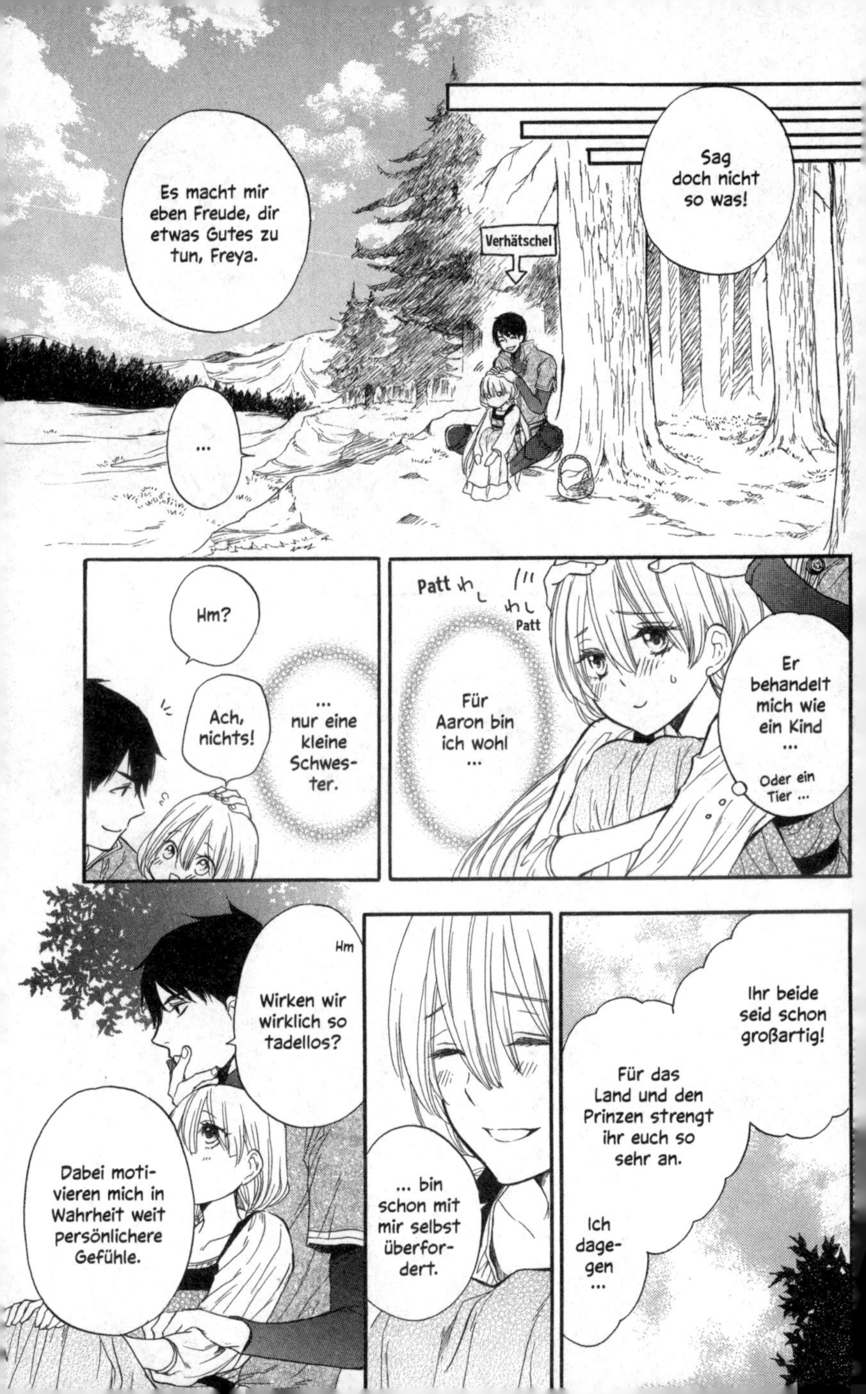
Sag doch nicht so was!
Verhätschel
Es macht mir eben Freude, dir etwas Gutes zu tun, Freya.
...
Patt
Patt
Er behandelt mich wie ein Kind ...
Oder ein Tier ...
Für Aaron bin ich wohl ...
... nur eine kleine Schwester.
Hm?
Ach, nichts!
Ihr beide seid schon großartig!
Für das Land und den Prinzen strengt ihr euch so sehr an.
Ich dagegen ...
... bin schon mit mir selbst überfordert.
Hm
Wirken wir wirklich so tadellos?
Dabei motivieren mich in Wahrheit weit persönlichere Gefühle.

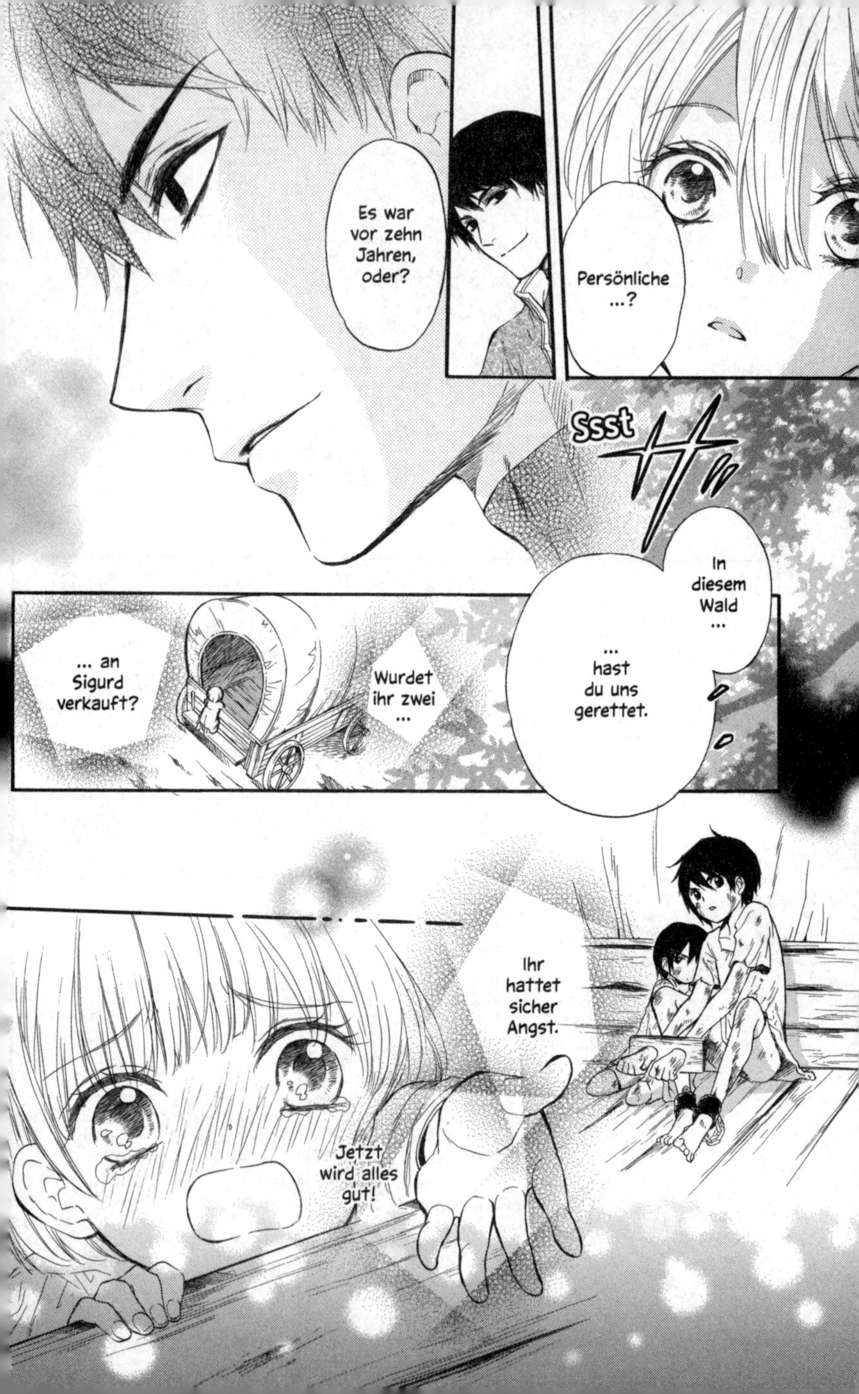

Persönliche …?
Es war vor zehn Jahren, oder?
Ssst
In diesem Wald …
… hast du uns gerettet.
Wurdet ihr zwei …
… an Sigurd verkauft?
Ihr hattet sicher Angst.
Jetzt wird alles gut!

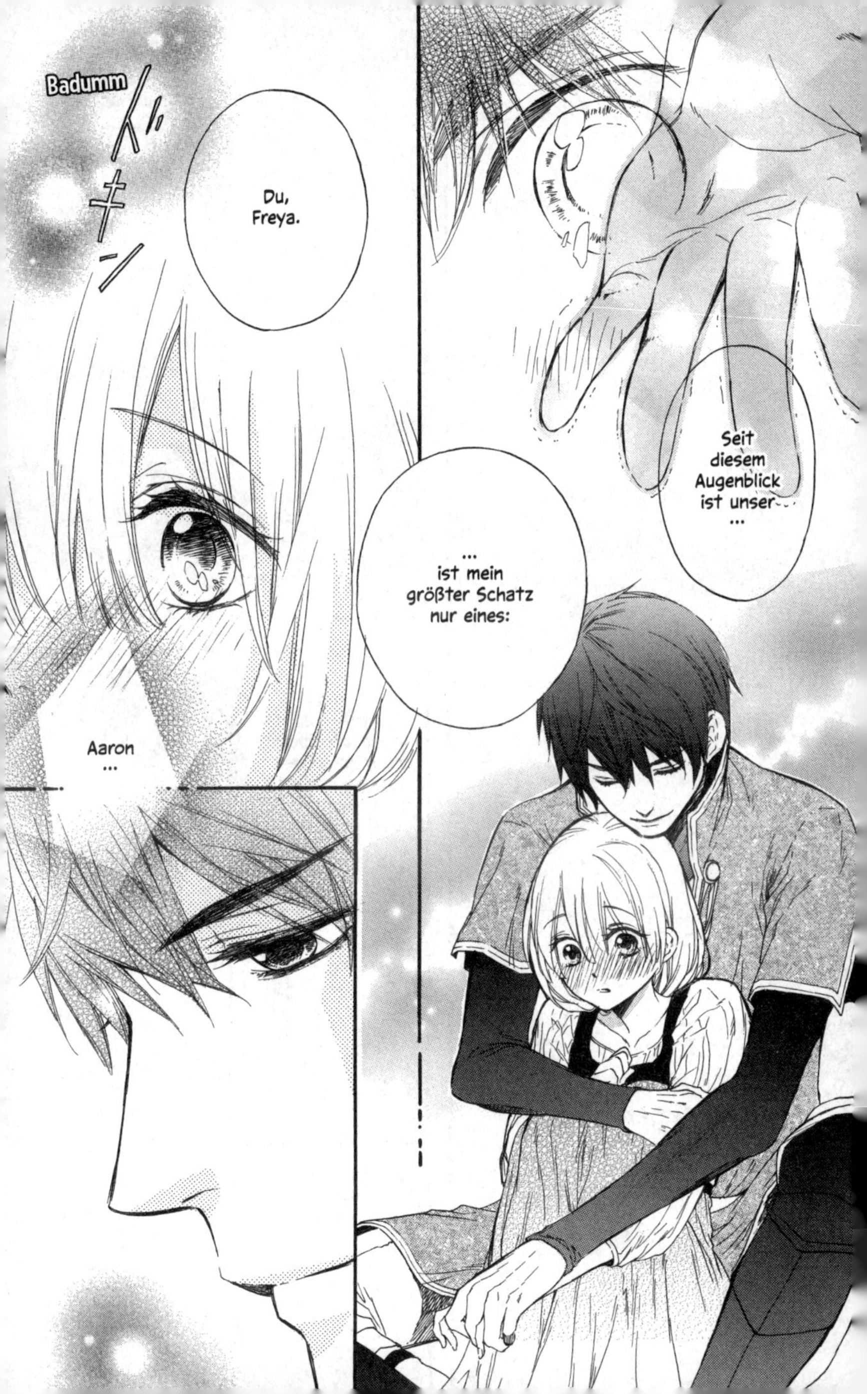
Seit diesem Augenblick ist unser ...
... ist mein größter Schatz nur eines:
Badumm
Du, Freya.
Aaron ...

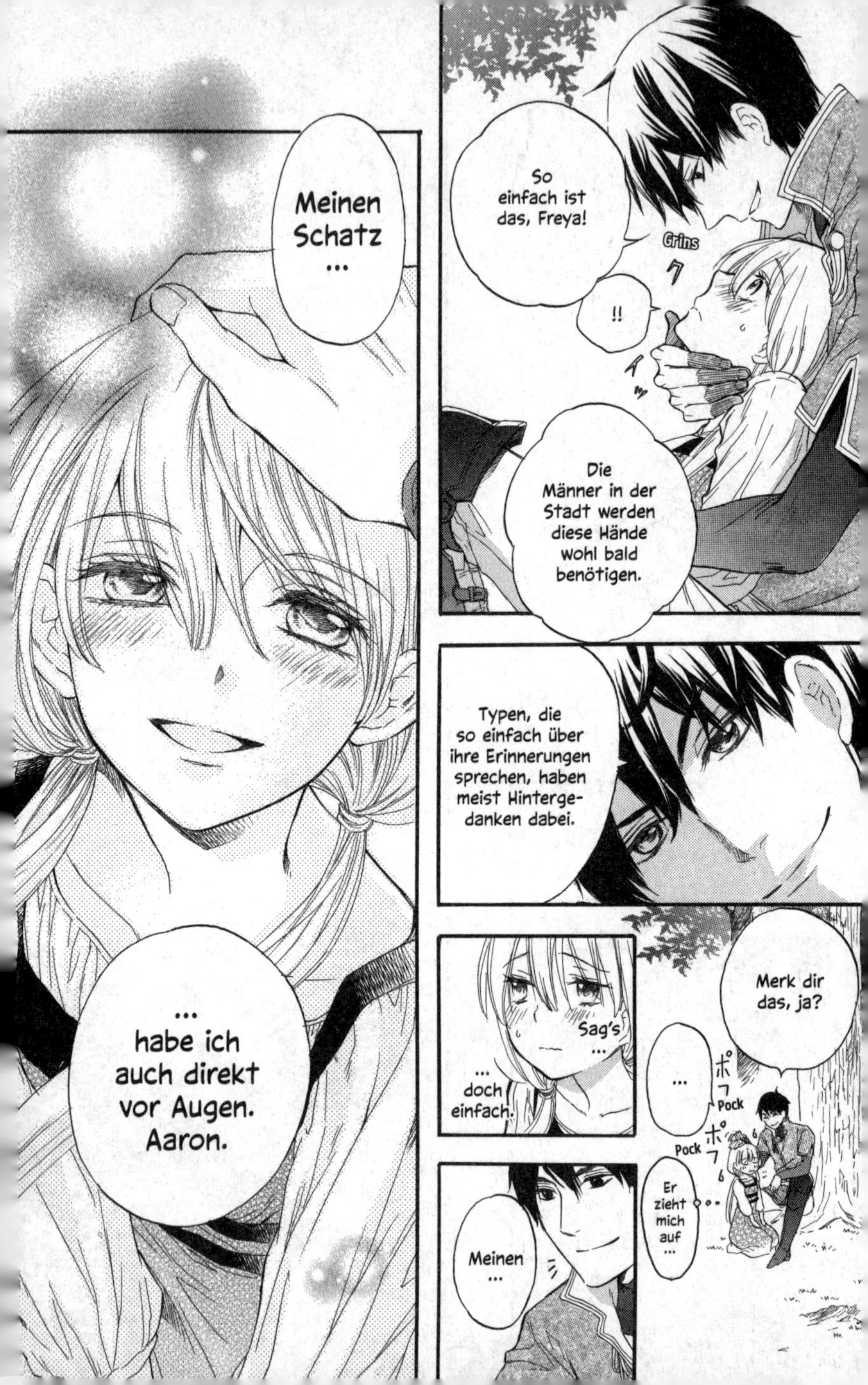
So einfach ist das, Freya!
Grins
!!
Die Männer in der Stadt werden diese Hände wohl bald benötigen.
Typen, die so einfach über ihre Erinnerungen sprechen, haben meist Hintergedanken dabei.
Merk dir das, ja?
...
Pock
Pock
Er zieht mich auf ...
Sag's ...
... doch einfach.
Meinen ...
Meinen Schatz ...
... habe ich auch direkt vor Augen. Aaron.

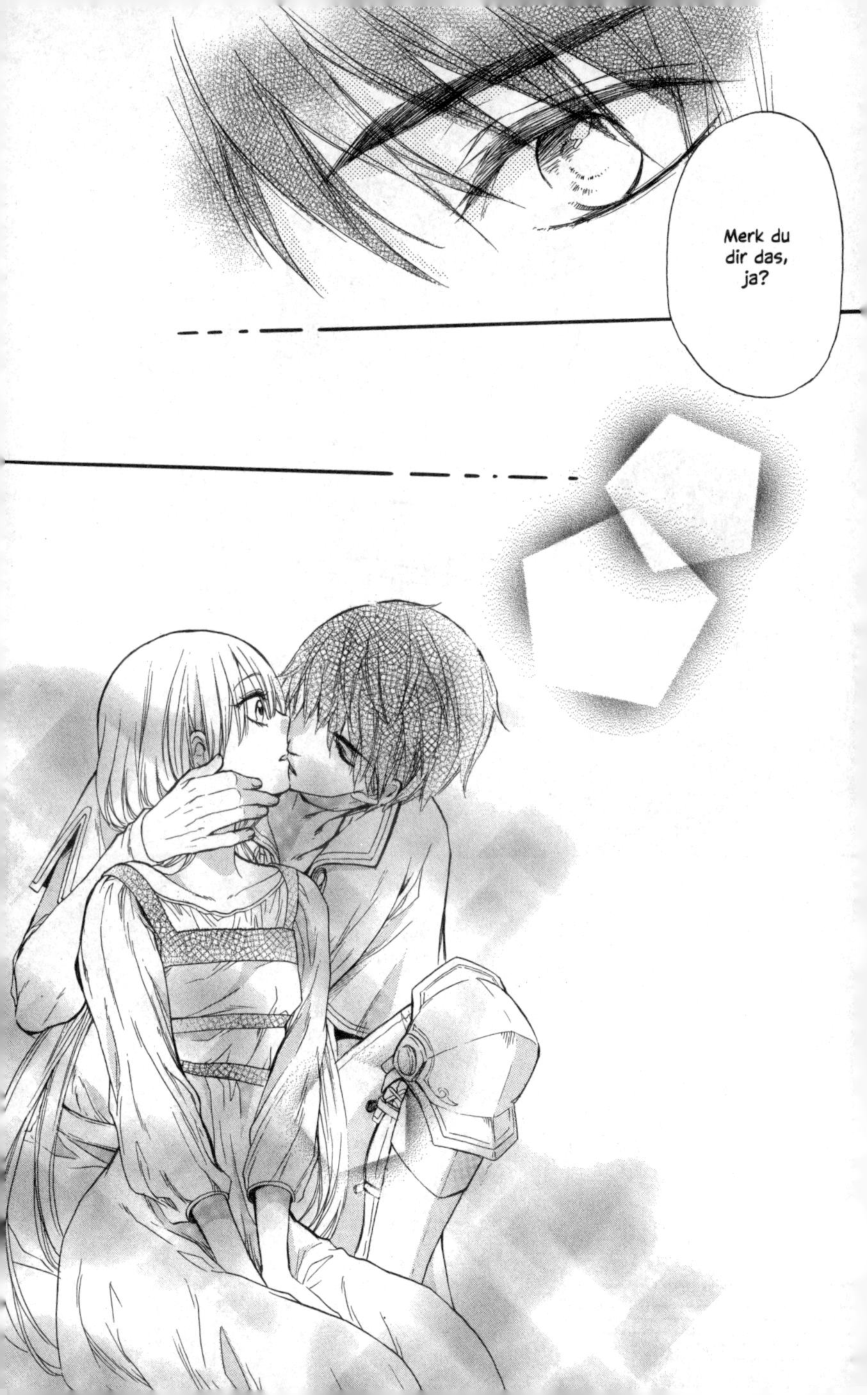
Merk du dir das, ja?

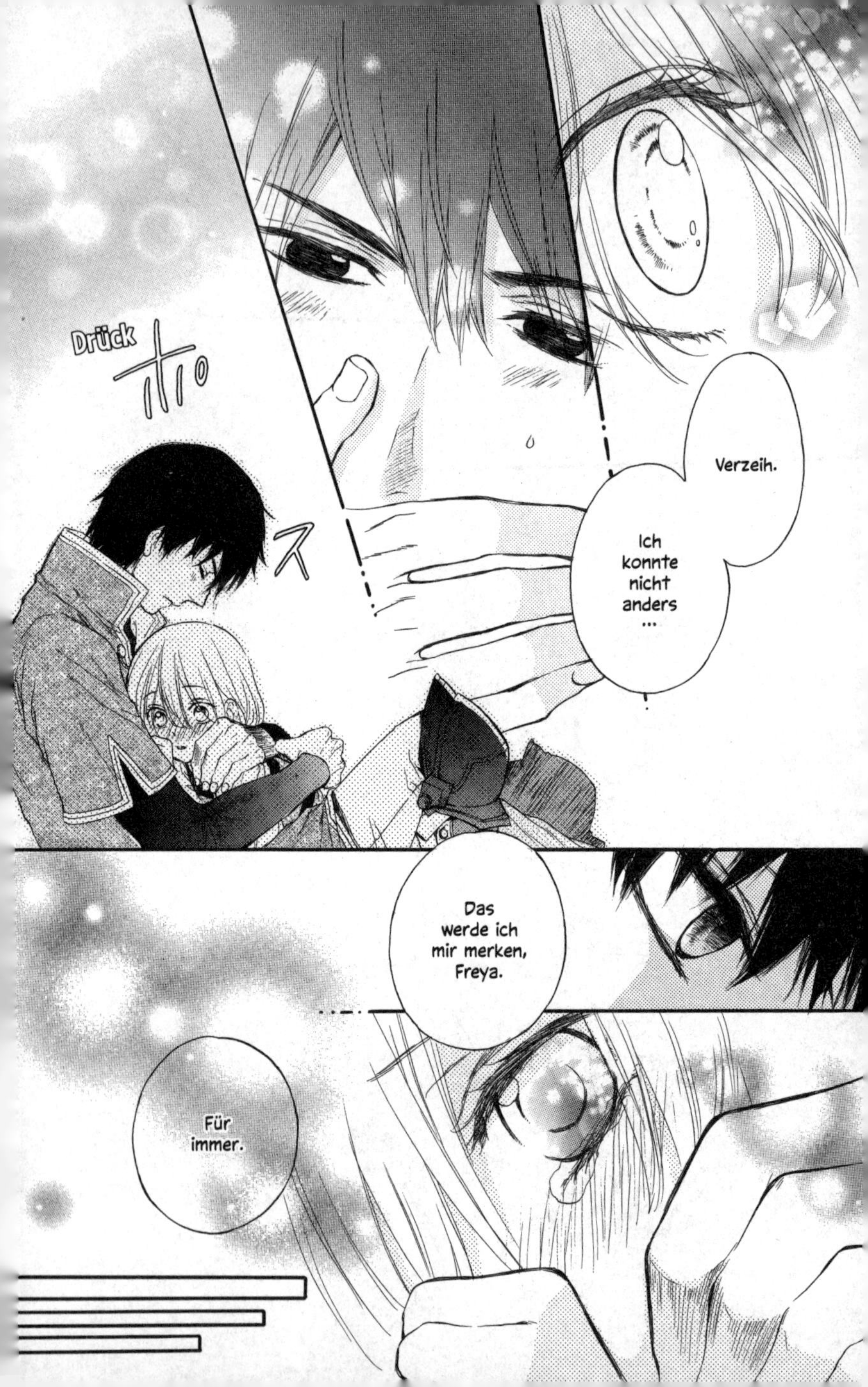

Verzeih.
Ich konnte nicht anders ...
Drück
Das werde ich mir merken, Freya.
Für immer.

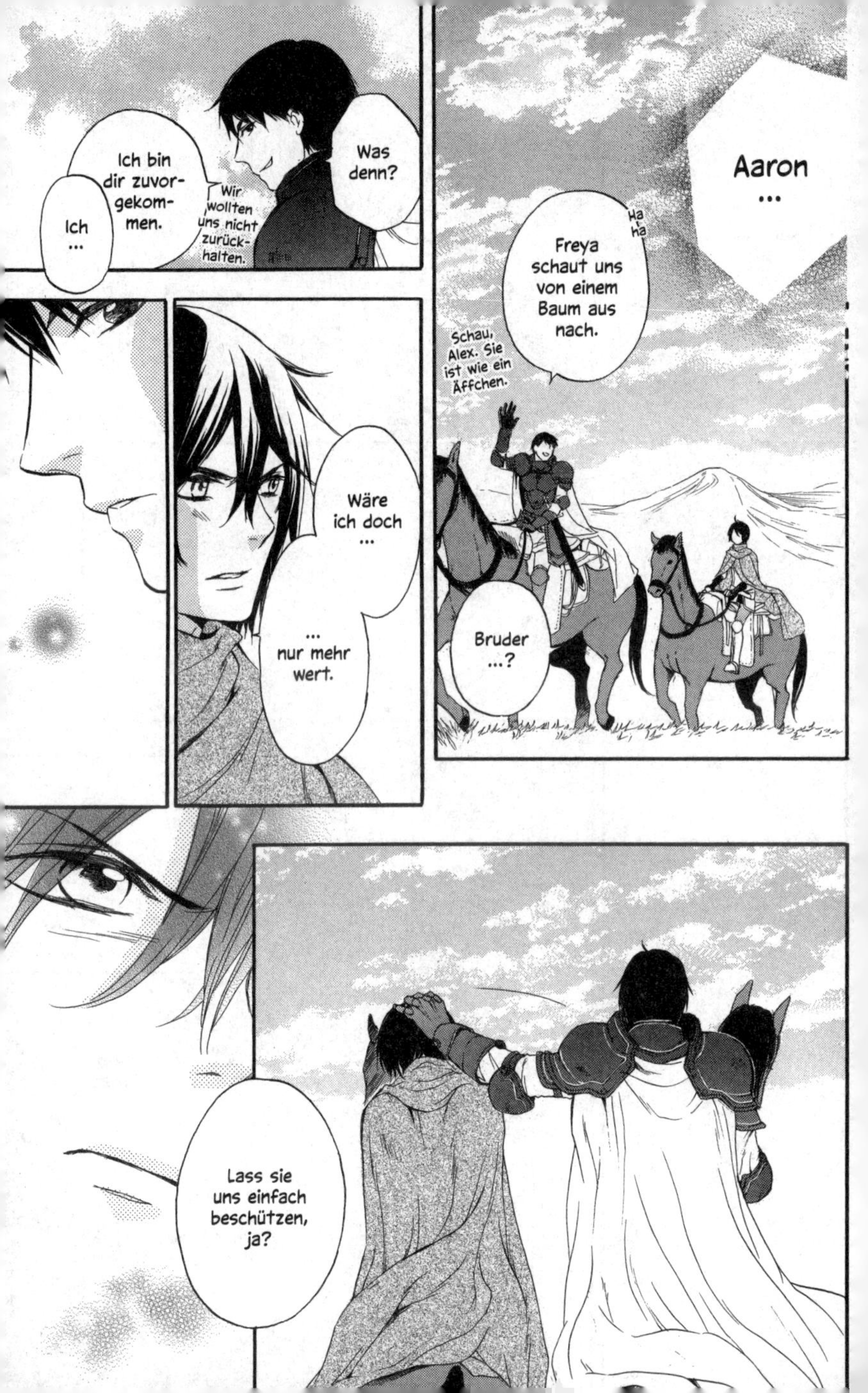
Aaron ...
Ha ha
Freya schaut uns von einem Baum aus nach.
Schau, Alex. Sie ist wie ein Äffchen.
Bruder ...?
Was denn?
Ich bin dir zuvorgekommen.
Wir wollten uns nicht zurückhalten.
Ich ...
Wäre ich doch ...
... nur mehr wert.
Lass sie uns einfach beschützen, ja?

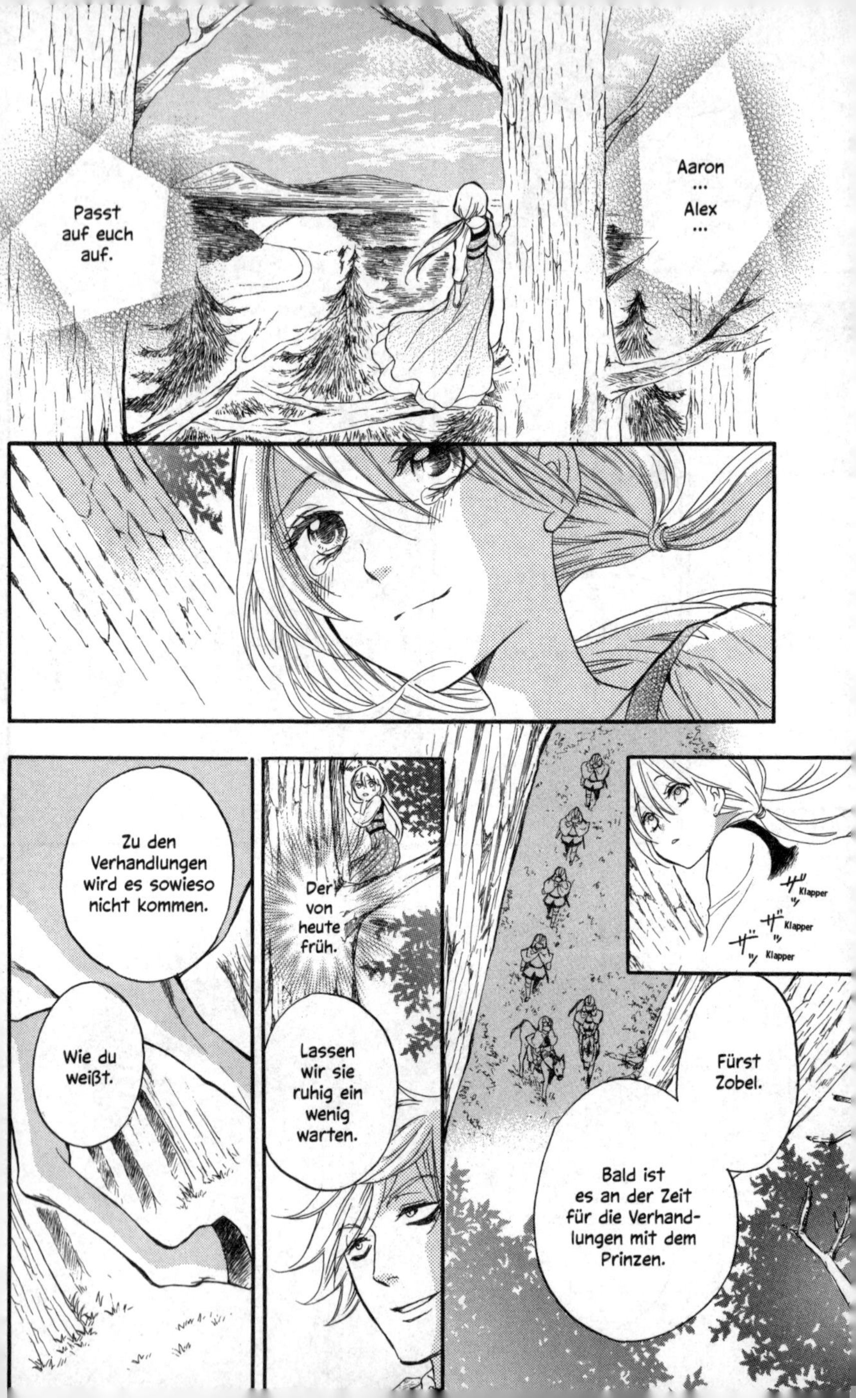
Aaron ... Alex ...
Passt auf euch auf.
ザ Klapper
ザ Klapper
ザ Klapper
Fürst Zobel.
Bald ist es an der Zeit für die Verhand-lungen mit dem Prinzen.
Der von heute früh.
Lassen wir sie ruhig ein wenig warten.
Zu den Verhandlungen wird es sowieso nicht kommen.
Wie du weißt.

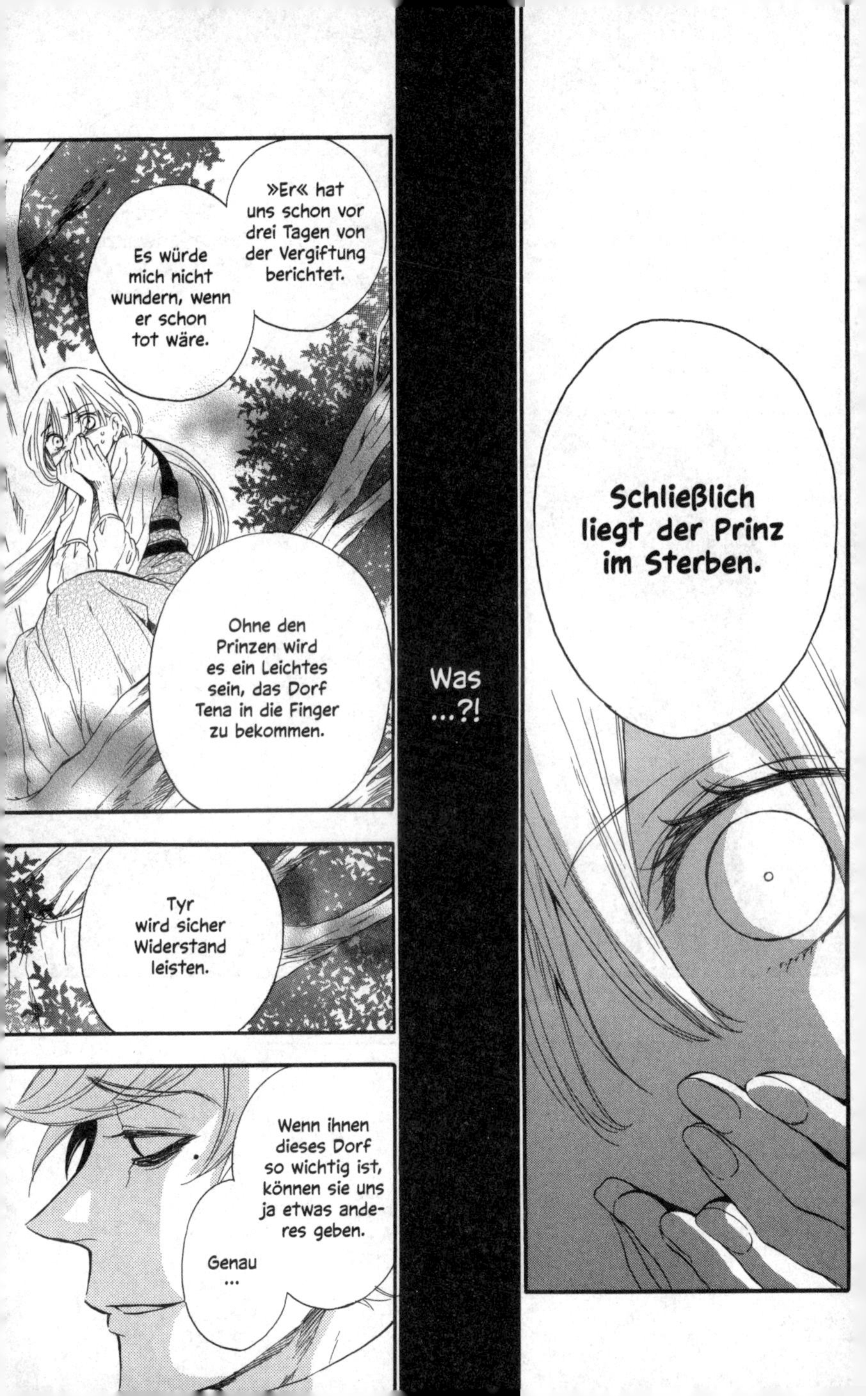
»Er« hat uns schon vor drei Tagen von der Vergiftung berichtet.
Es würde mich nicht wundern, wenn er schon tot wäre.
Ohne den Prinzen wird es ein Leichtes sein, das Dorf Tena in die Finger zu bekommen.
Tyr wird sicher Widerstand leisten.
Wenn ihnen dieses Dorf so wichtig ist, können sie uns ja etwas anderes geben.
Genau ...
Schließlich liegt der Prinz im Sterben.
Was ...?!

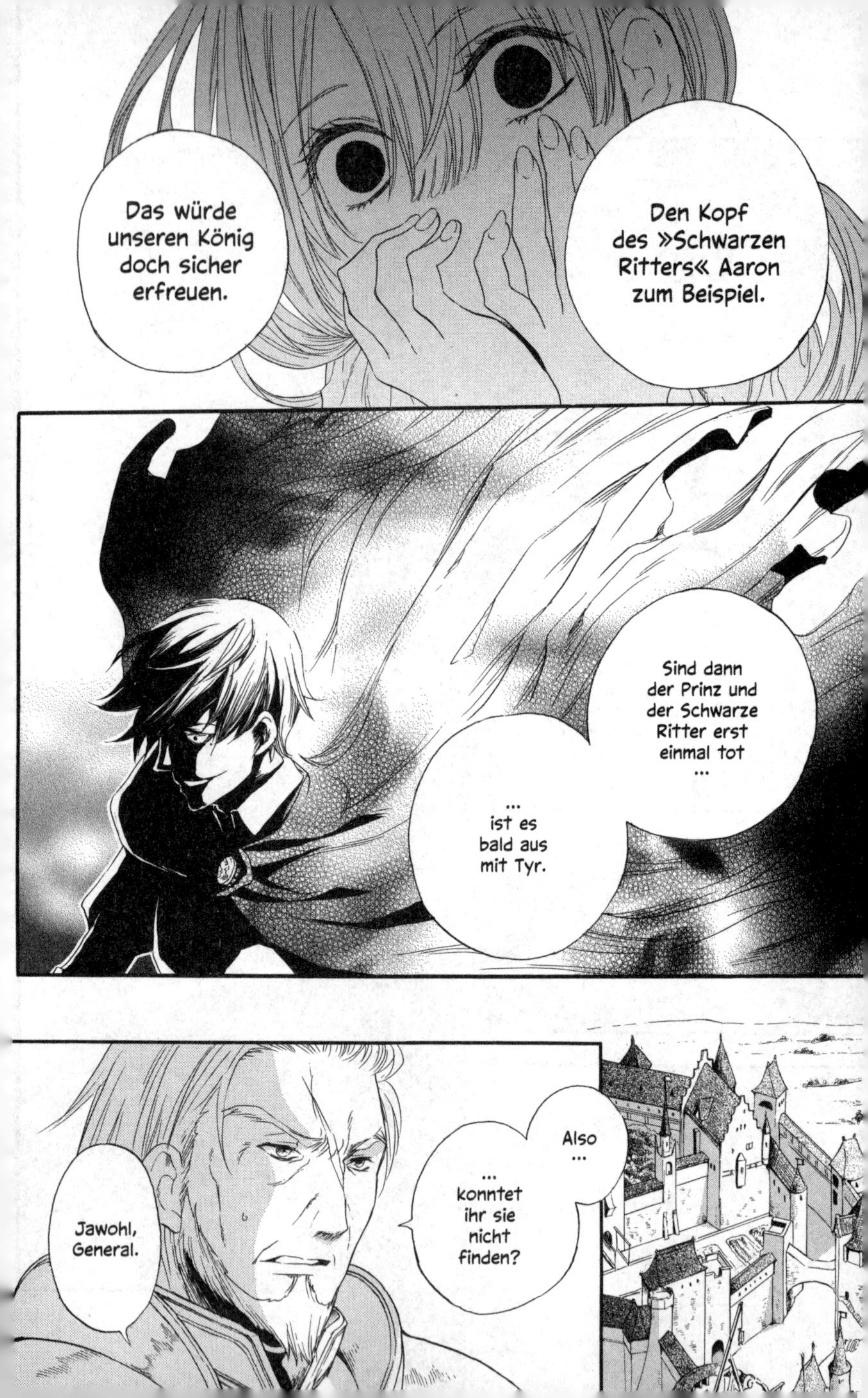
Den Kopf des »Schwarzen Ritters« Aaron zum Beispiel.
Das würde unseren König doch sicher erfreuen.
Sind dann der Prinz und der Schwarze Ritter erst einmal tot ...
... ist es bald aus mit Tyr.
Also ...
... konntet ihr sie nicht finden?
Jawohl, General.

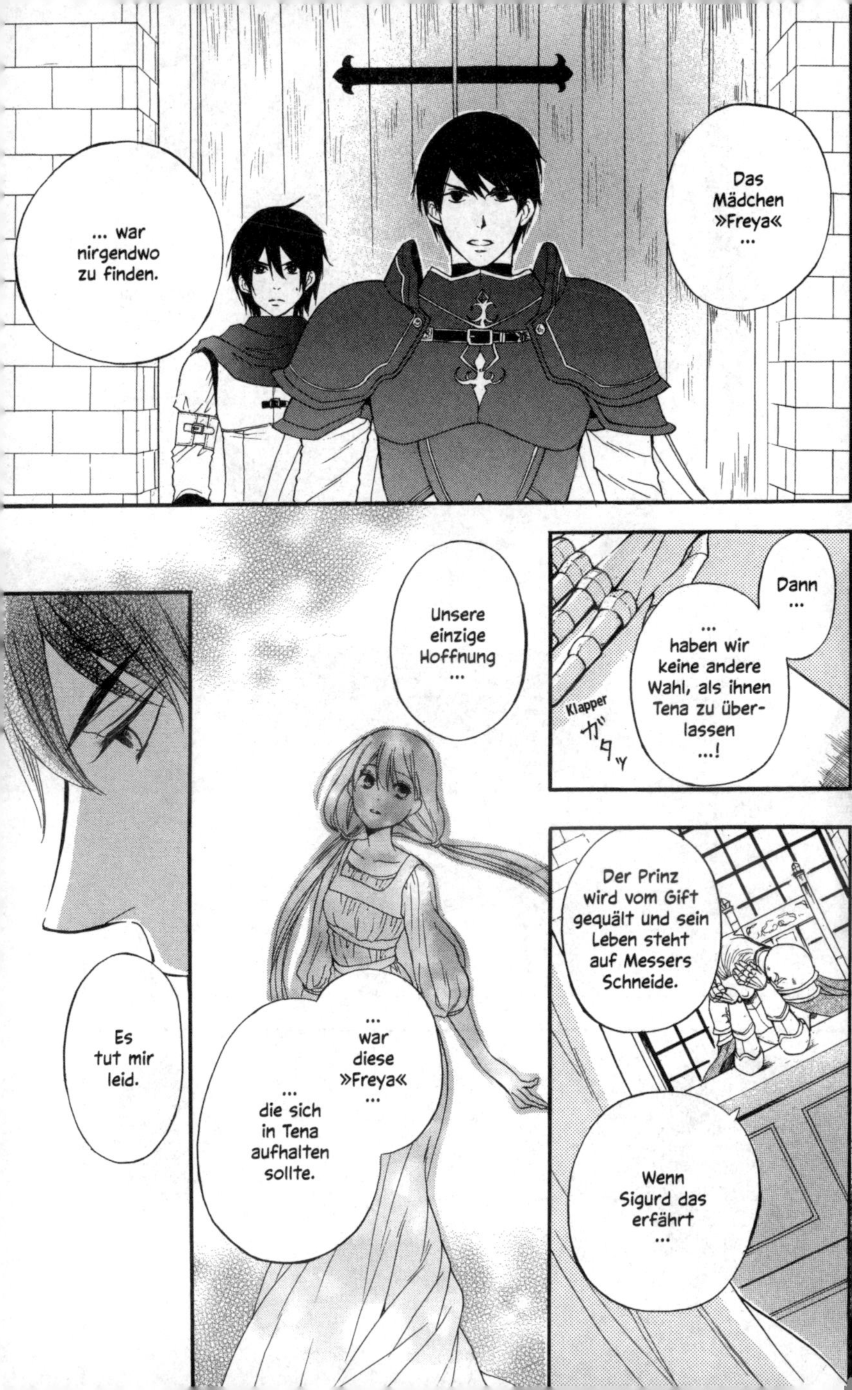
Das Mädchen »Freya« ...
... war nirgendwo zu finden.
Dann ...
... haben wir keine andere Wahl, als ihnen Tena zu überlassen ...!
Klapper
ガタッ
Unsere einzige Hoffnung ...
Der Prinz wird vom Gift gequält und sein Leben steht auf Messers Schneide.
Wenn Sigurd das erfährt ...
... war diese »Freya« ...
... die sich in Tena aufhalten sollte.
Es tut mir leid.

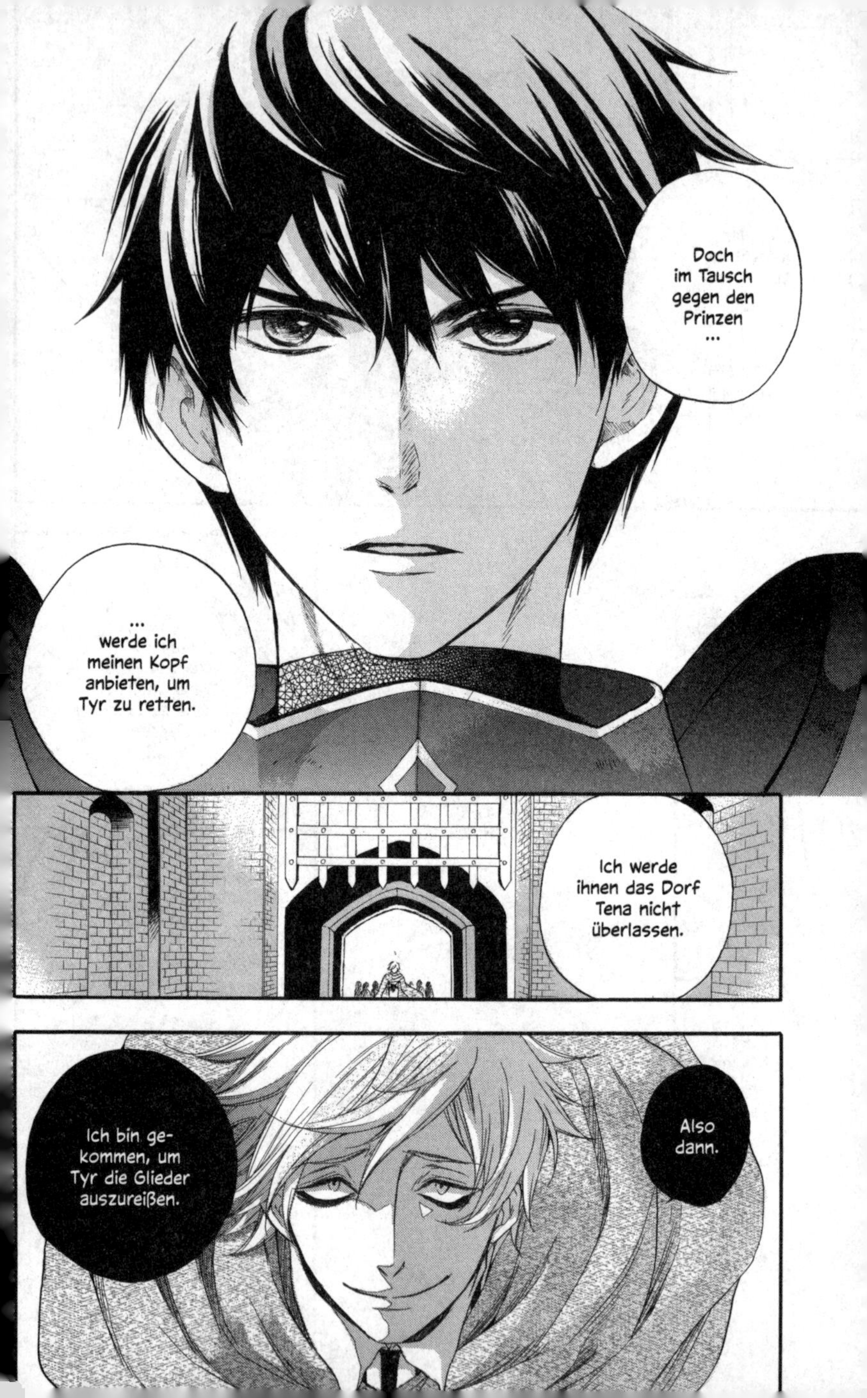
Doch im Tausch gegen den Prinzen ...
... werde ich meinen Kopf anbieten, um Tyr zu retten.
Ich werde ihnen das Dorf Tena nicht überlassen.
Also dann.
Ich bin gekommen, um Tyr die Glieder auszureißen.

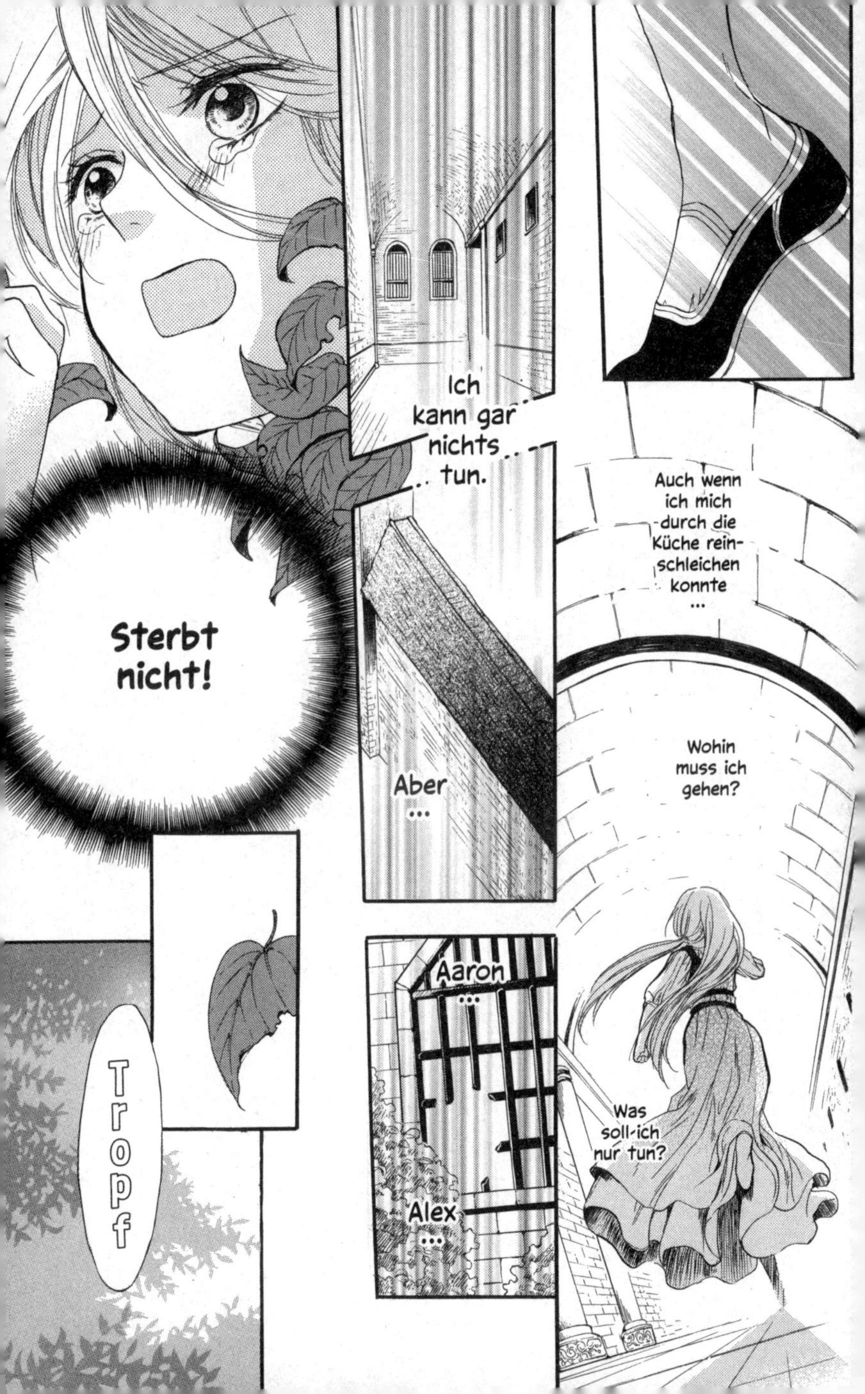
Auch wenn ich mich durch die Küche reinschleichen konnte ...
Wohin muss ich gehen?
Was soll ich nur tun?
Ich kann gar nichts ... tun.
Aber ...
Aaron ...
Alex ...
Sterbt nicht!
Tropf

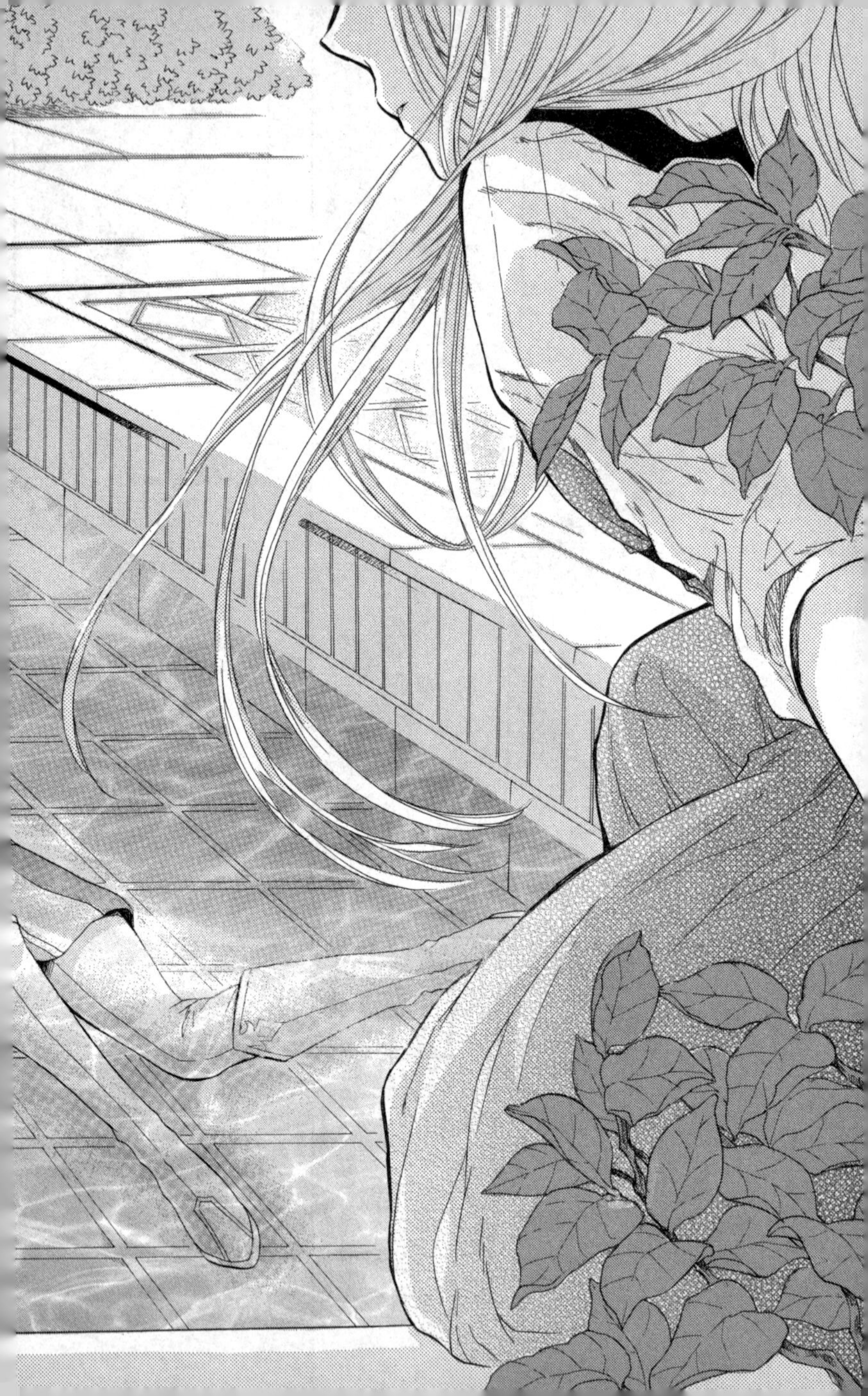

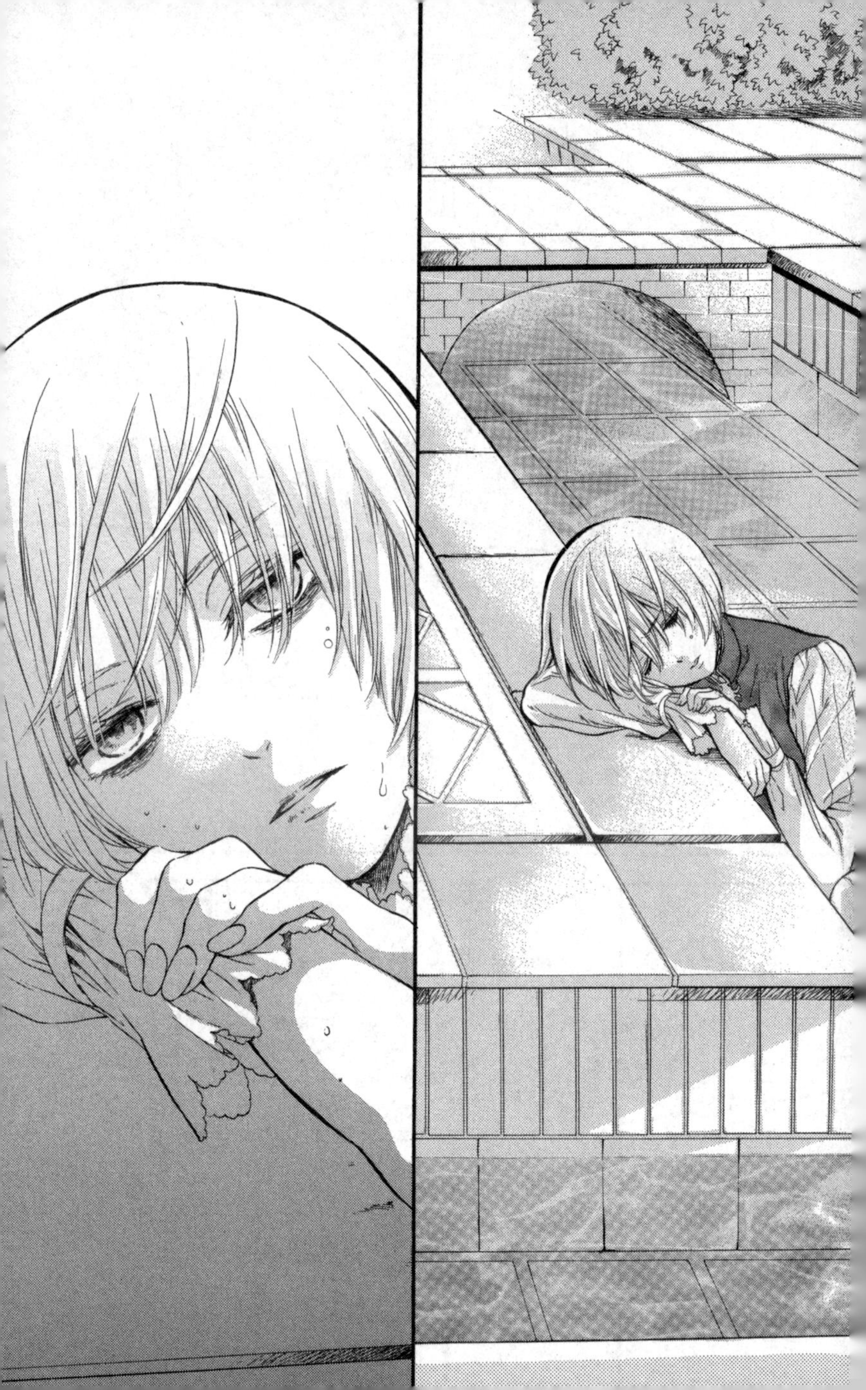

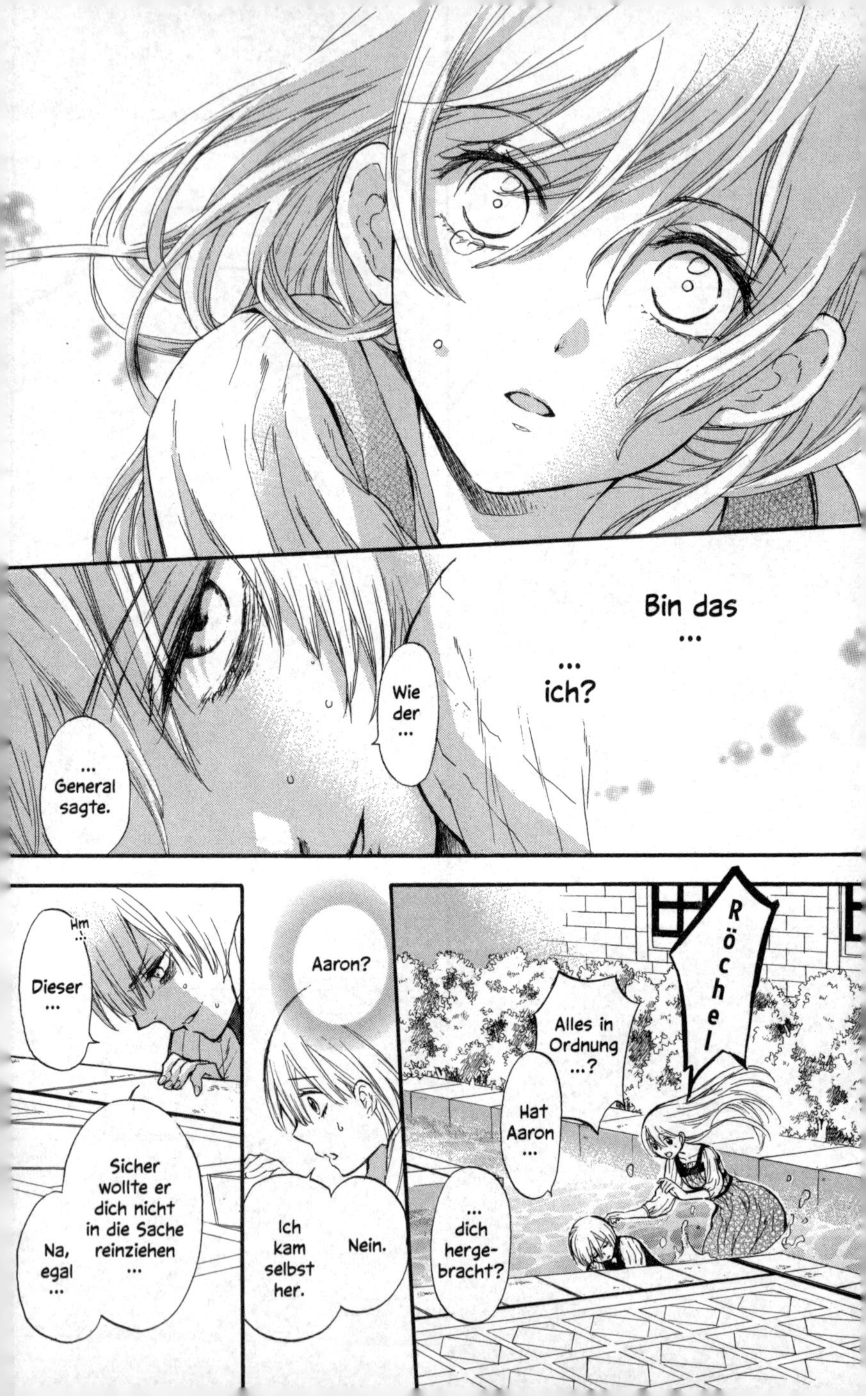
Bin das ...
... ich?
Wie der ...
... General sagte.
Röchel
Alles in Ordnung ...?
Hat Aaron ...
... dich hergebracht?
Aaron?
Nein.
Ich kam selbst her.
Hm ...
Dieser ...
Sicher wollte er dich nicht in die Sache reinziehen ...
Na, egal ...

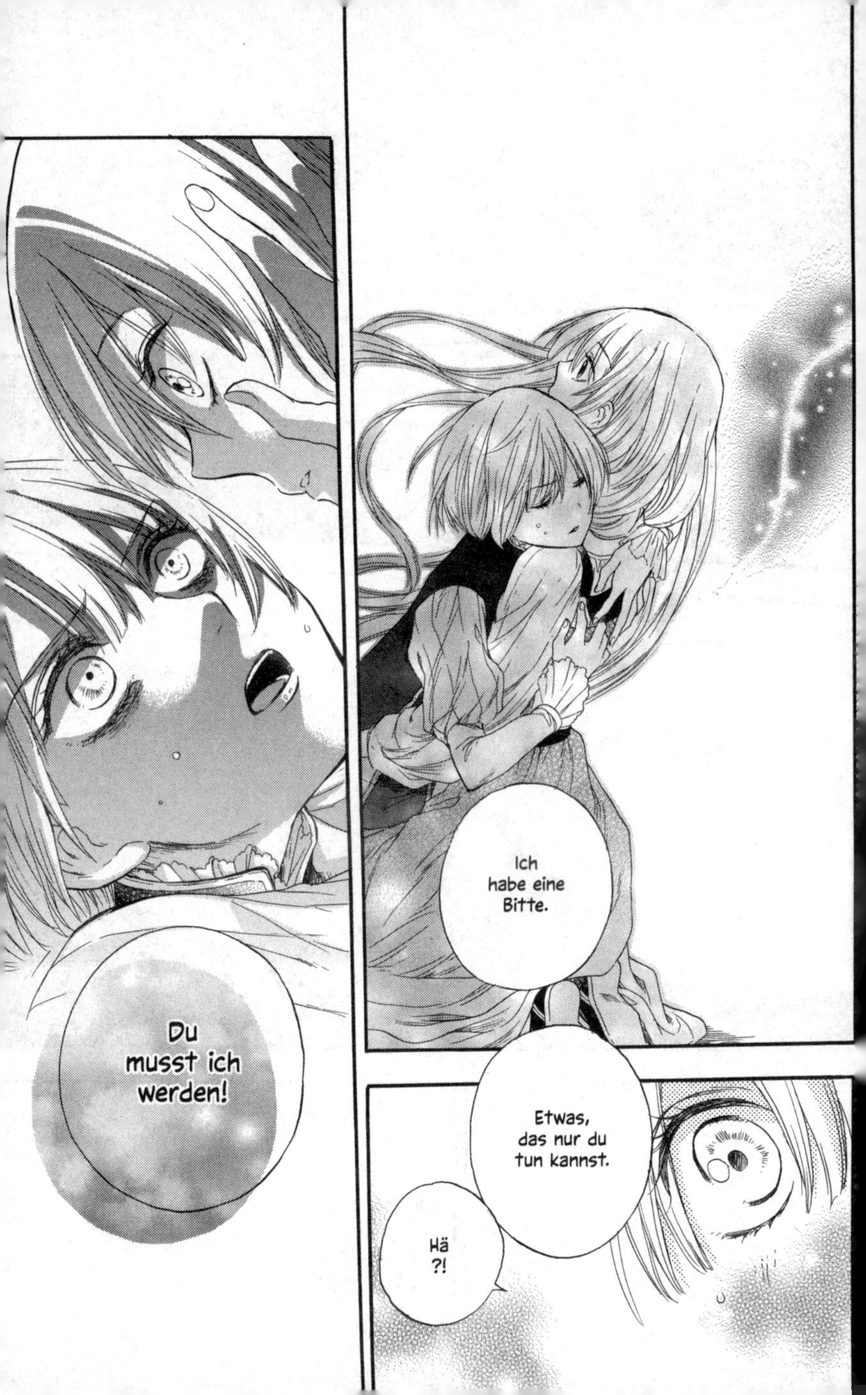
Ich habe eine Bitte.
Du musst ich werden!
Etwas, das nur du tun kannst.
Hä ?!

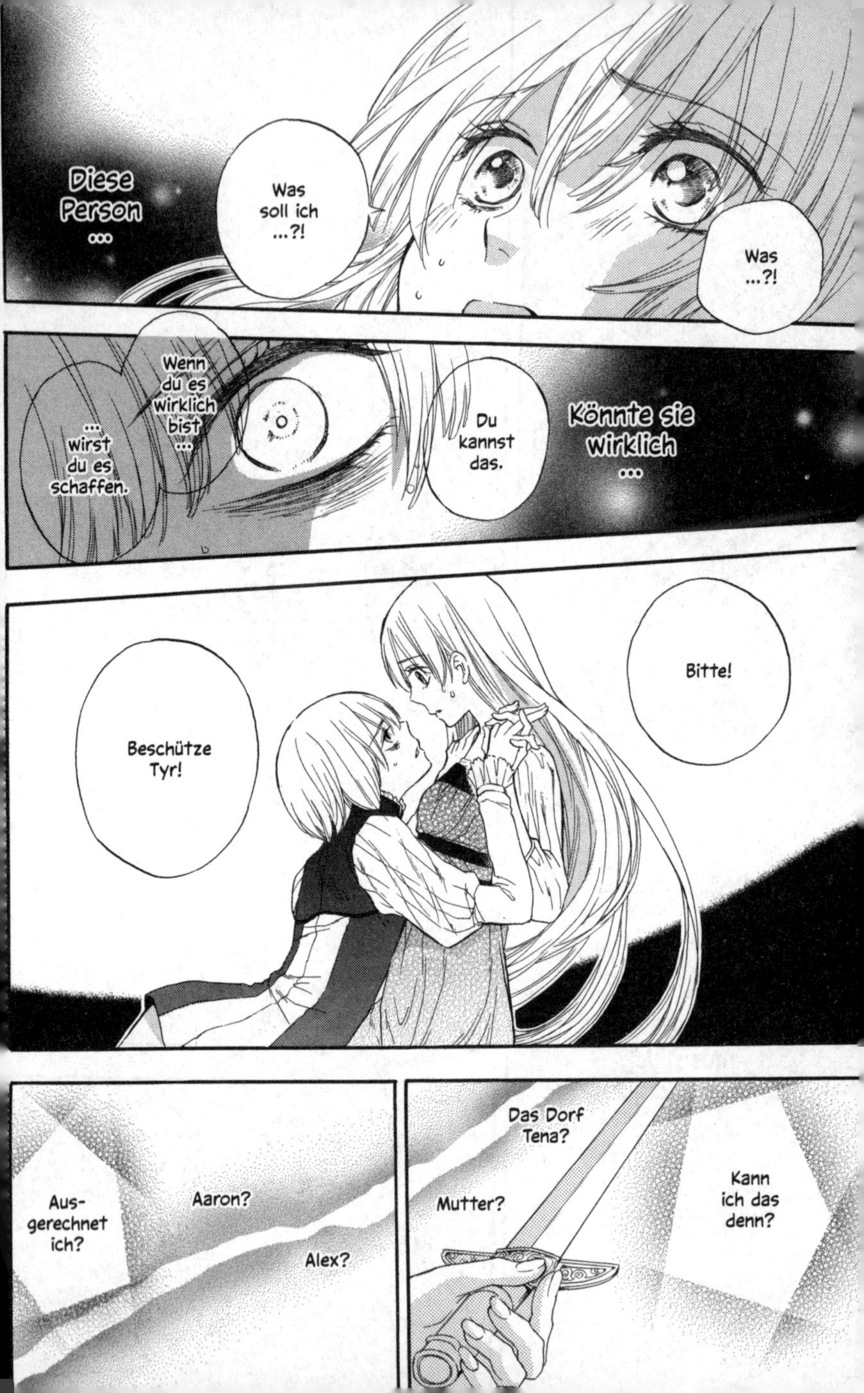
Was ...?!
Was soll ich ...?!
Diese Person ...
Könnte sie wirklich ...
Du kannst das.
Wenn du es wirklich bist ...
... wirst du es schaffen.
Bitte!
Beschütze Tyr!
Kann ich das denn?
Das Dorf Tena?
Mutter?
Alex?
Aaron?
Aus-gerechnet ich?

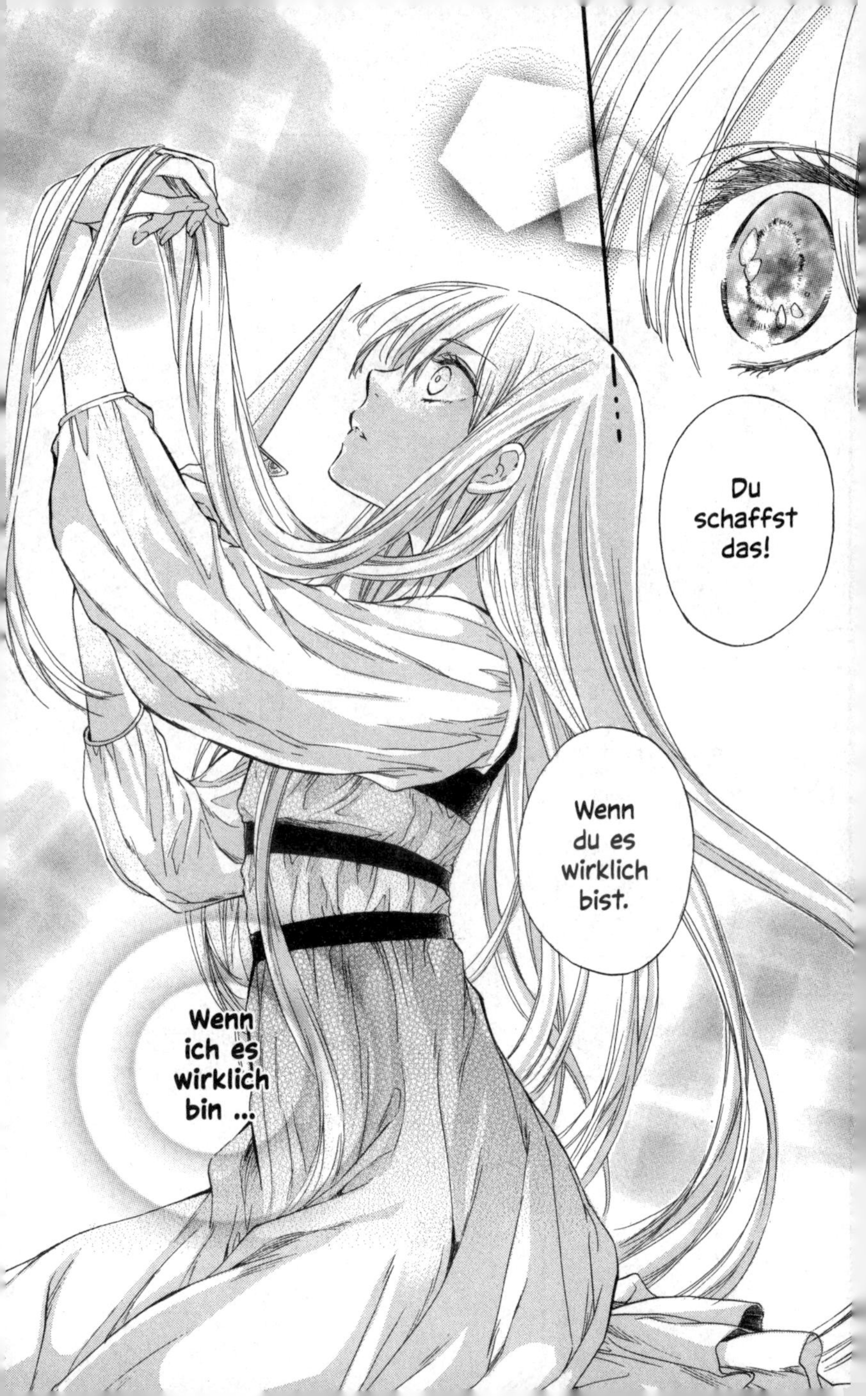
Du schaffst das!
Wenn du es wirklich bist.
Wenn ich es wirklich bin ...

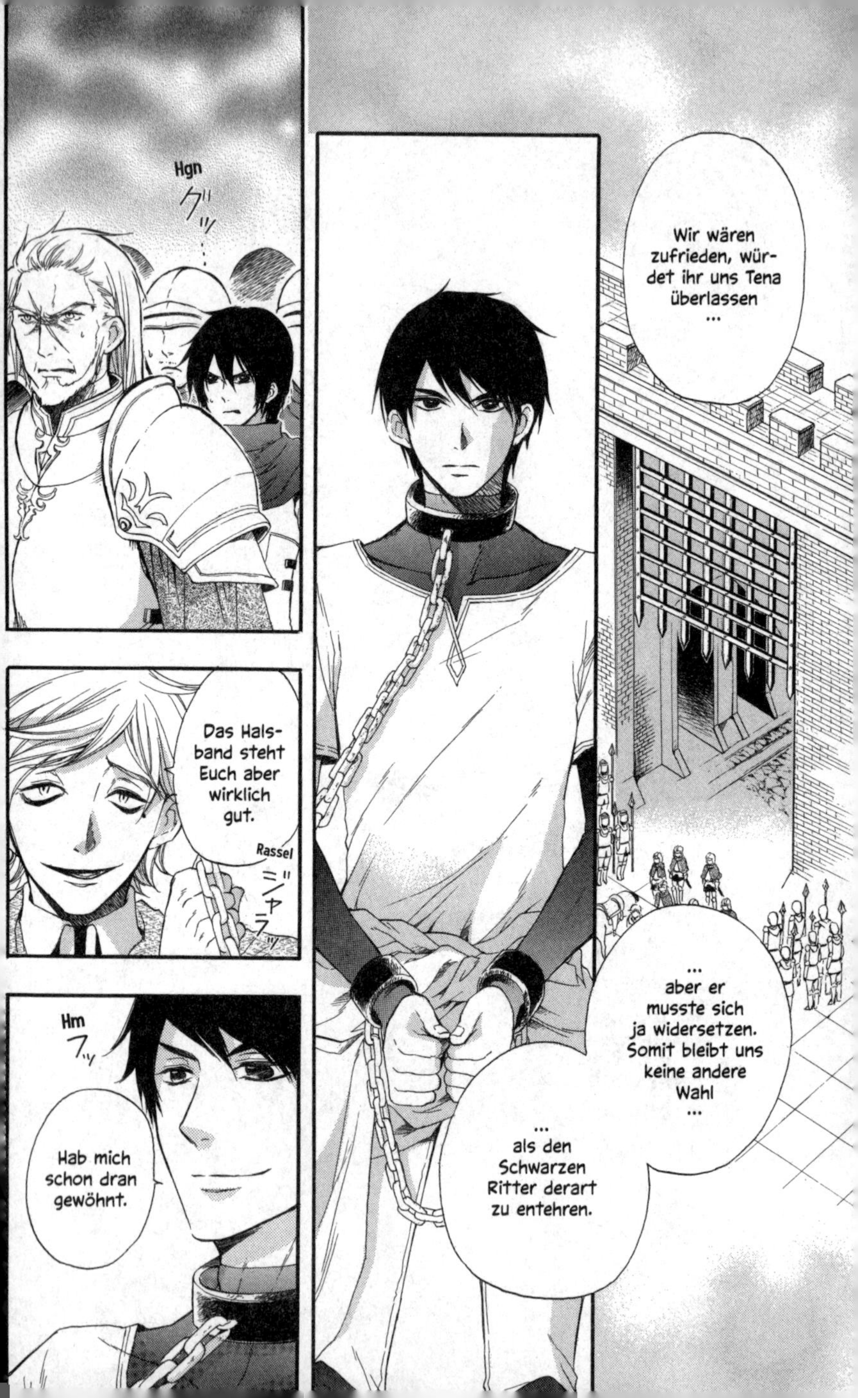

Wir wären zufrieden, würdet ihr uns Tena überlassen ...
... aber er musste sich ja widersetzen. Somit bleibt uns keine andere Wahl ...
... als den Schwarzen Ritter derart zu entehren.
Hgn
グッ
Das Halsband steht Euch aber wirklich gut.
Rassel
ジャラッ
Hm
フッ
Hab mich schon dran gewöhnt.

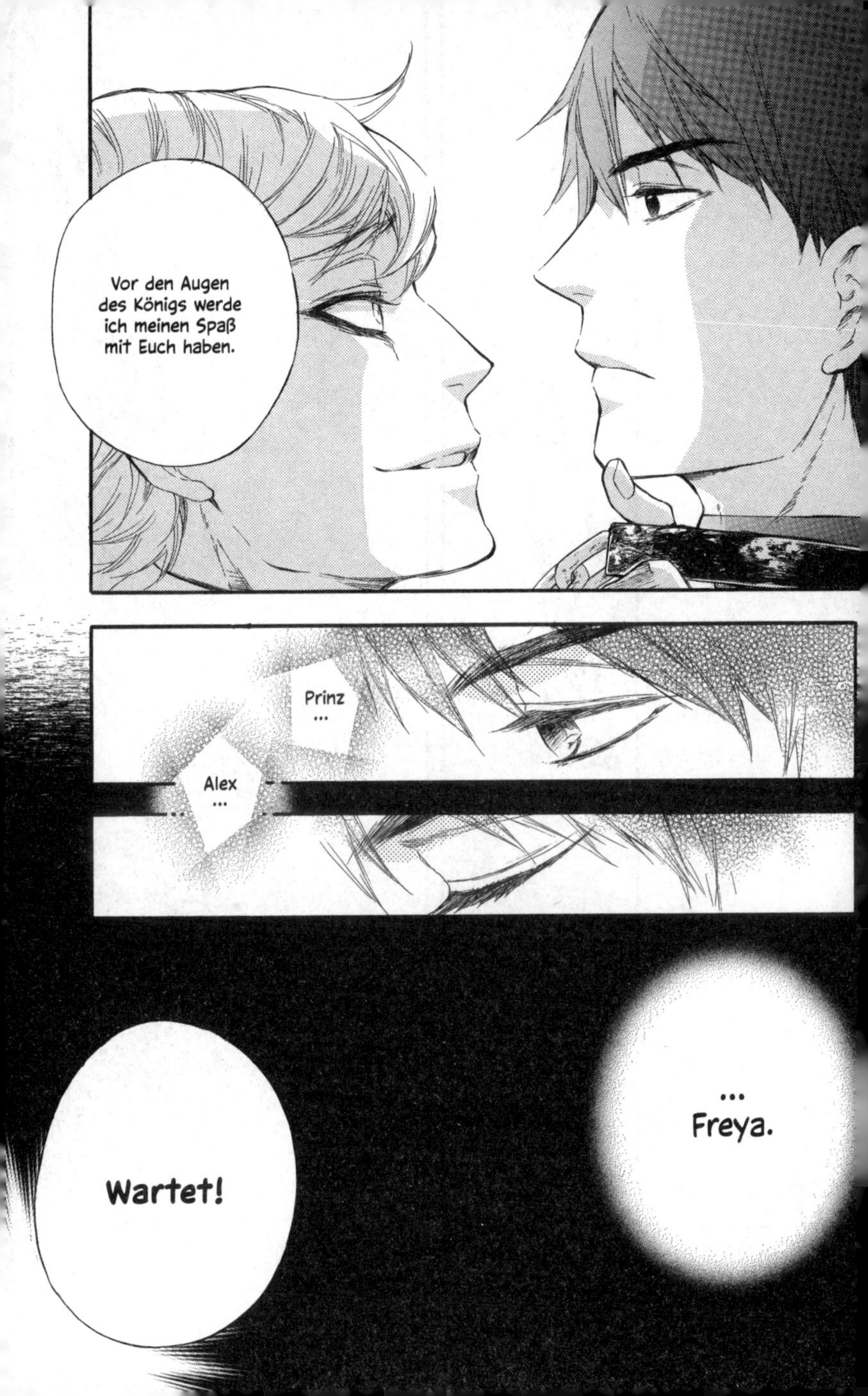
Vor den Augen des Königs werde ich meinen Spaß mit Euch haben.
Prinz ...
Alex ...
... Freya.
Wartet!

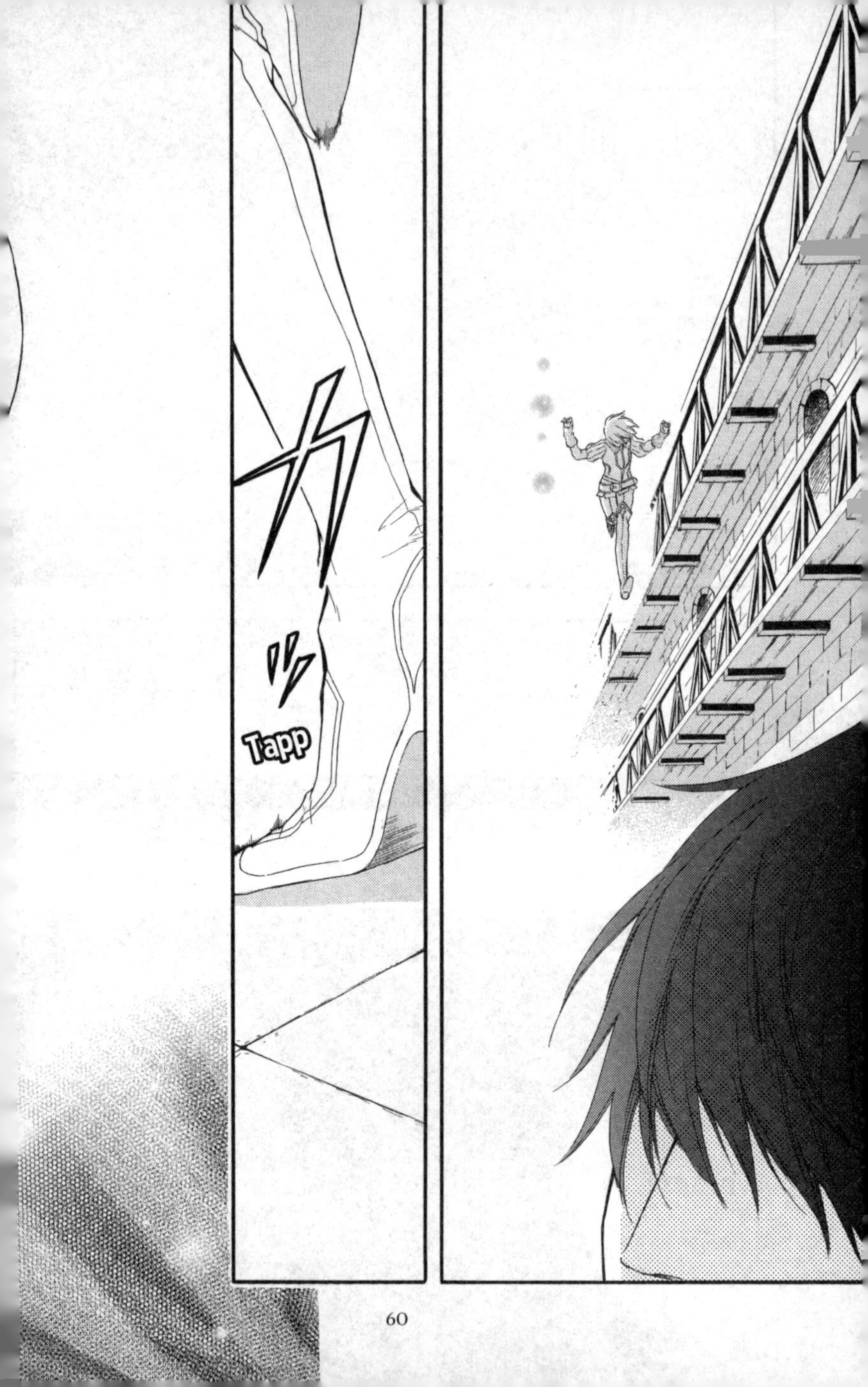
Tapp

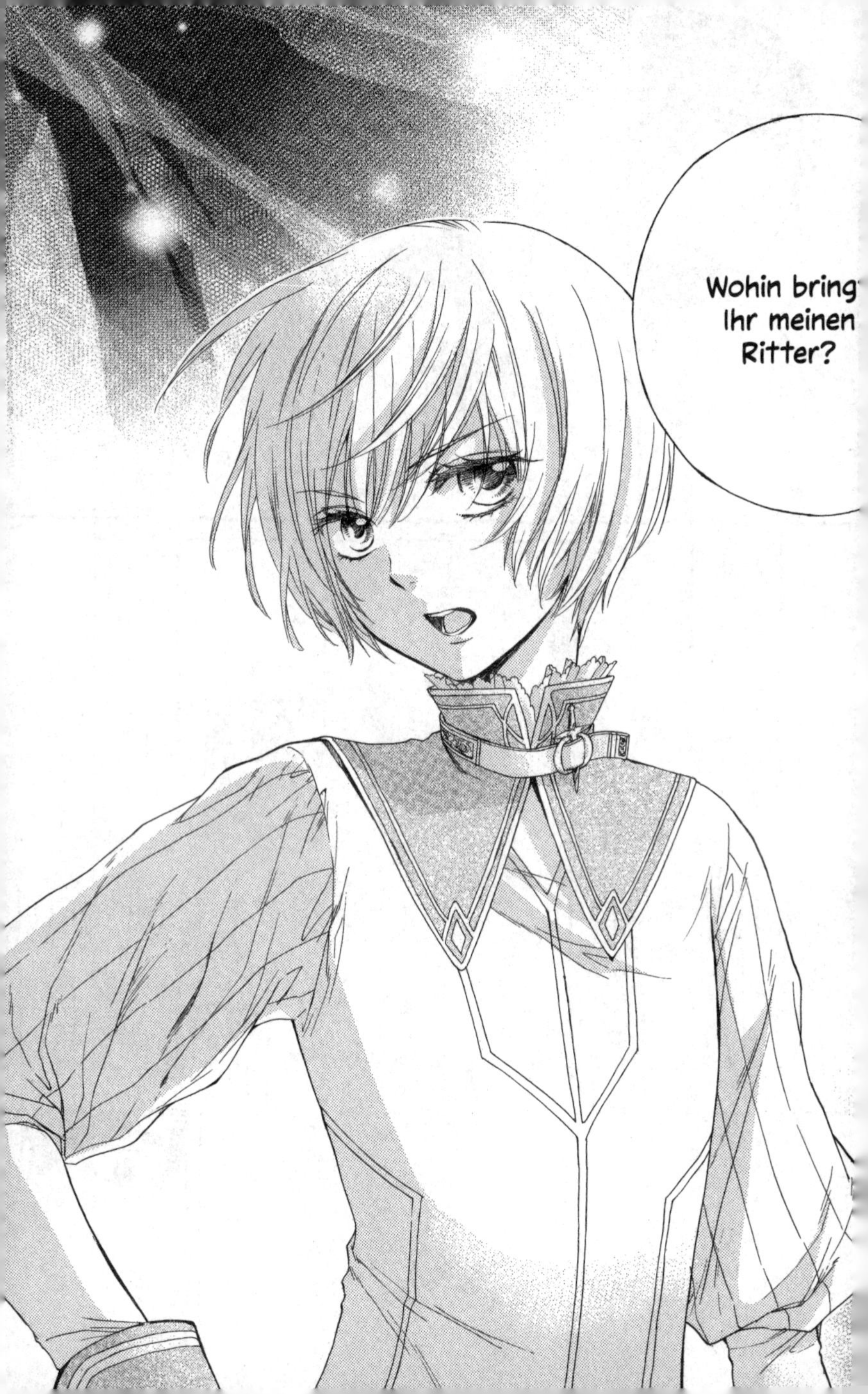
Wohin bringt Ihr meinen Ritter?

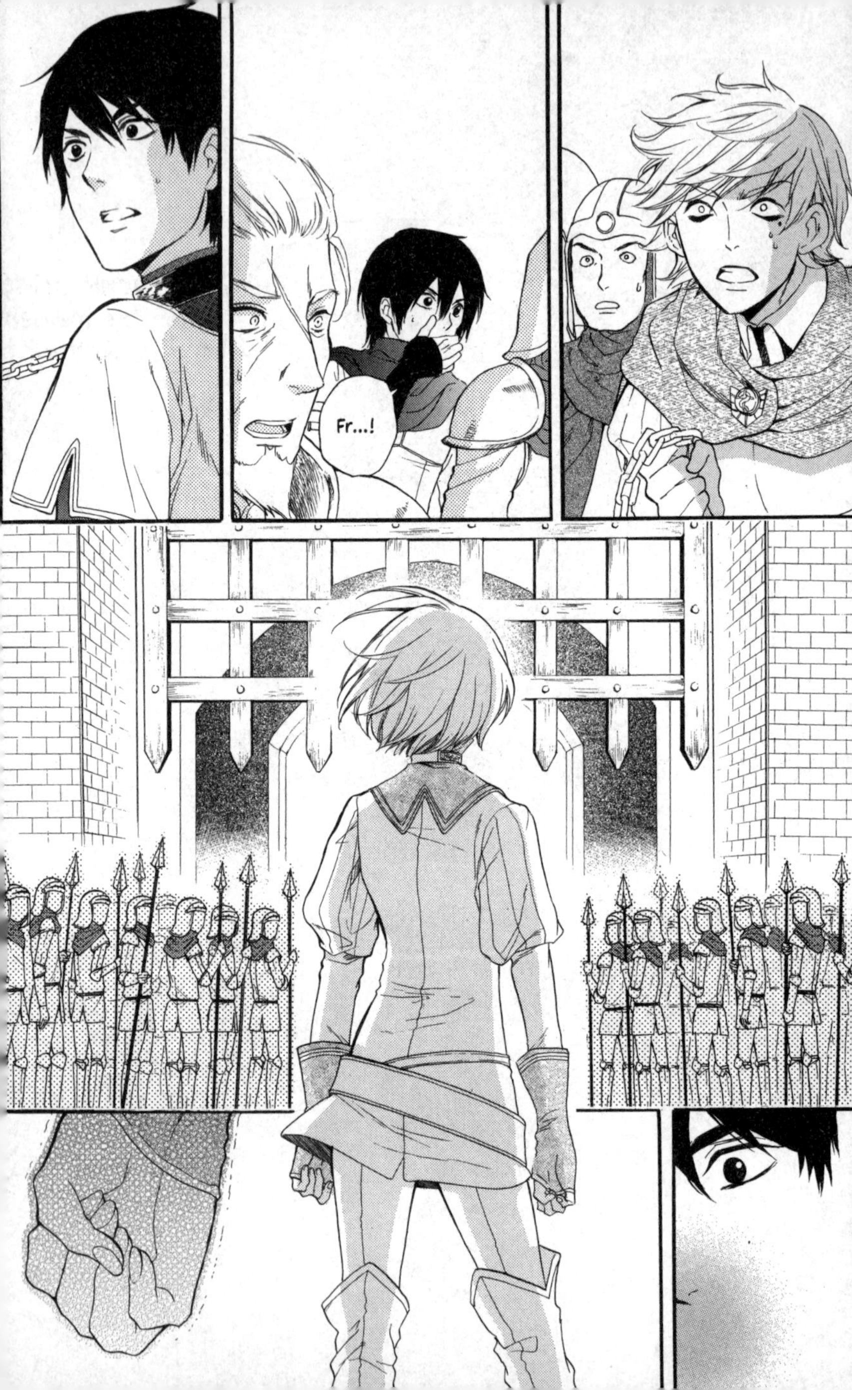
Fr...!

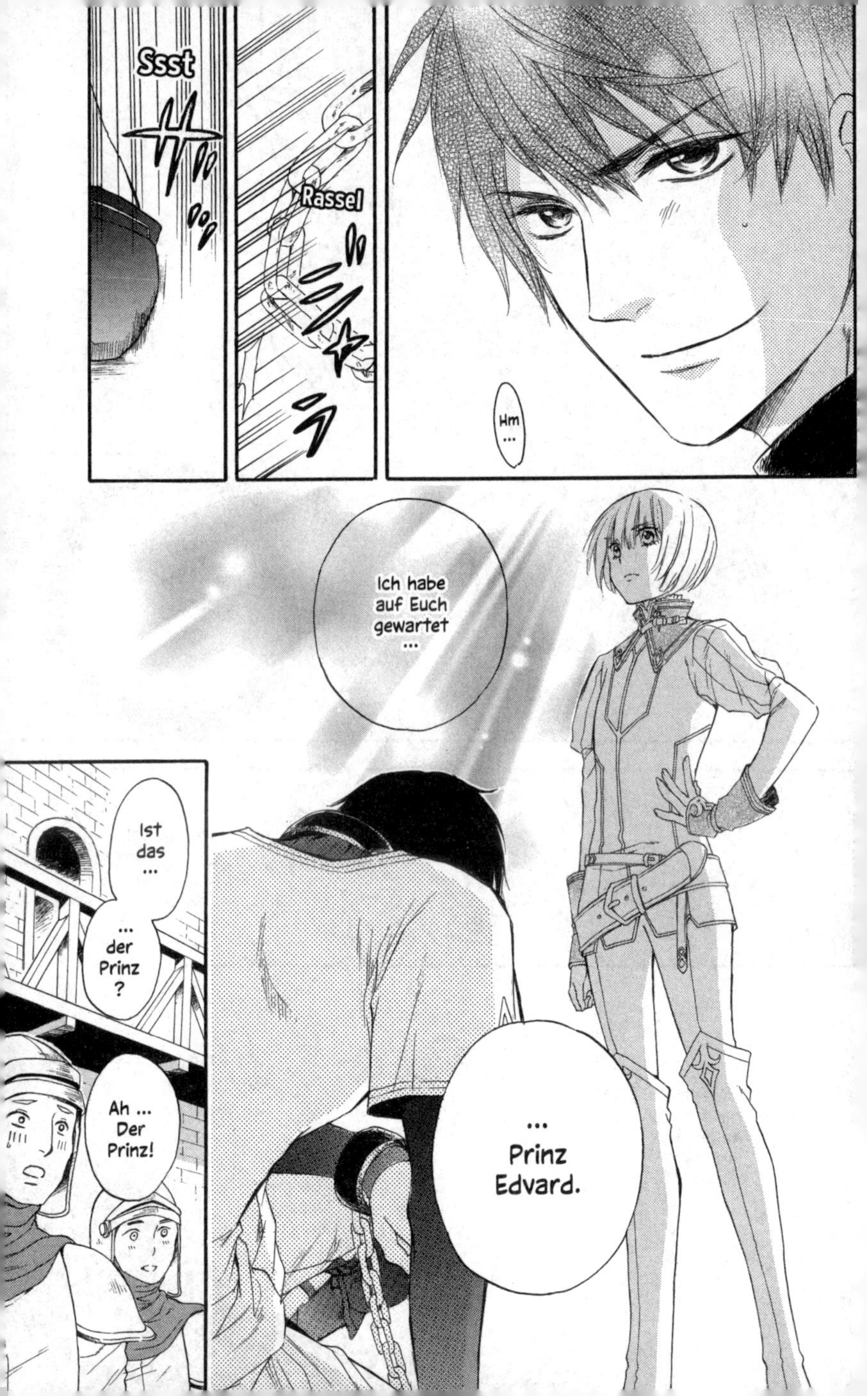
Hm ...
Rassel
Ssst
Ich habe auf Euch gewartet ...
... Prinz Edvard.
Ist das ...
... der Prinz ?
Ah ... Der Prinz!

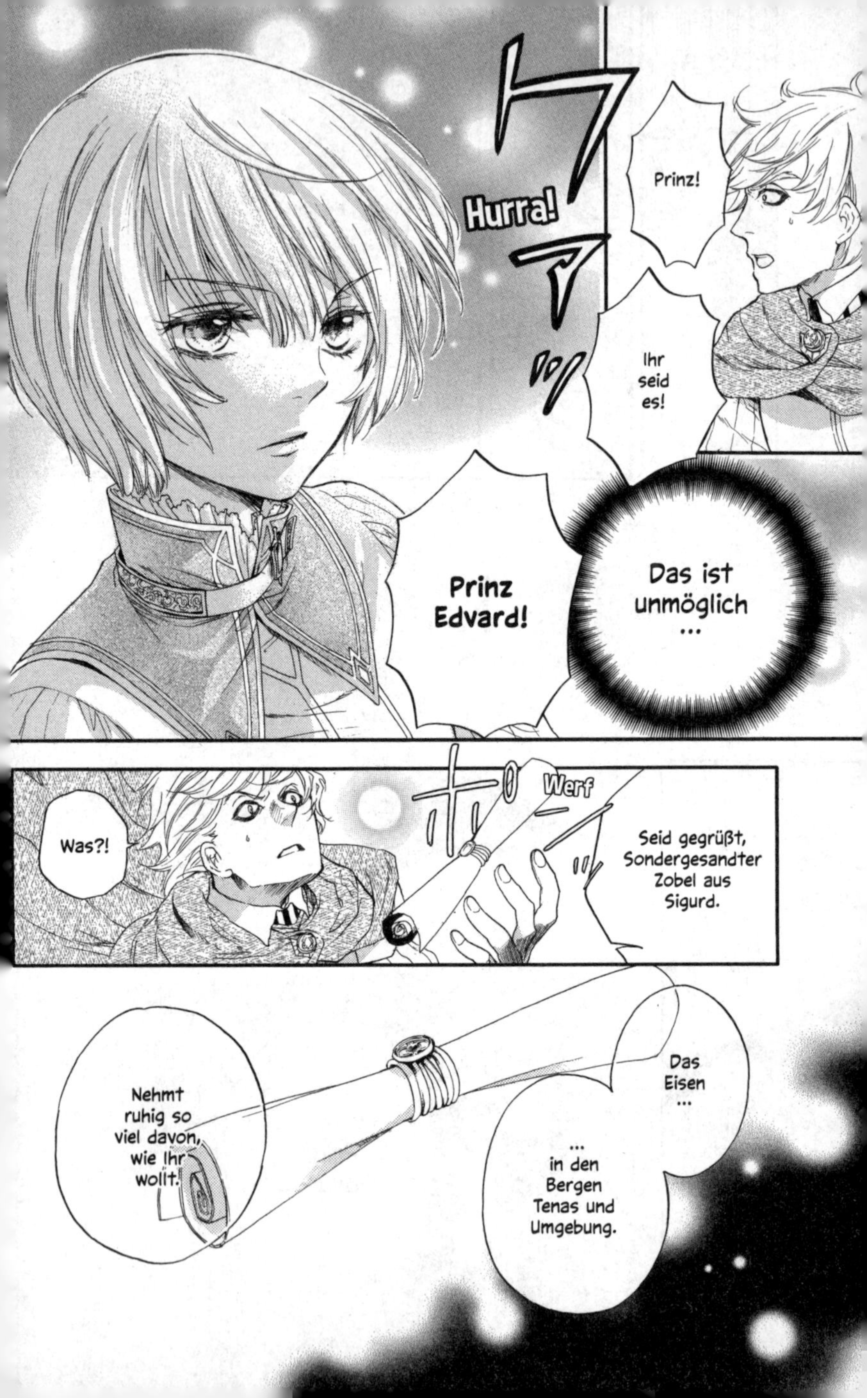
Prinz!
Ihr seid es!
Hurra!
Das ist unmöglich ...
Prinz Edvard!
Werf
Seid gegrüßt, Sondergesandter Zobel aus Sigurd.
Was?!
Das Eisen ...
... in den Bergen Tenas und Umgebung.
Nehmt ruhig so viel davon, wie Ihr wollt.

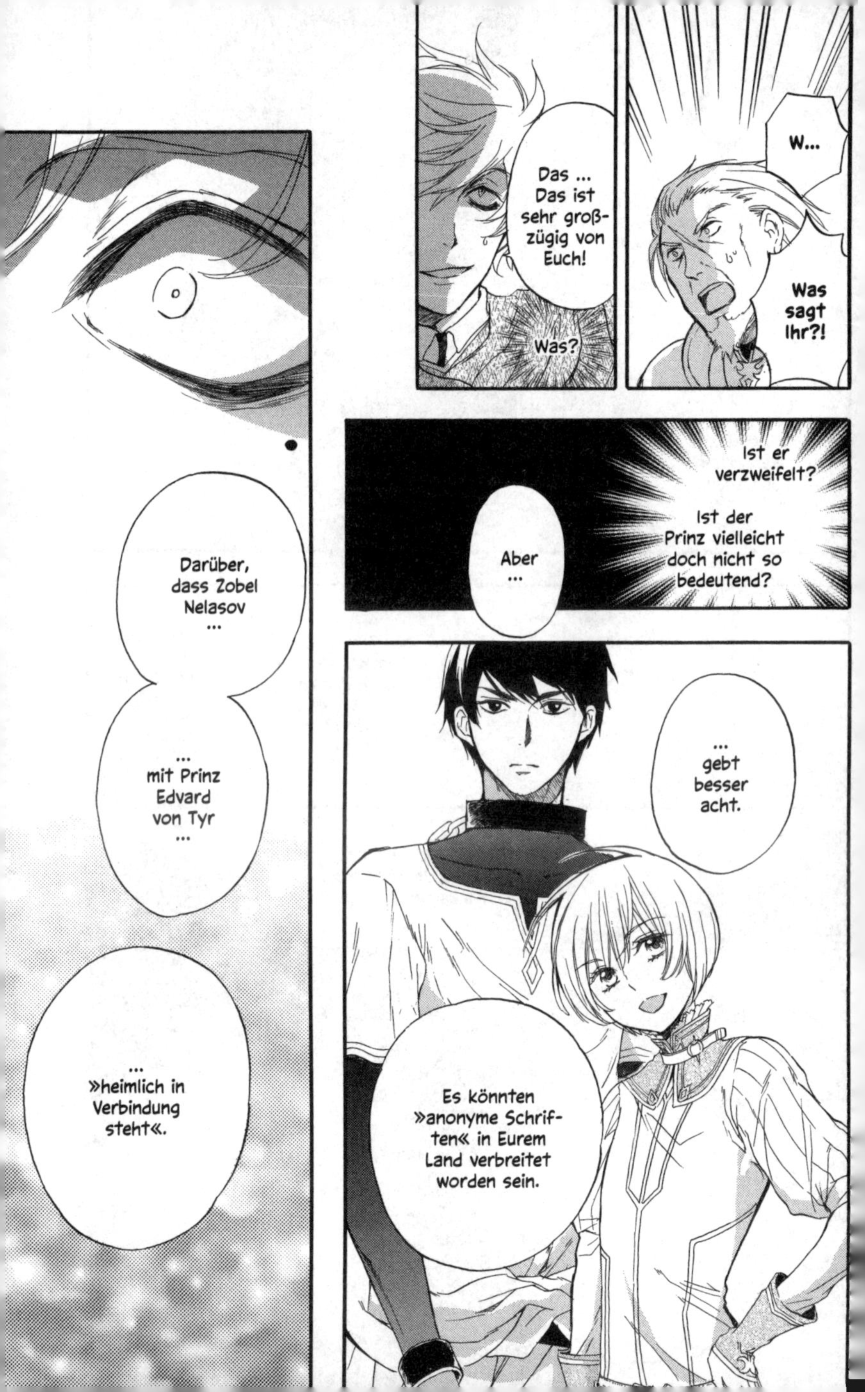
W...
Was sagt Ihr?!
Das ... Das ist sehr groß-zügig von Euch!
Was?
Ist er verzweifelt?
Ist der Prinz vielleicht doch nicht so bedeutend?
Aber ...
... gebt besser acht.
Es könnten »anonyme Schrif-ten« in Eurem Land verbreitet worden sein.
Darüber, dass Zobel Nelasov ...
... mit Prinz Edvard von Tyr ...
... »heimlich in Verbindung steht«.

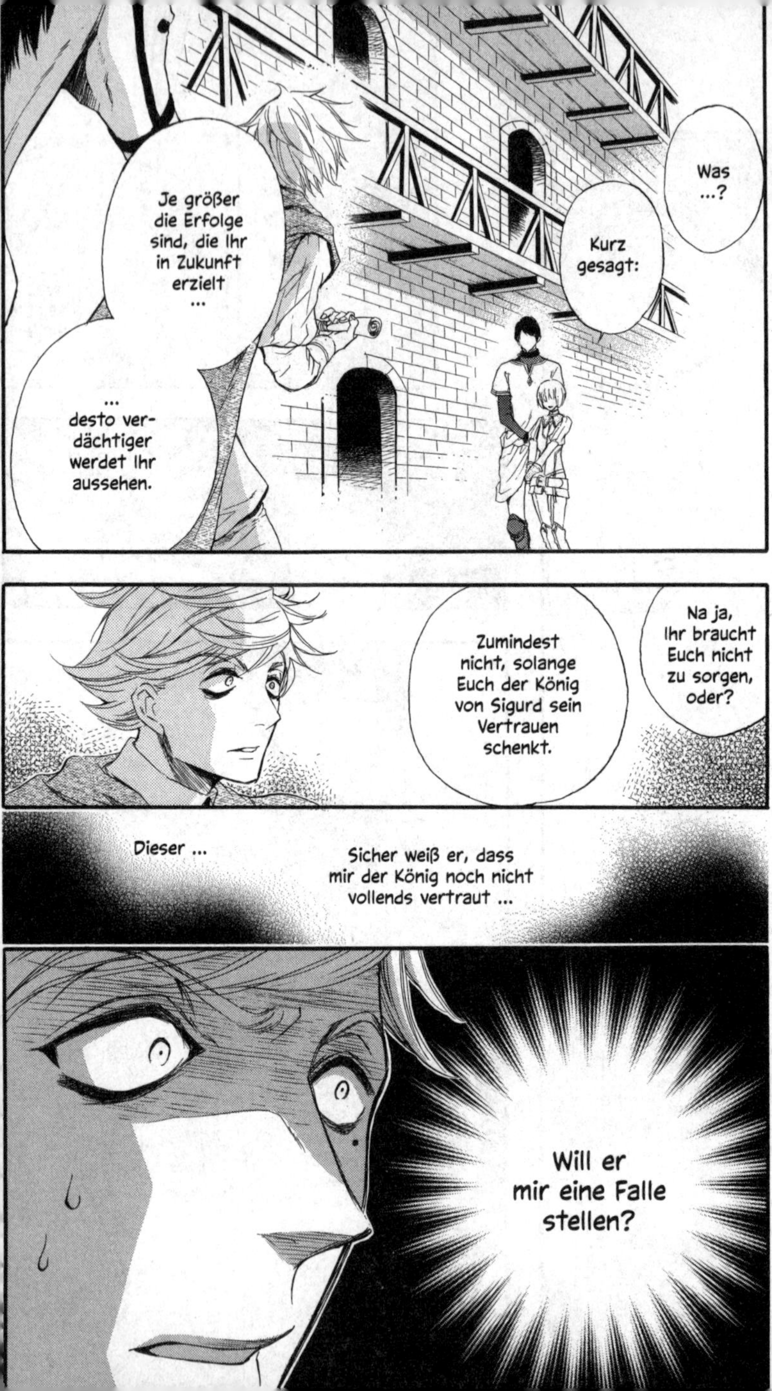
Was ...?
Kurz gesagt:
Je größer die Erfolge sind, die Ihr in Zukunft erzielt ...
... desto verdächtiger werdet Ihr aussehen.
Na ja, Ihr braucht Euch nicht zu sorgen, oder?
Zumindest nicht, solange Euch der König von Sigurd sein Vertrauen schenkt.
Sicher weiß er, dass mir der König noch nicht vollends vertraut ...
Dieser ...
Will er mir eine Falle stellen?

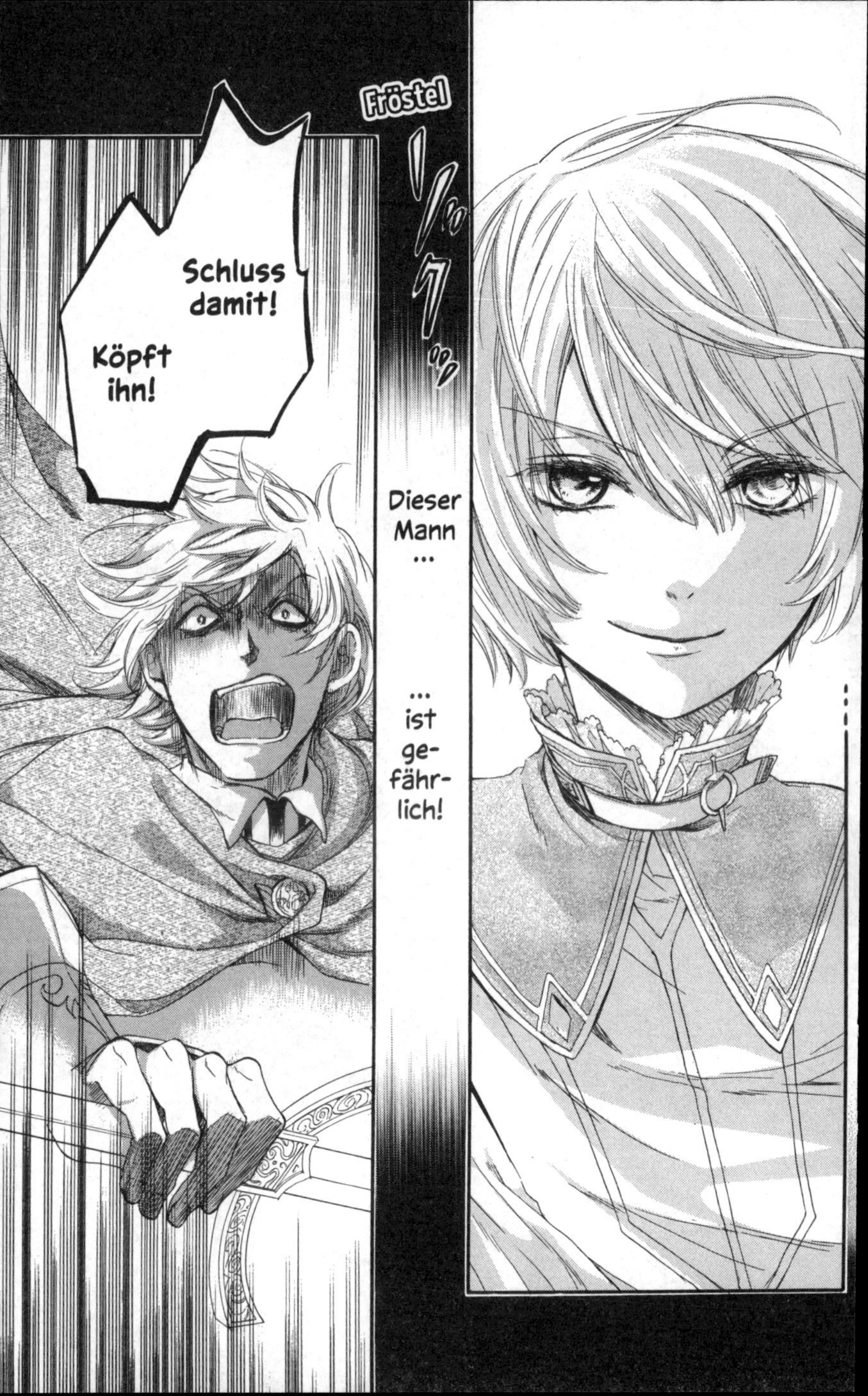

Fröstel
Dieser Mann ...
... ist gefährlich!
Schluss damit!
Köpft ihn!

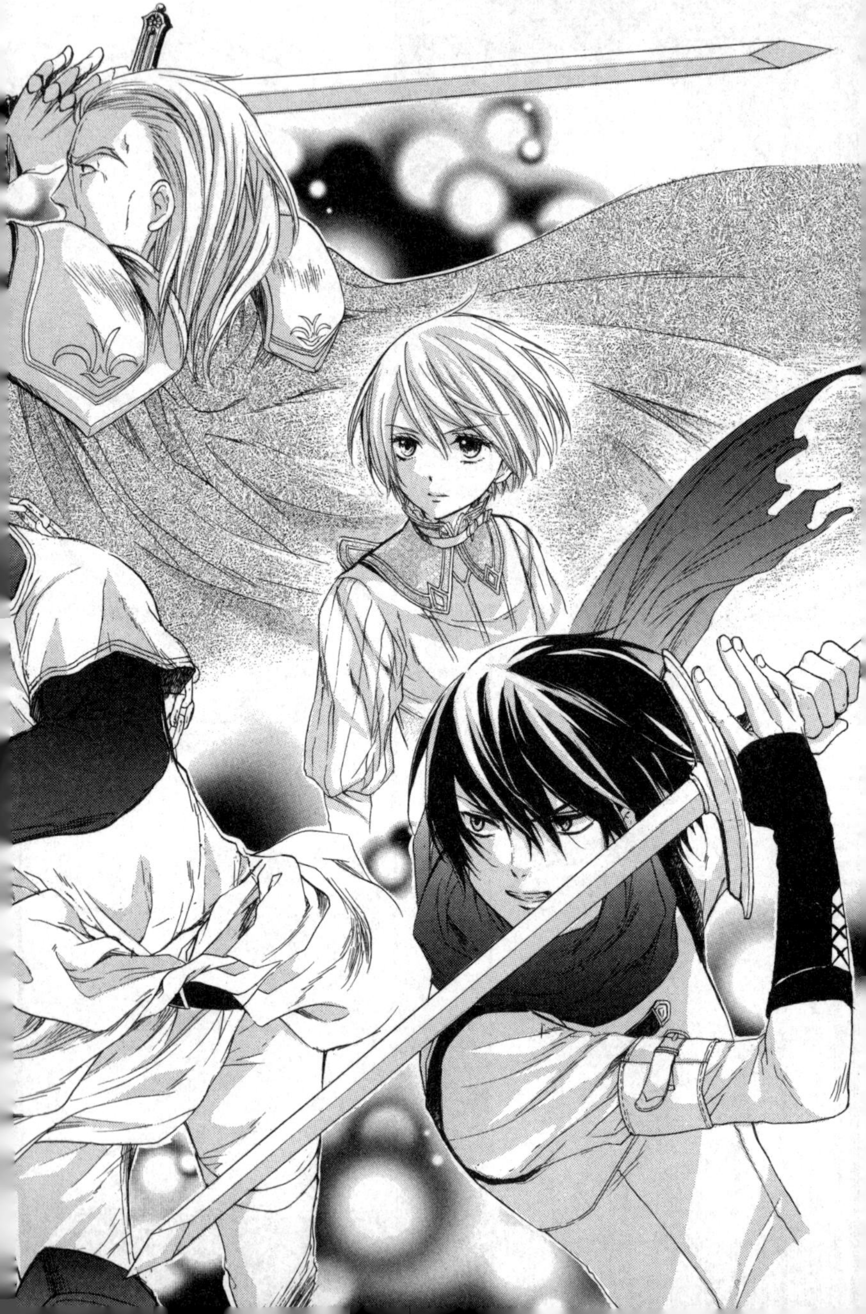

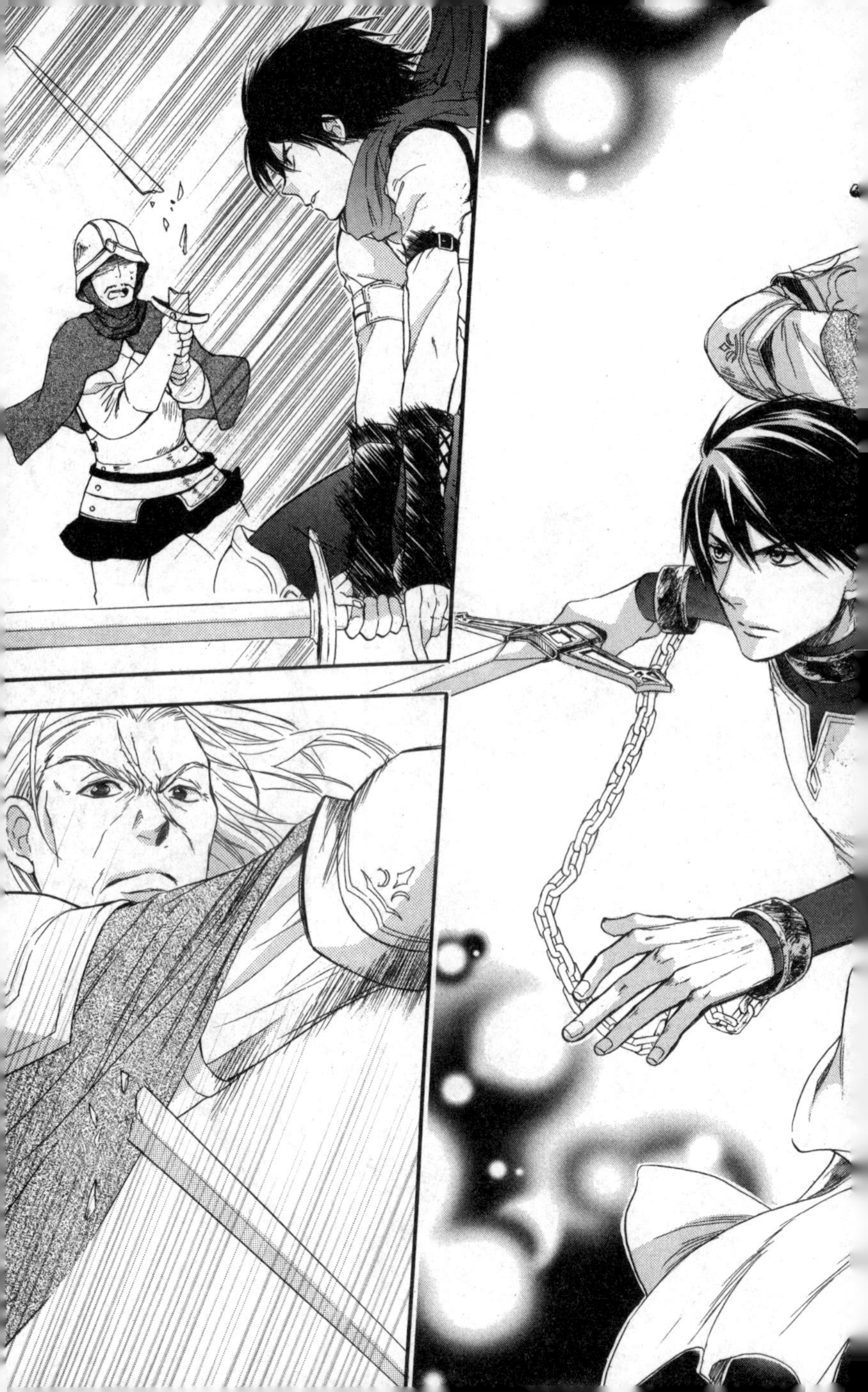

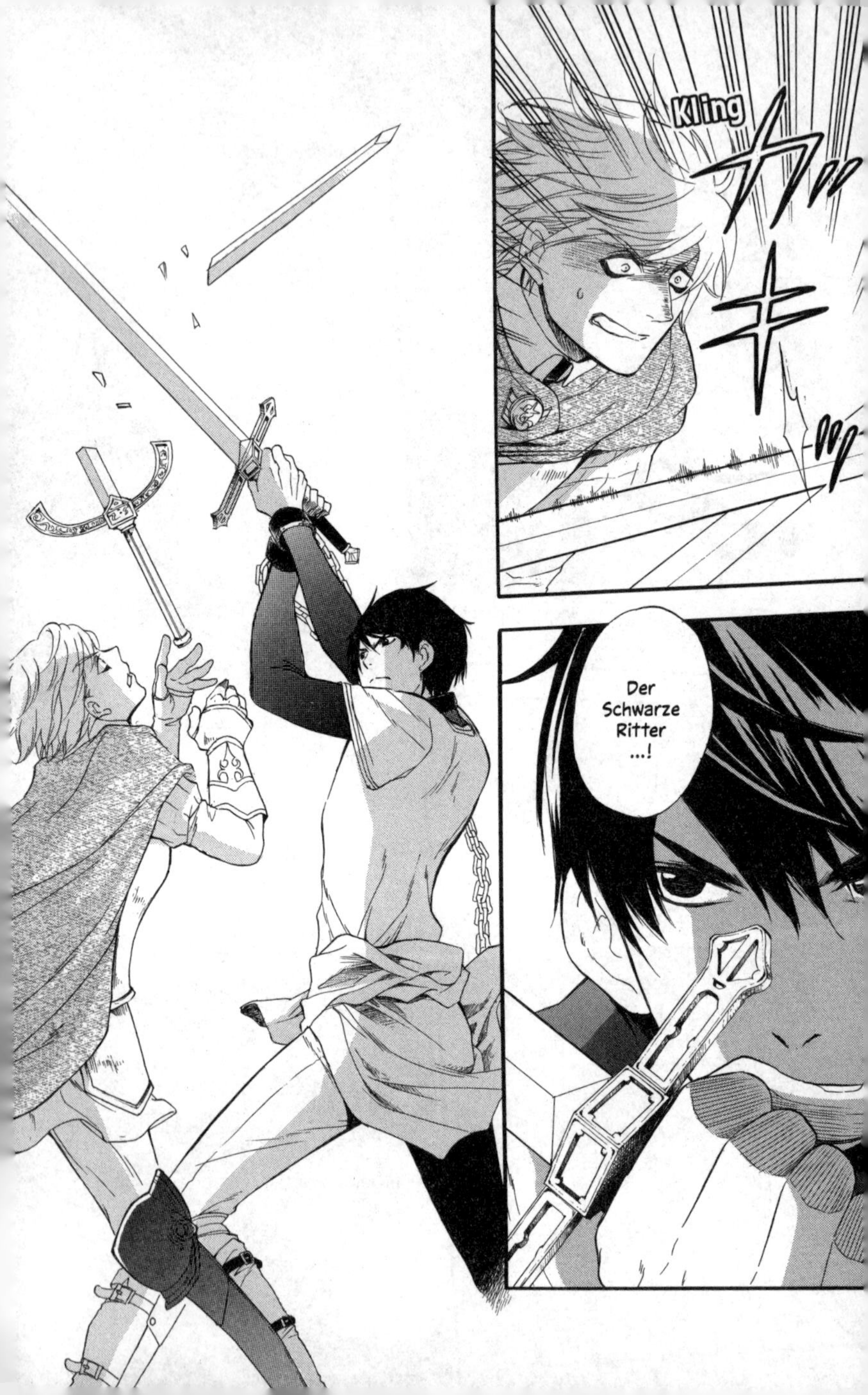
Kling
Der Schwarze Ritter ...!

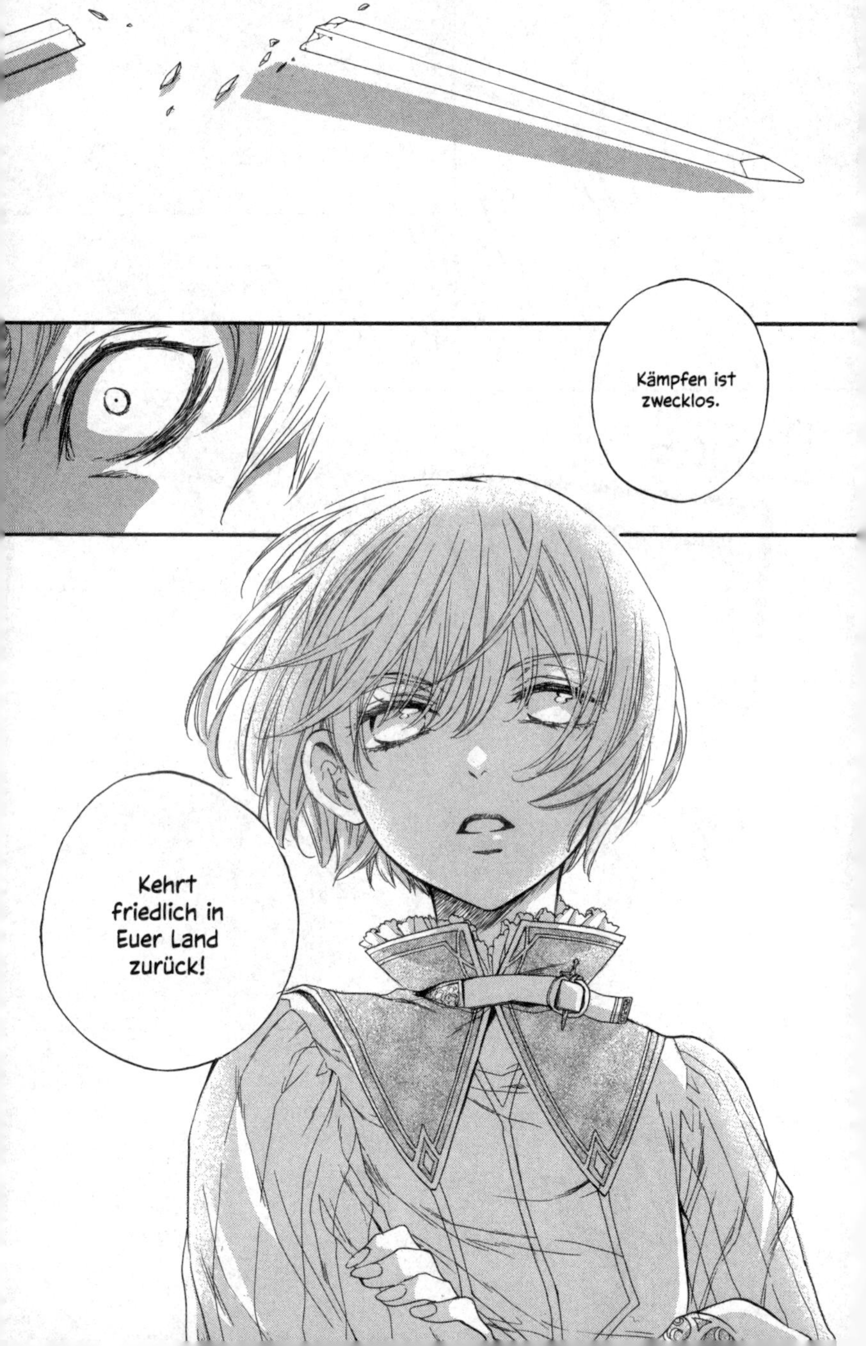
Kämpfen ist zwecklos.
Kehrt friedlich in Euer Land zurück!

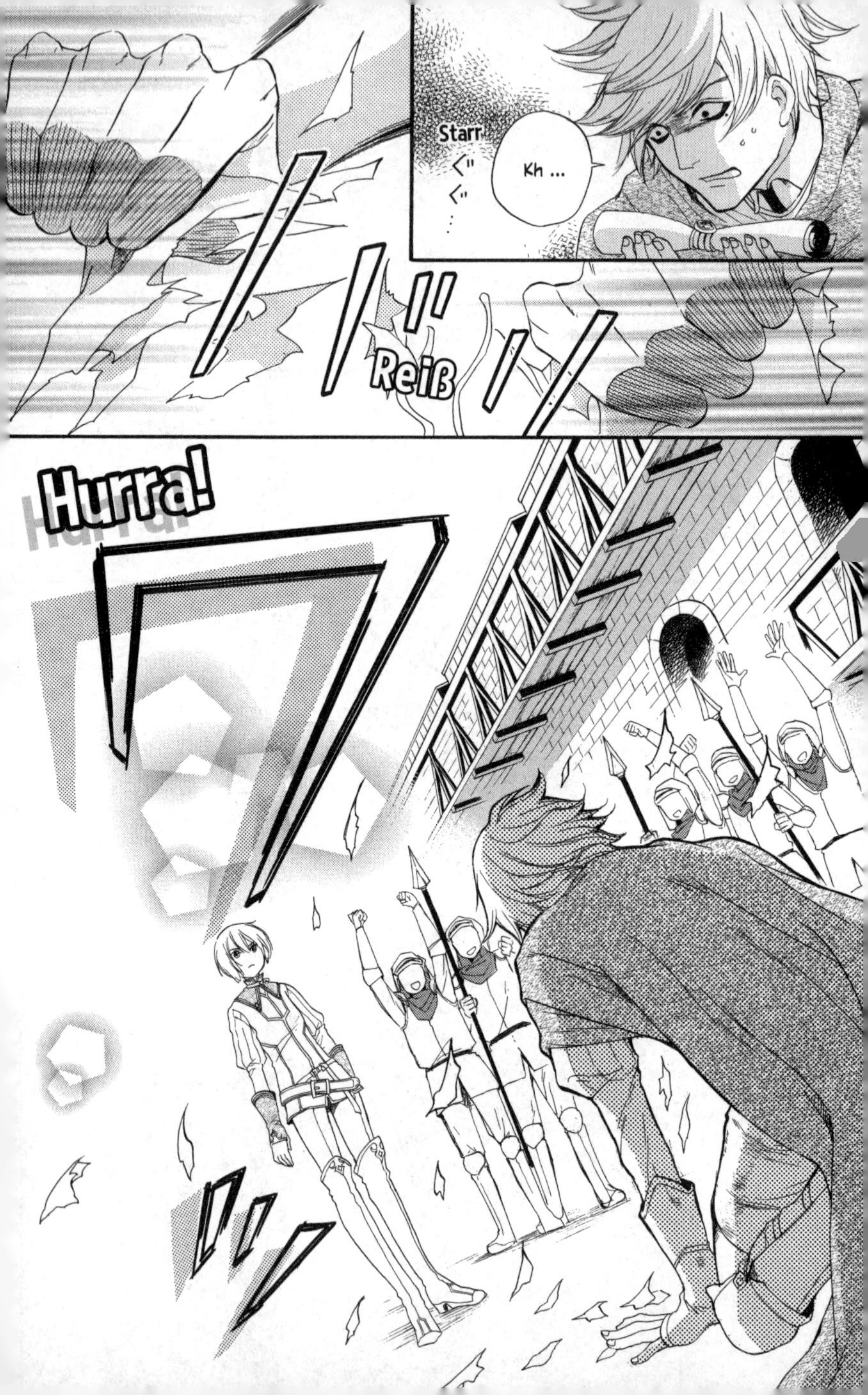
Starr
Kh ...
Reiß
Hurra!

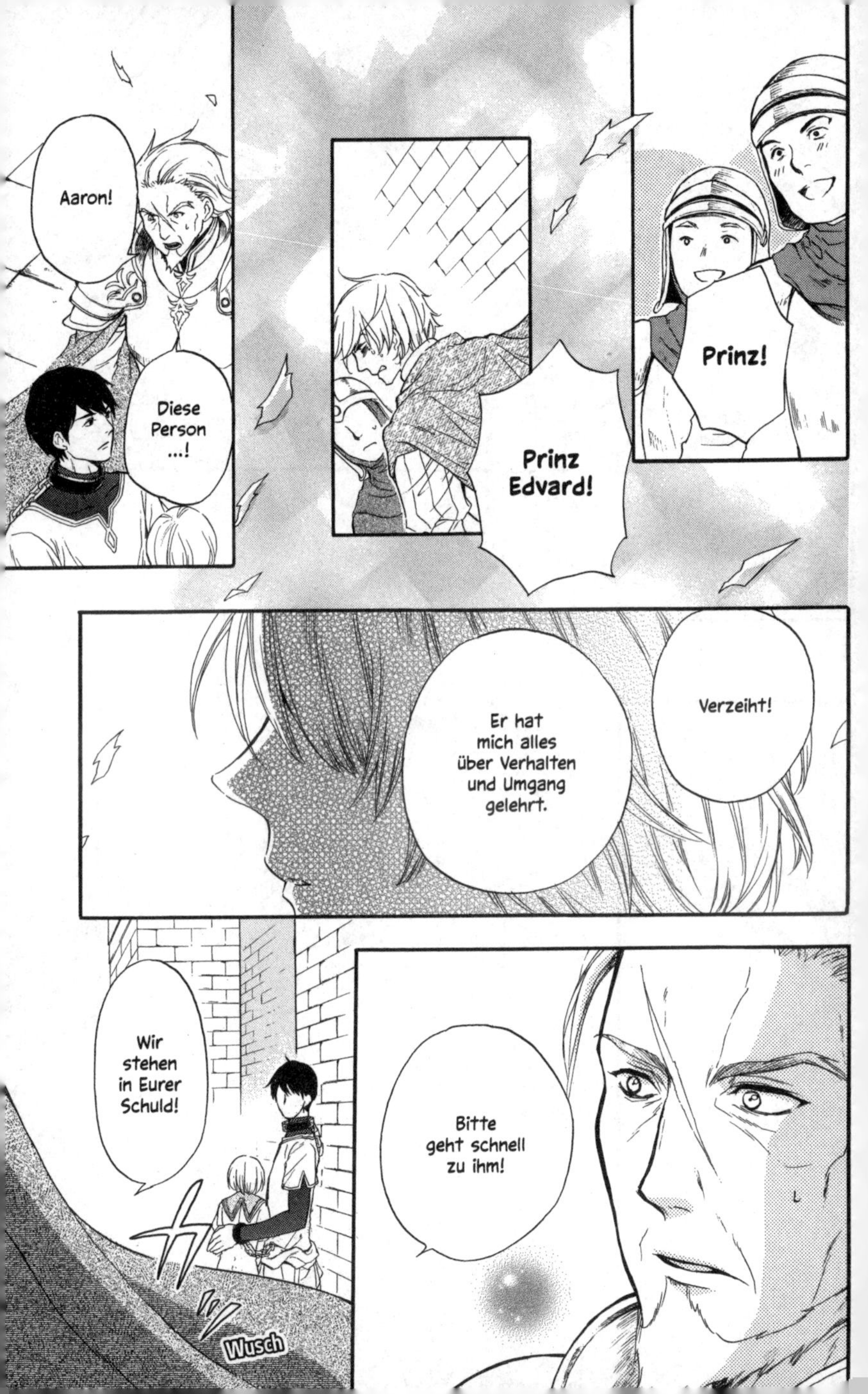
Prinz!
Prinz Edvard!
Aaron!
Diese Person ...!
Verzeiht!
Er hat mich alles über Verhalten und Umgang gelehrt.
Bitte geht schnell zu ihm!
Wir stehen in Eurer Schuld!
Wusch

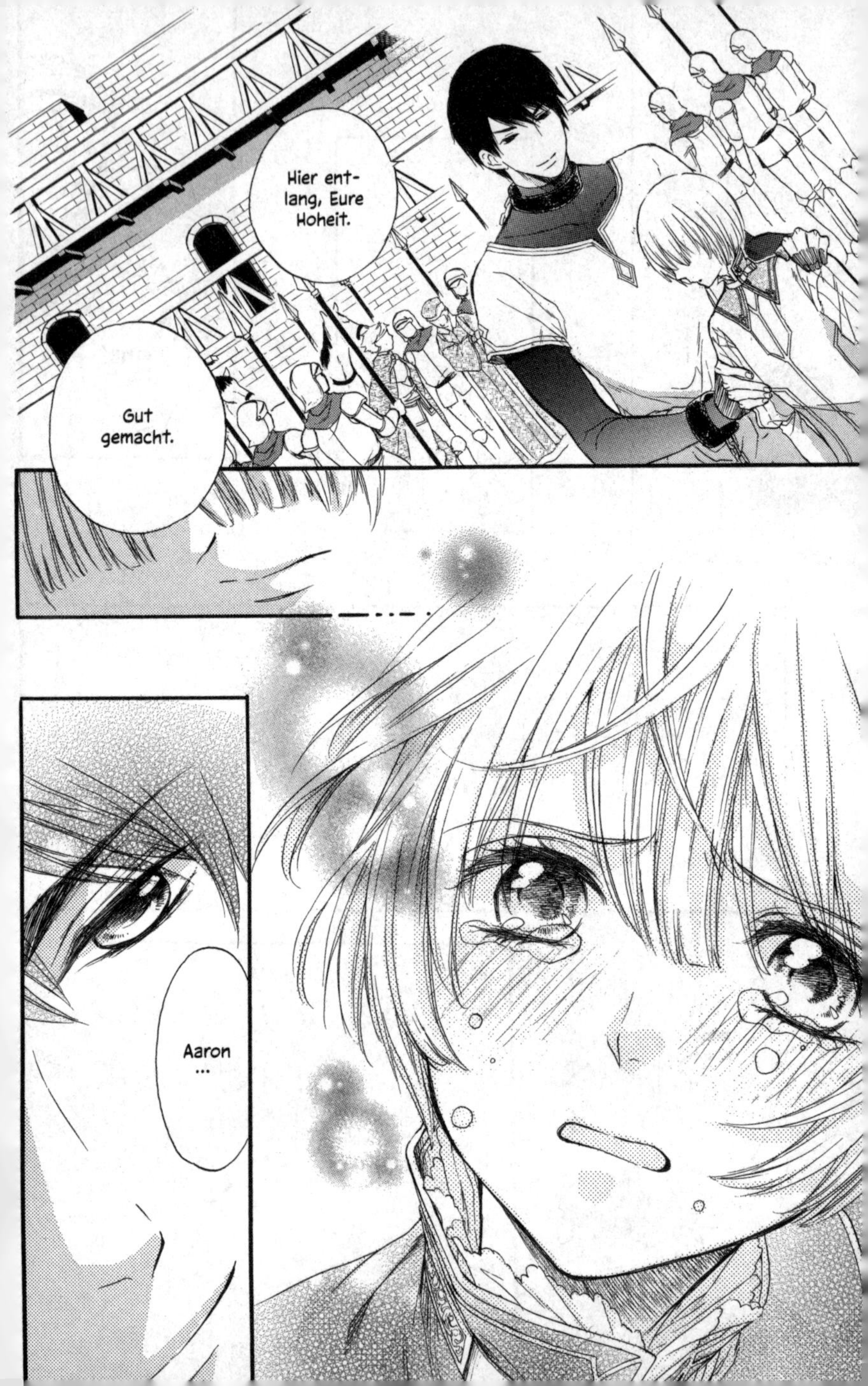
Hier entlang, Eure Hoheit.
Gut gemacht.
Aaron ...

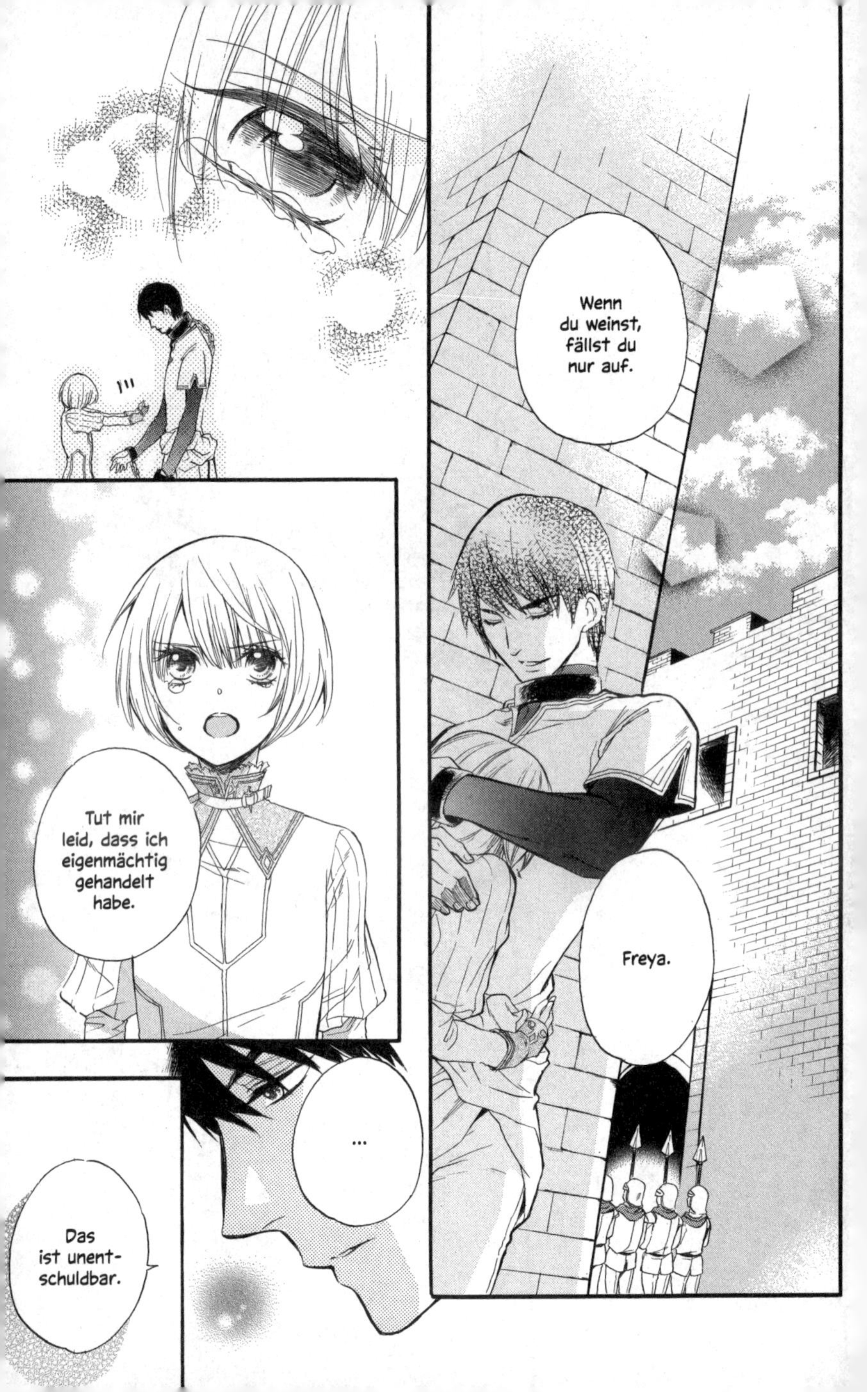
Wenn du weinst, fällst du nur auf.
Freya.
Tut mir leid, dass ich eigenmächtig gehandelt habe.
...
Das ist unentschuldbar.

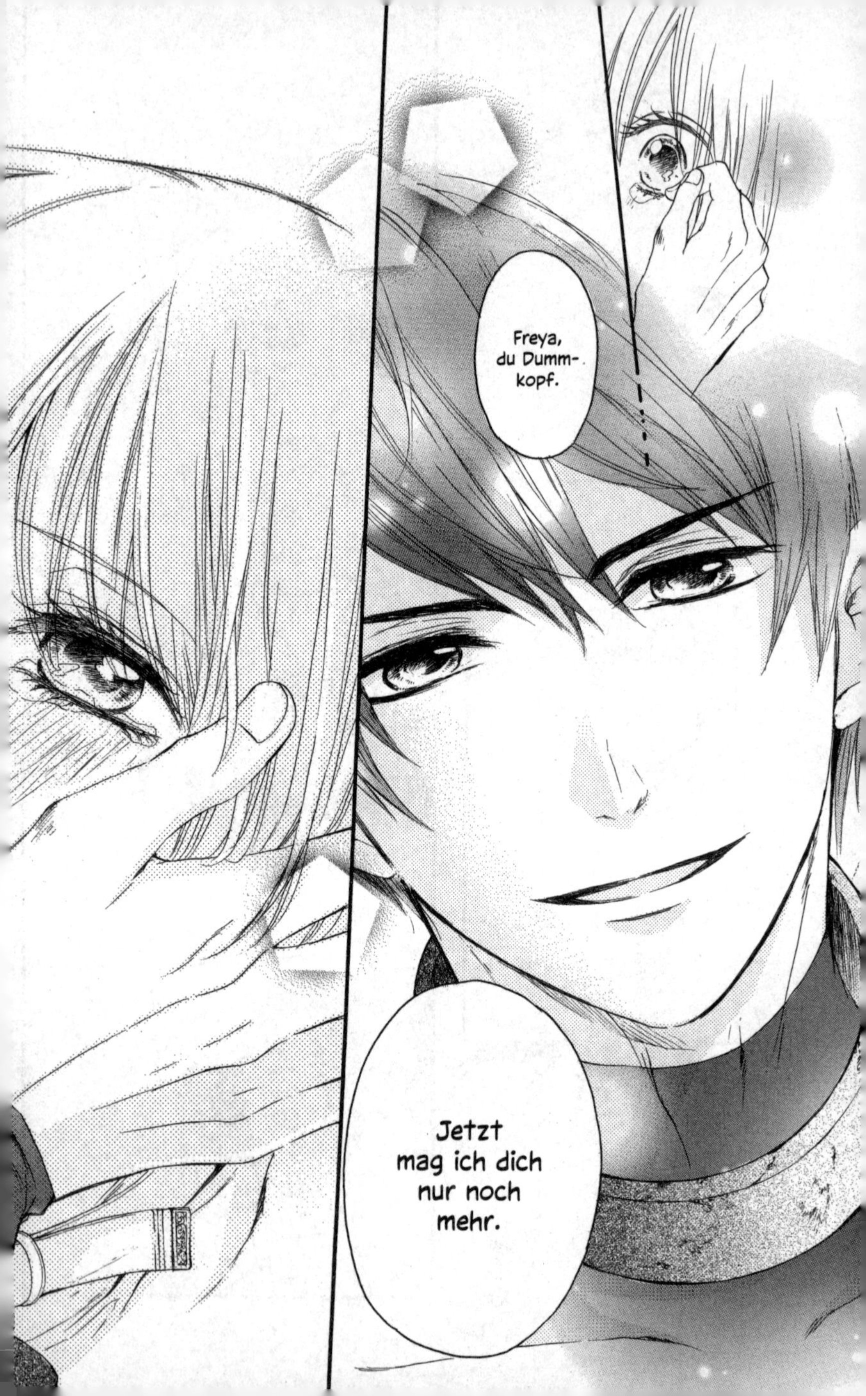
Freya, du Dummkopf.
Jetzt mag ich dich nur noch mehr.

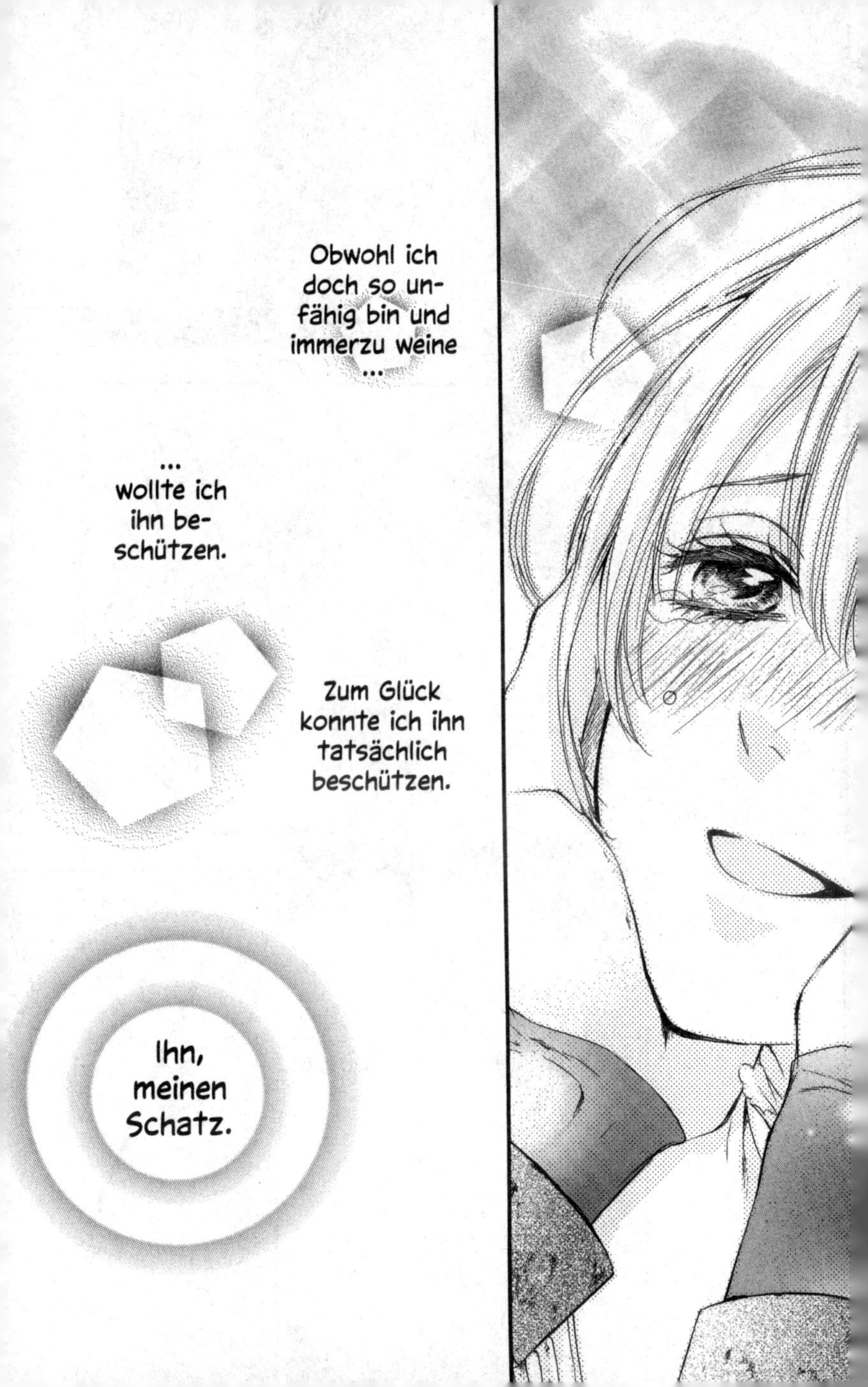
Obwohl ich doch so unfähig bin und immerzu weine ...
... wollte ich ihn beschützen.
Zum Glück konnte ich ihn tatsächlich beschützen.
Ihn, meinen Schatz.

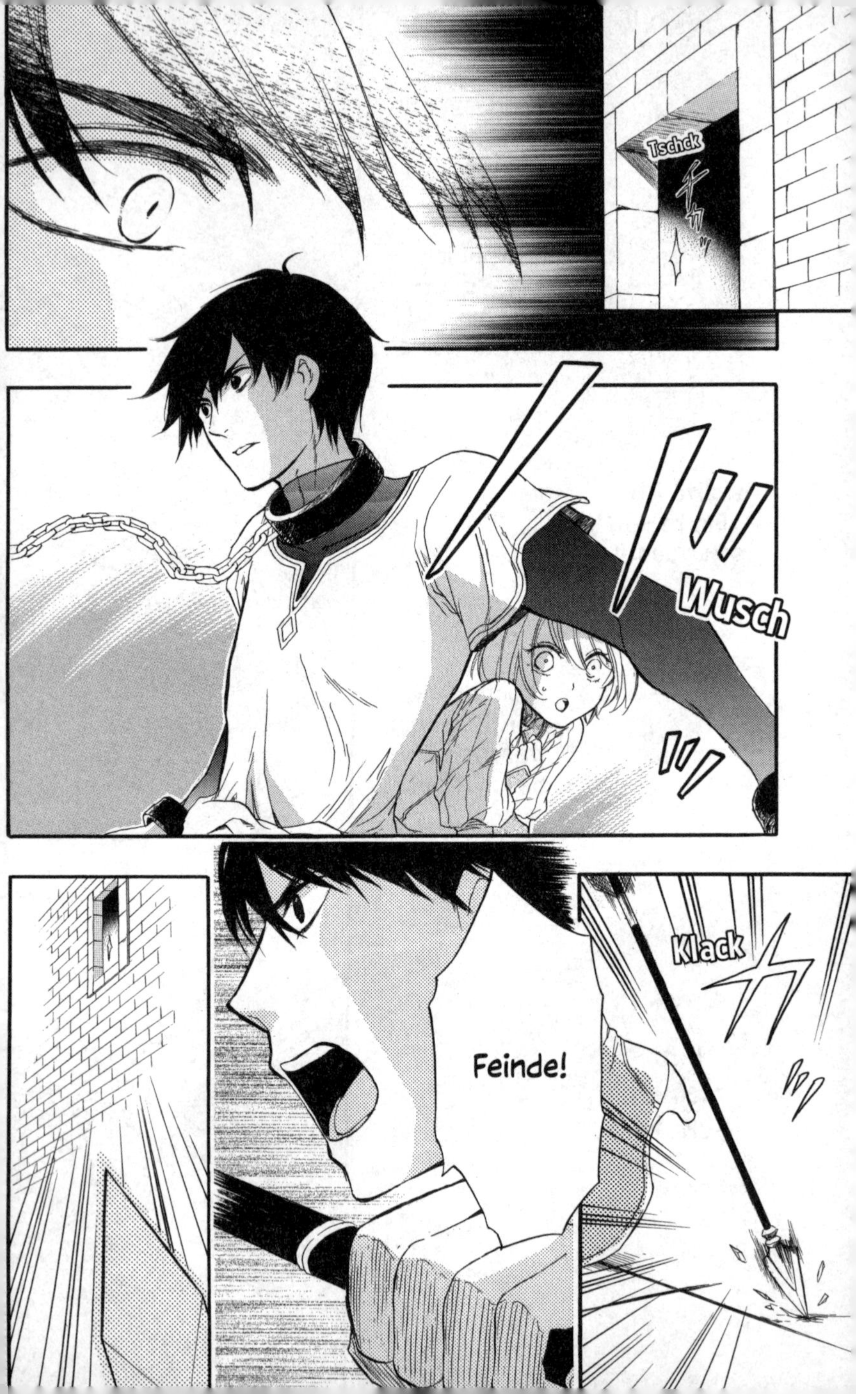
Tschck
チカッ
Wusch
Klack
Feinde!

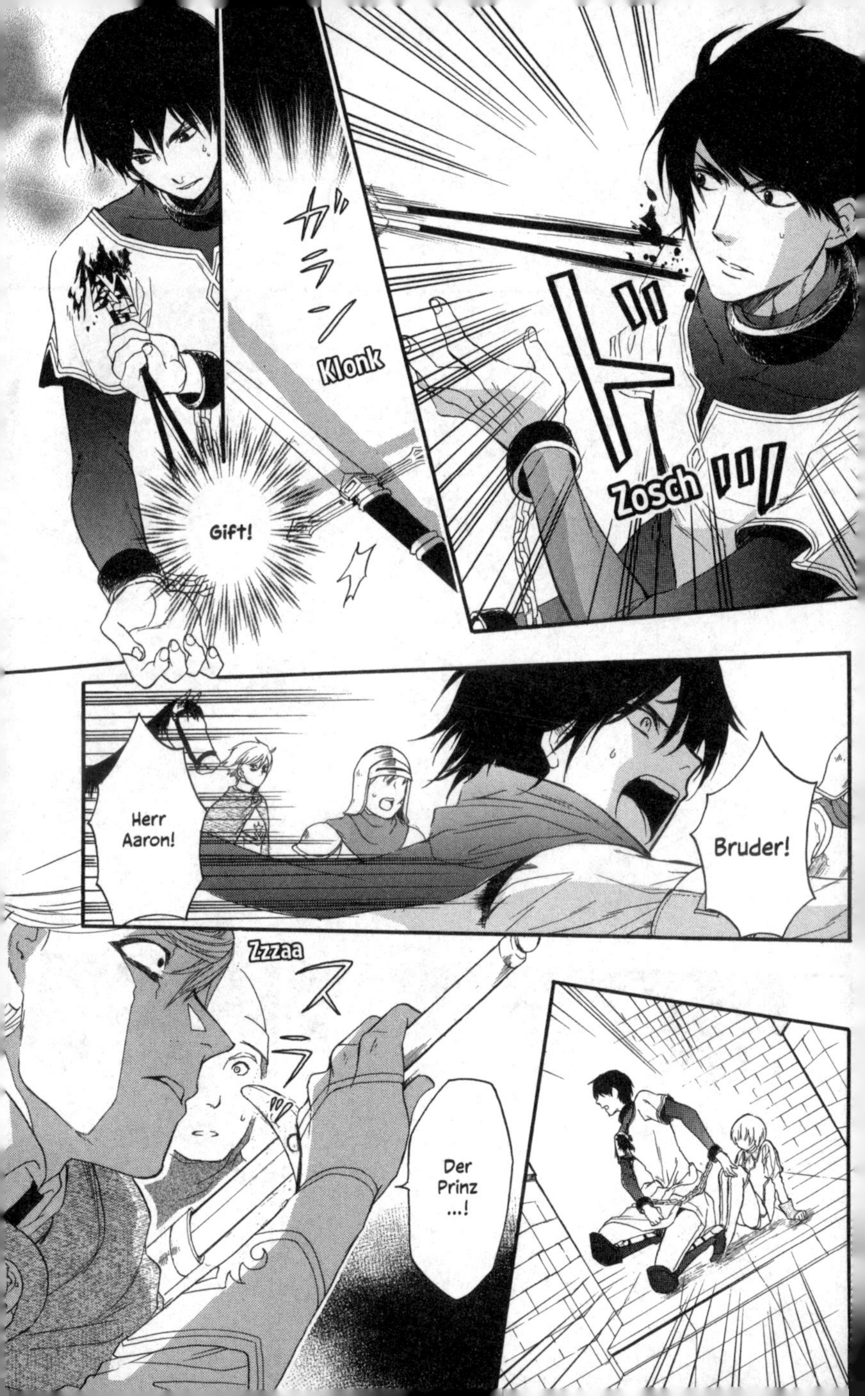
Zosch
Klonk
Gift!
Bruder!
Herr Aaron!
Zzzaa
Der Prinz ...!

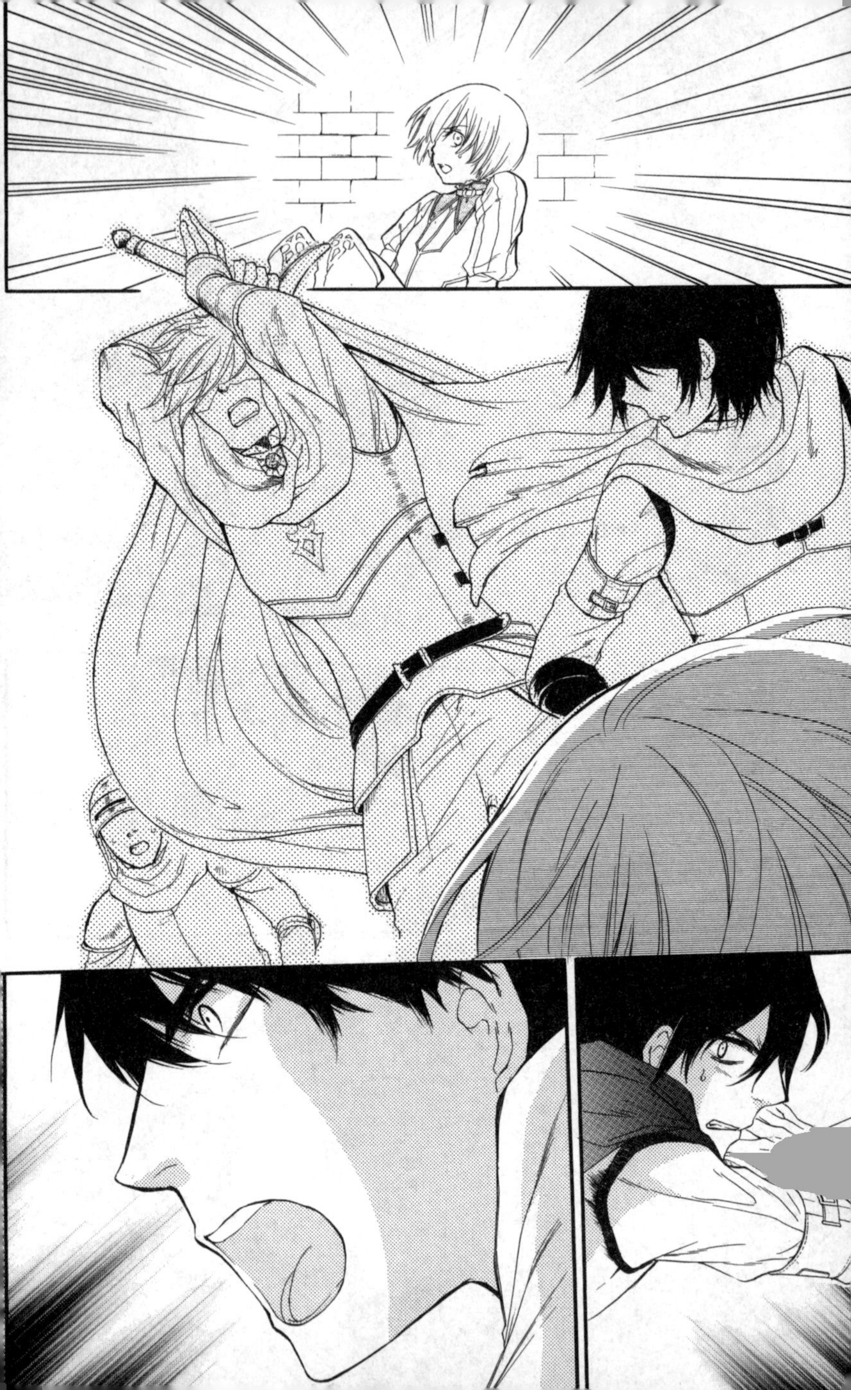

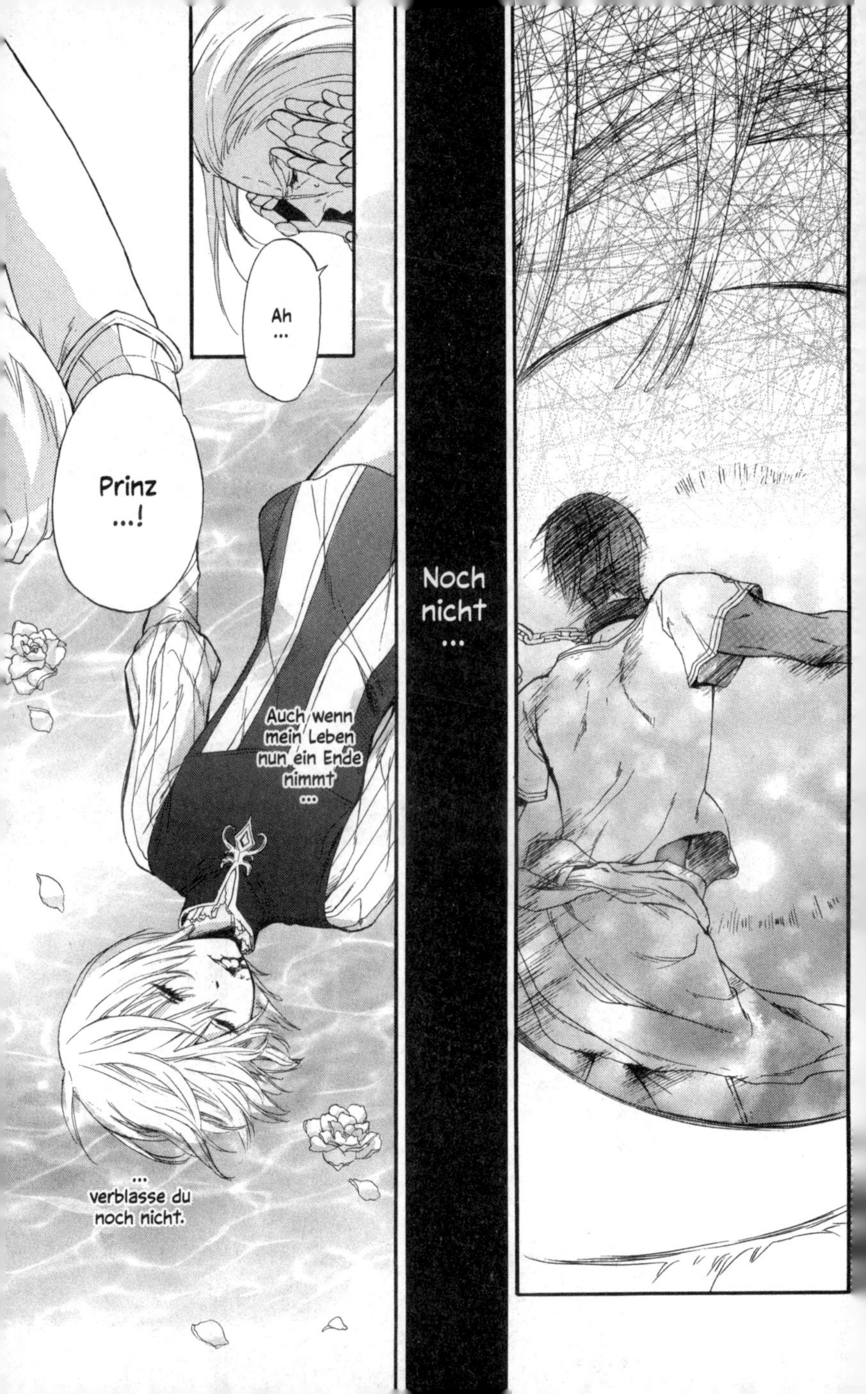
Noch nicht ...
Ah ...
Prinz ...!
Auch wenn mein Leben nun ein Ende nimmt ...
... verblasse du noch nicht.

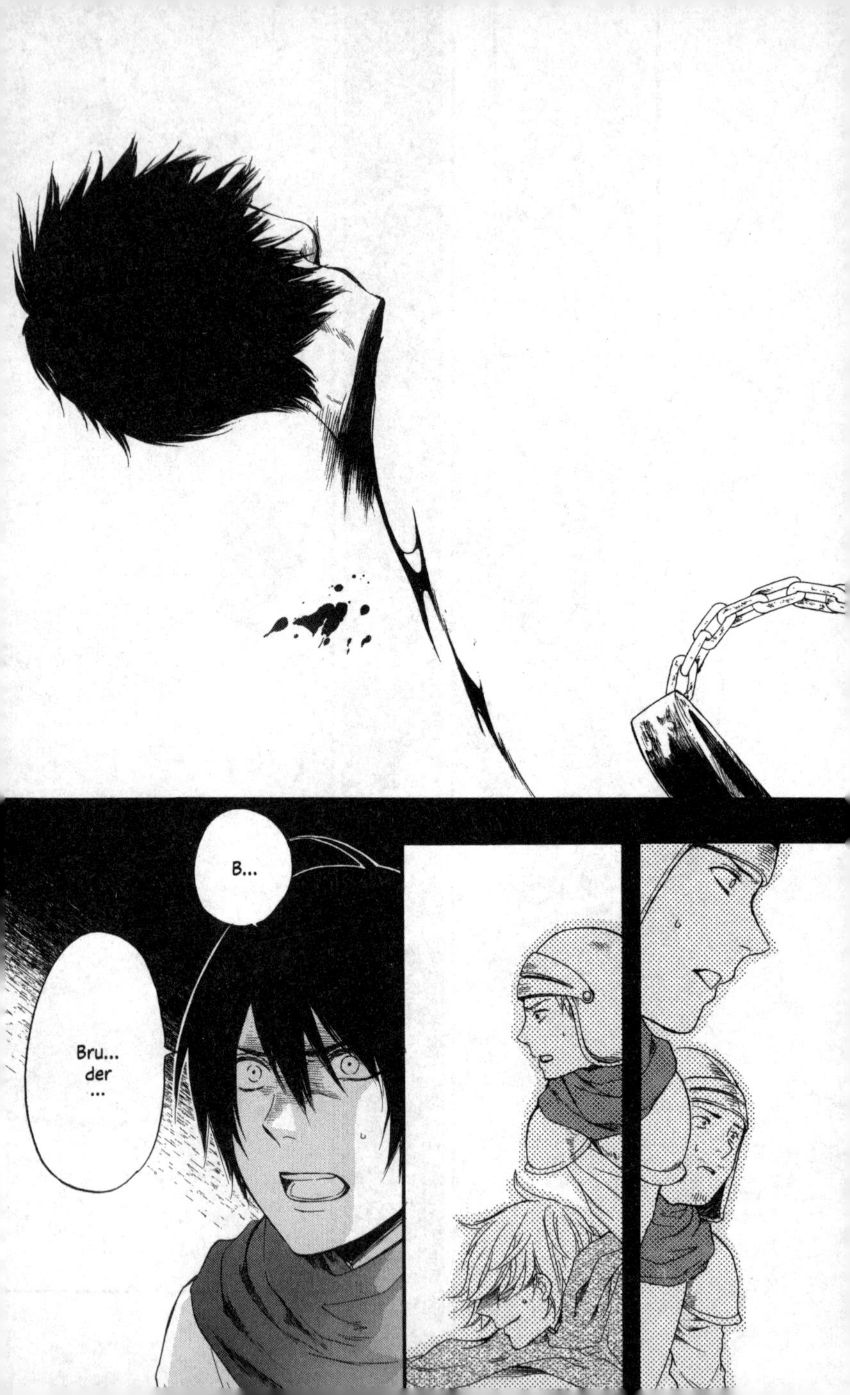
B...
Bru...
der
...

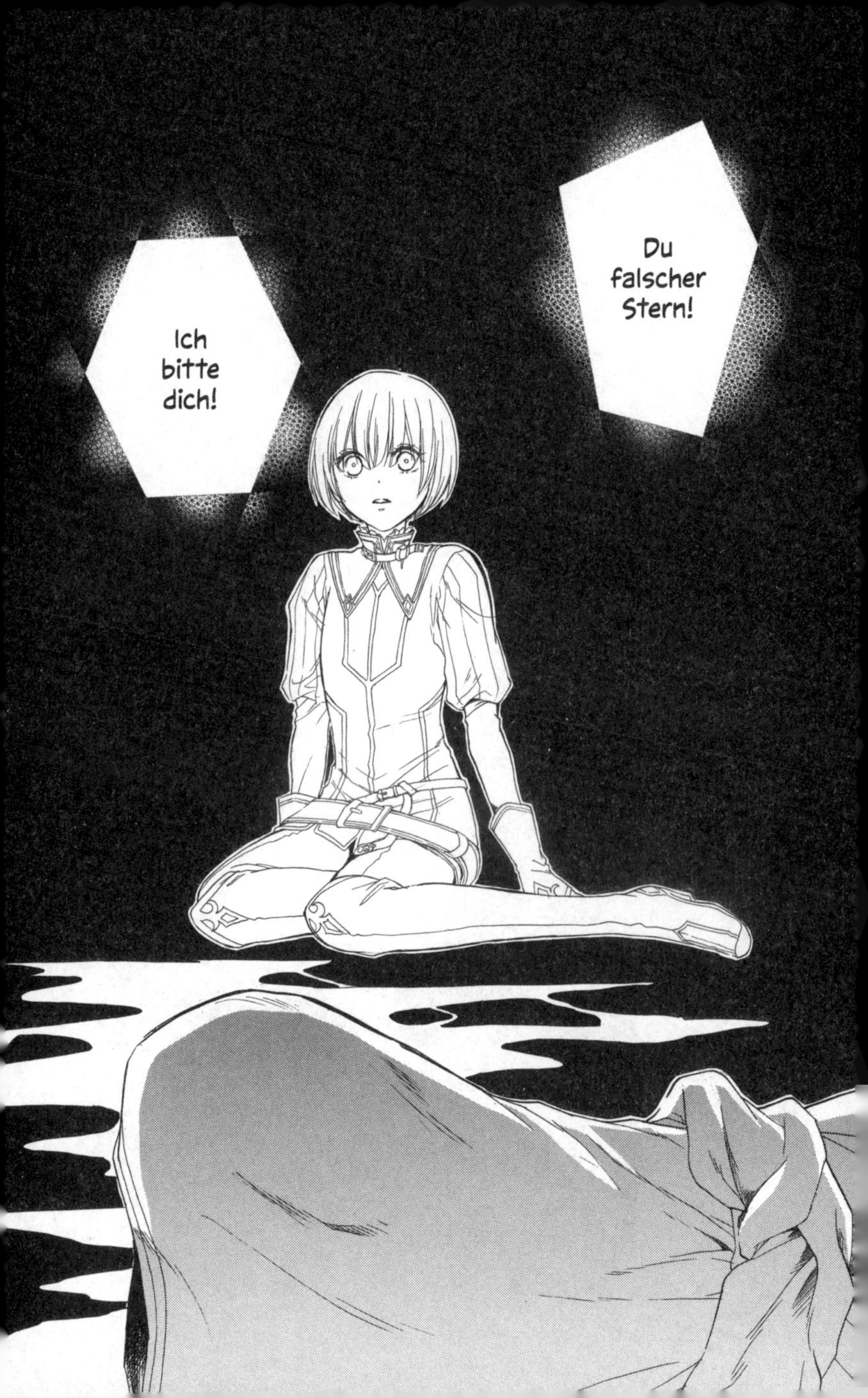
Du falscher Stern!
Ich bitte dich!

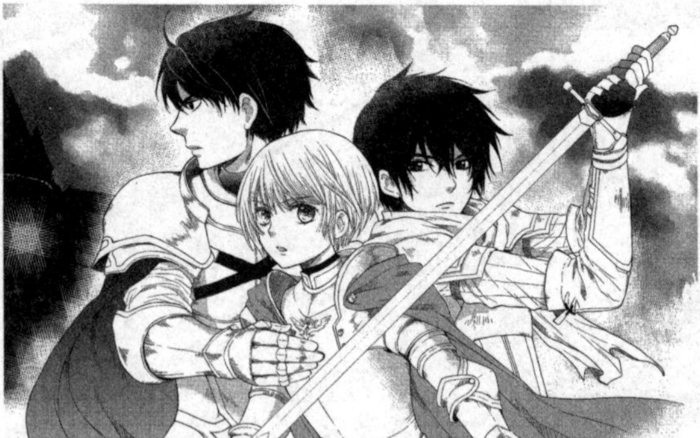

# Kapitel 2:

## Der Traum, aus dem ich nicht erwache

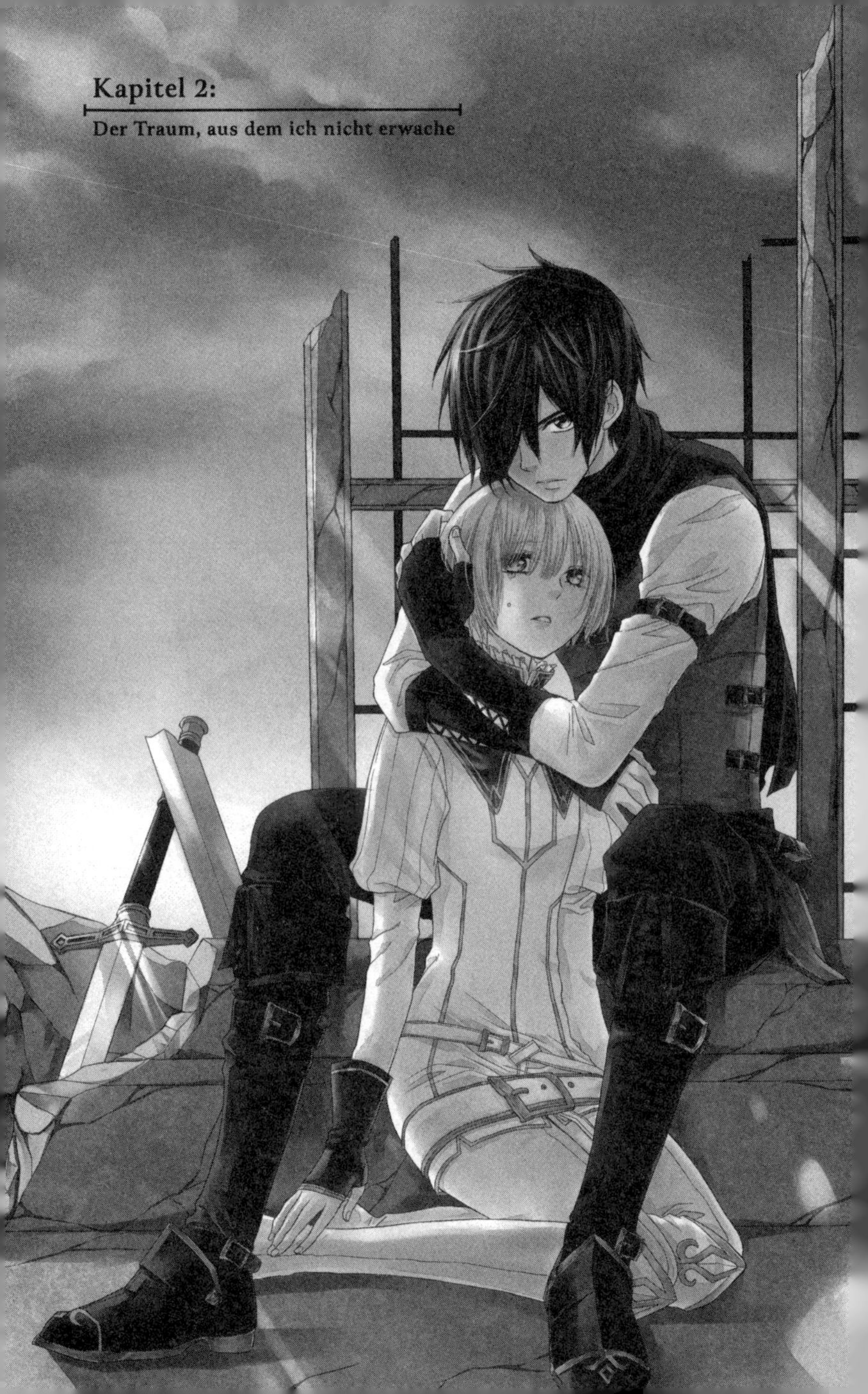

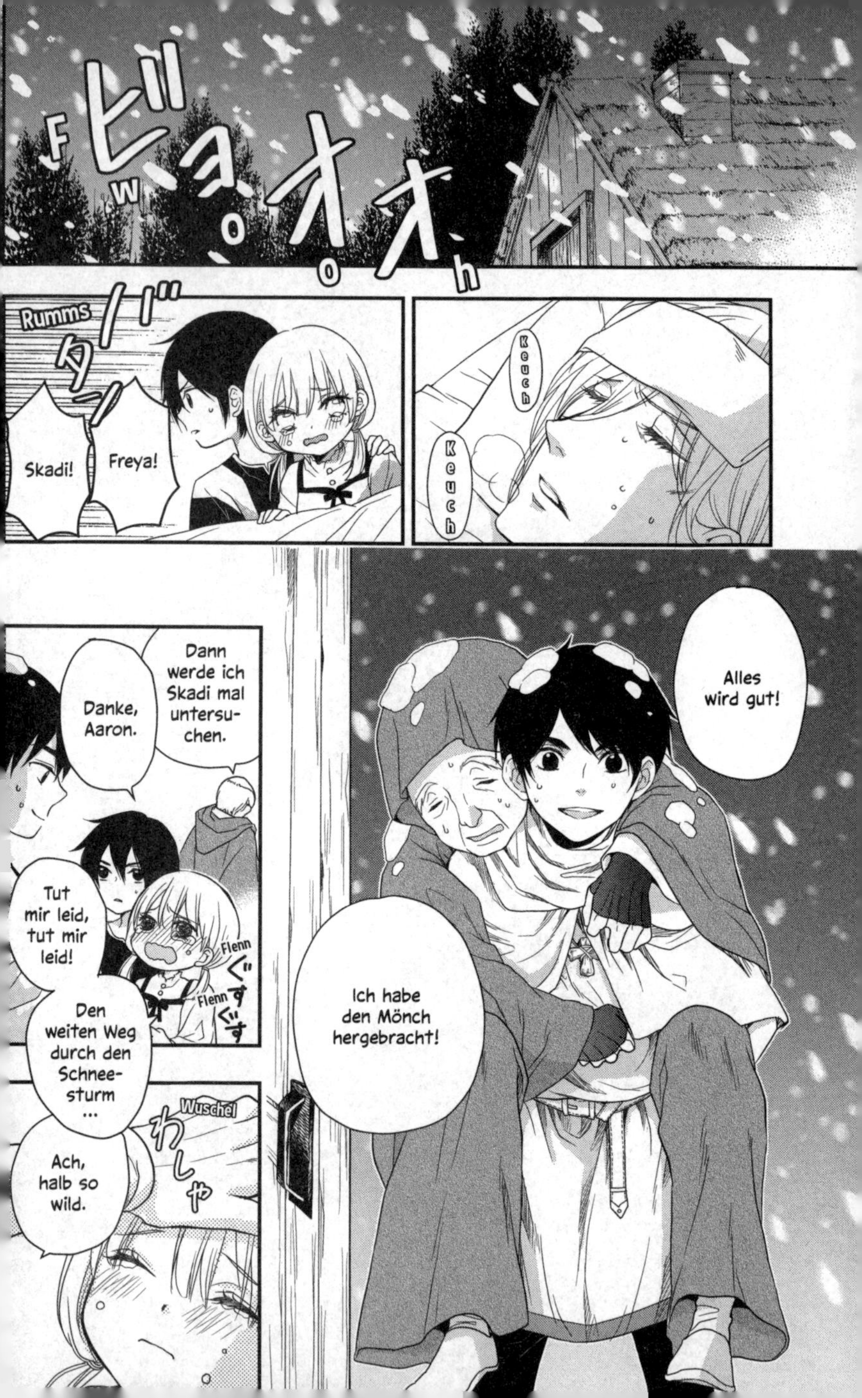

ビョオオ
Fwooh
Keuch
Keuch
バタン
Rumms
Freya!
Skadi!
Alles wird gut!
Ich habe den Mönch hergebracht!
Dann werde ich Skadi mal untersuchen.
Danke, Aaron.
Tut mir leid, tut mir leid!
ぐすぐす
Flenn
Flenn
Den weiten Weg durch den Schneesturm ...
わしゃ
Wuschel
Ach, halb so wild.

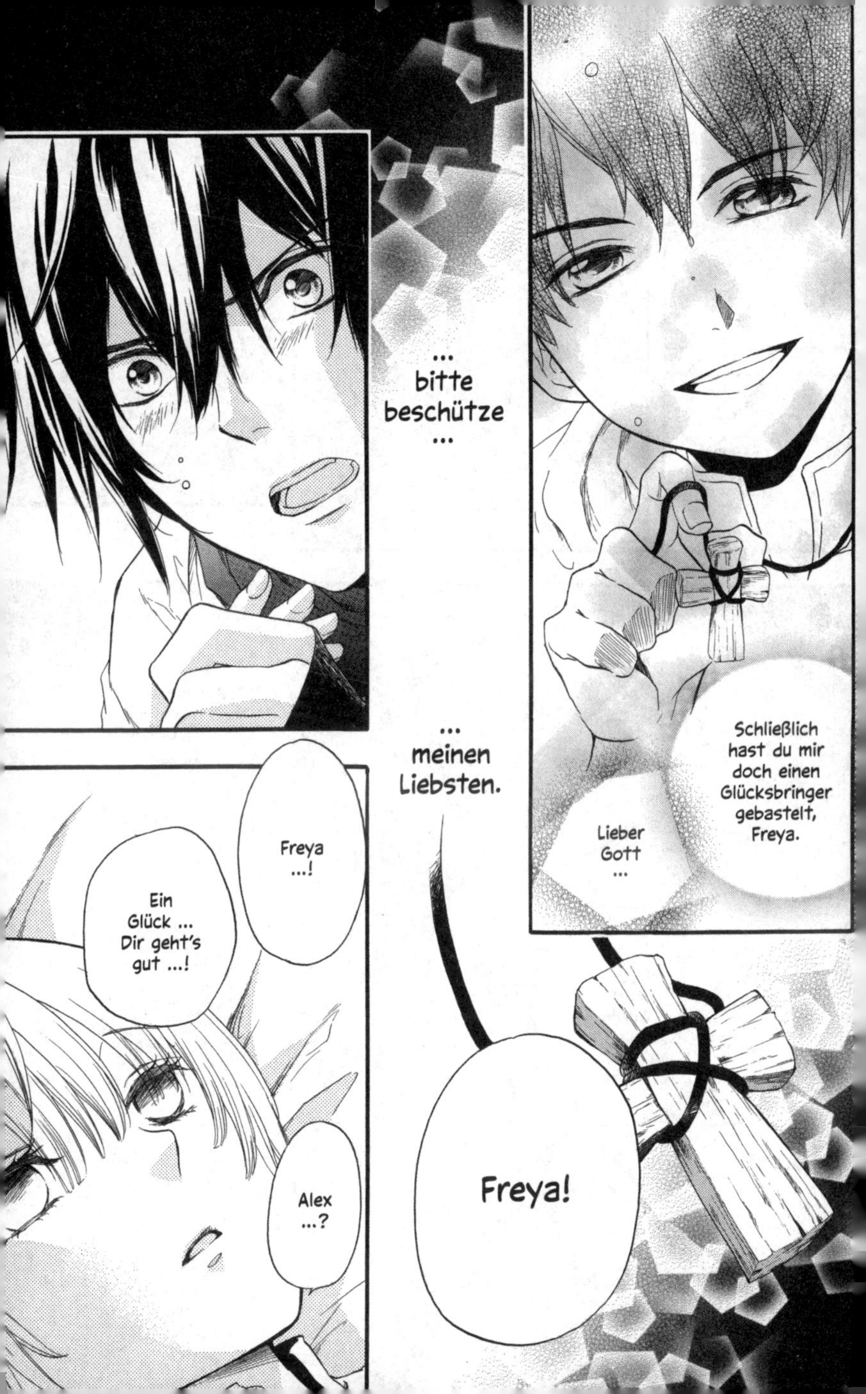
Schließlich hast du mir doch einen Glücksbringer gebastelt, Freya.
Lieber Gott ...
... bitte beschütze ...
... meinen Liebsten.
Freya!
Freya ...!
Ein Glück ... Dir geht's gut ...!
Alex ...?

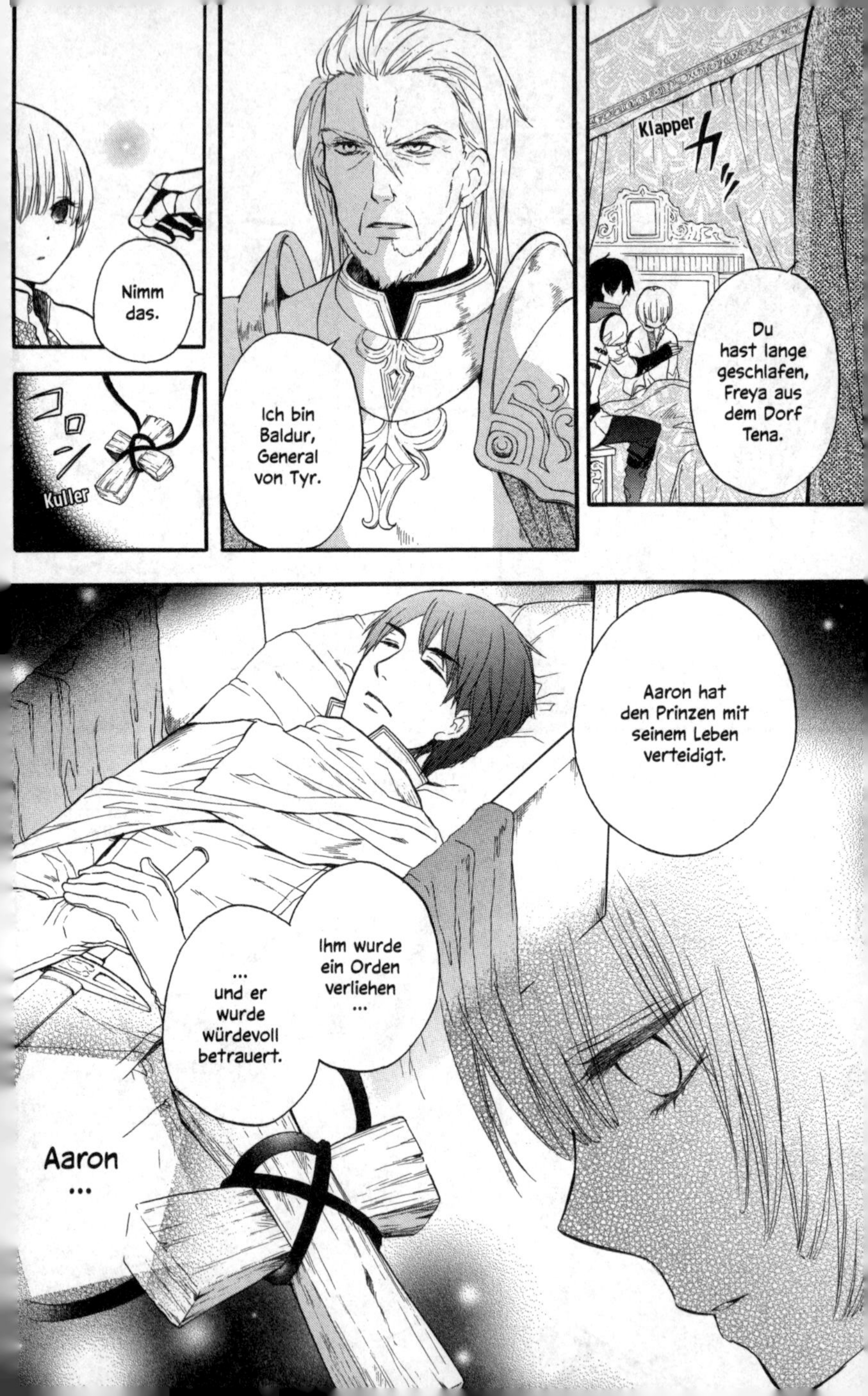
Klapper
Du hast lange geschlafen, Freya aus dem Dorf Tena.
Ich bin Baldur, General von Tyr.
Nimm das.
Kuller
Aaron hat den Prinzen mit seinem Leben verteidigt.
Ihm wurde ein Orden verliehen …
… und er wurde würdevoll betrauert.
Aaron …

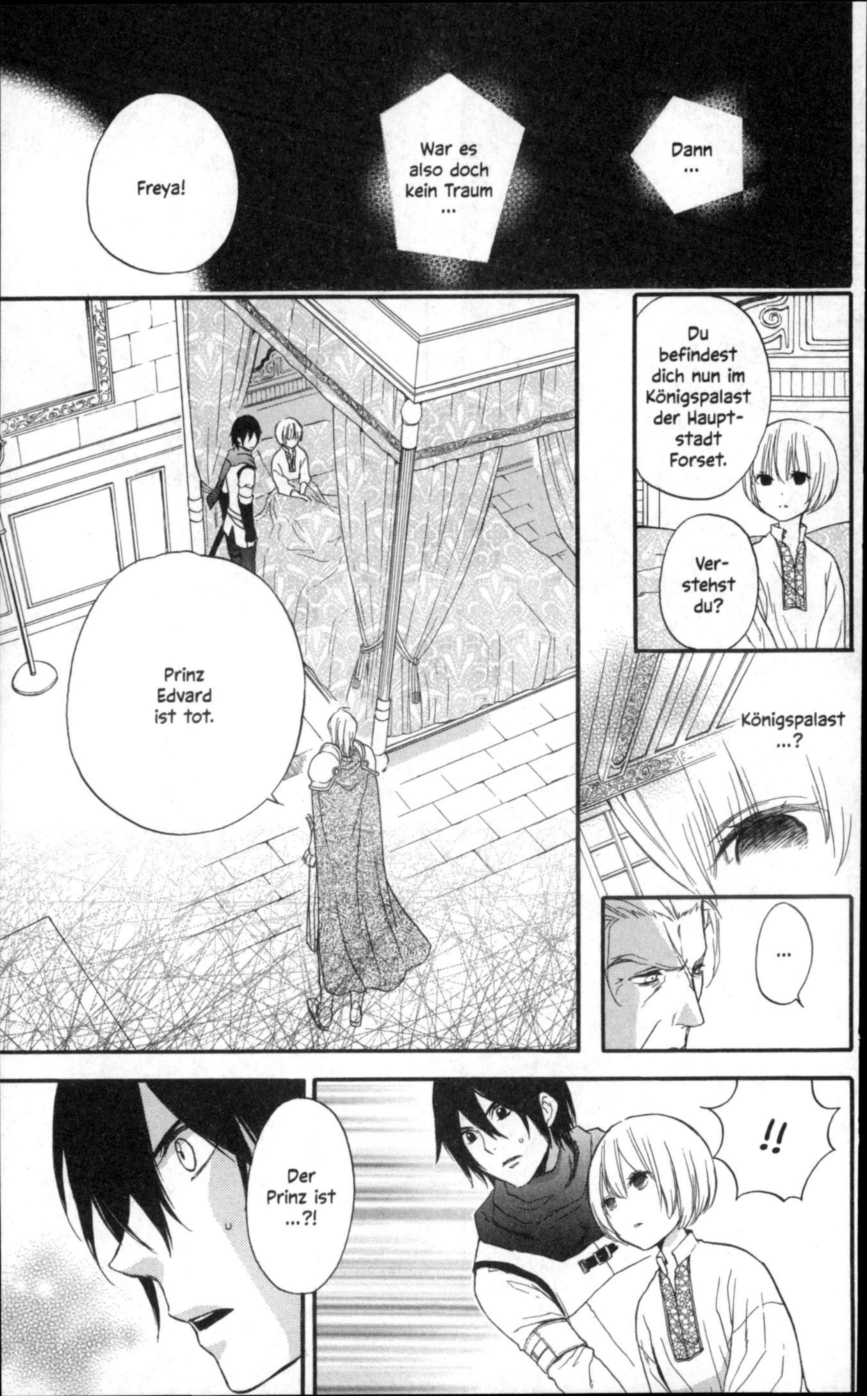
Dann ...
War es also doch kein Traum ...
Freya!
Du befindest dich nun im Königspalast der Hauptstadt Forset.
Verstehst du?
Königspalast ...?
...
Prinz Edvard ist tot.
!!
Der Prinz ist ...?!

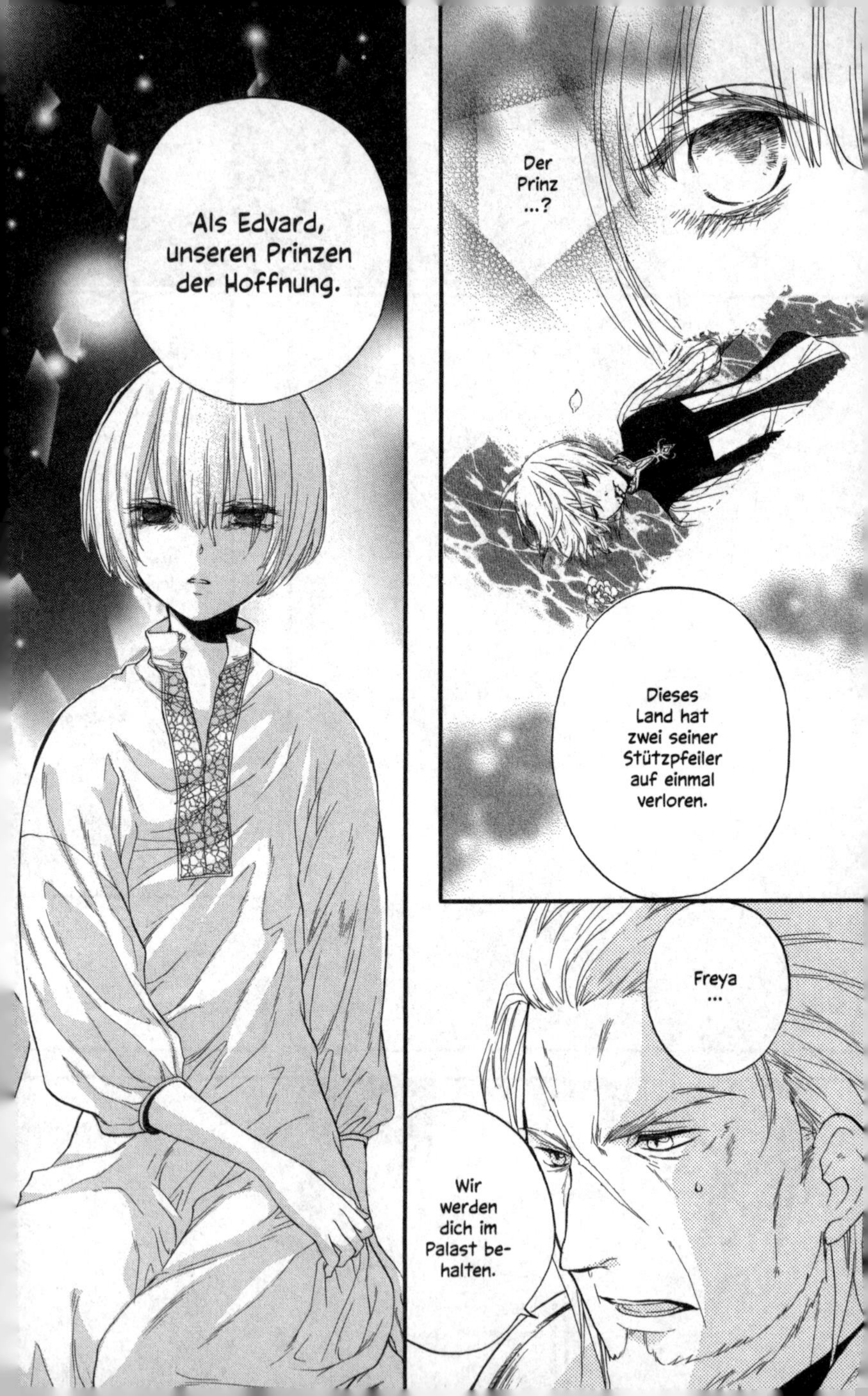
Der Prinz ...?
Dieses Land hat zwei seiner Stützpfeiler auf einmal verloren.
Freya ...
Wir werden dich im Palast be-halten.
Als Edvard, unseren Prinzen der Hoffnung.

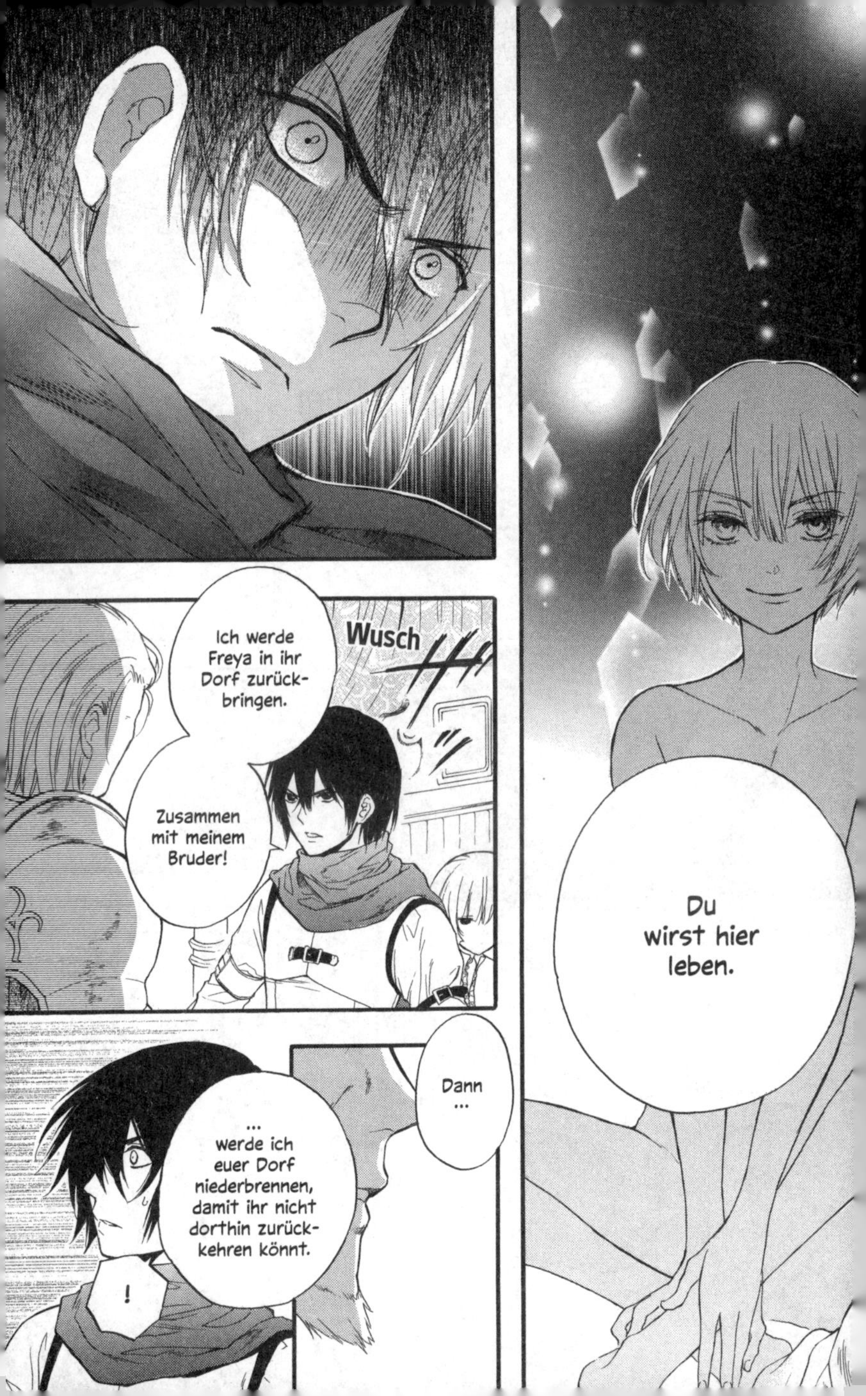
Du wirst hier leben.
Ich werde Freya in ihr Dorf zurückbringen.
Wusch
Zusammen mit meinem Bruder!
Dann ...
... werde ich euer Dorf niederbrennen, damit ihr nicht dorthin zurückkehren könnt.
!

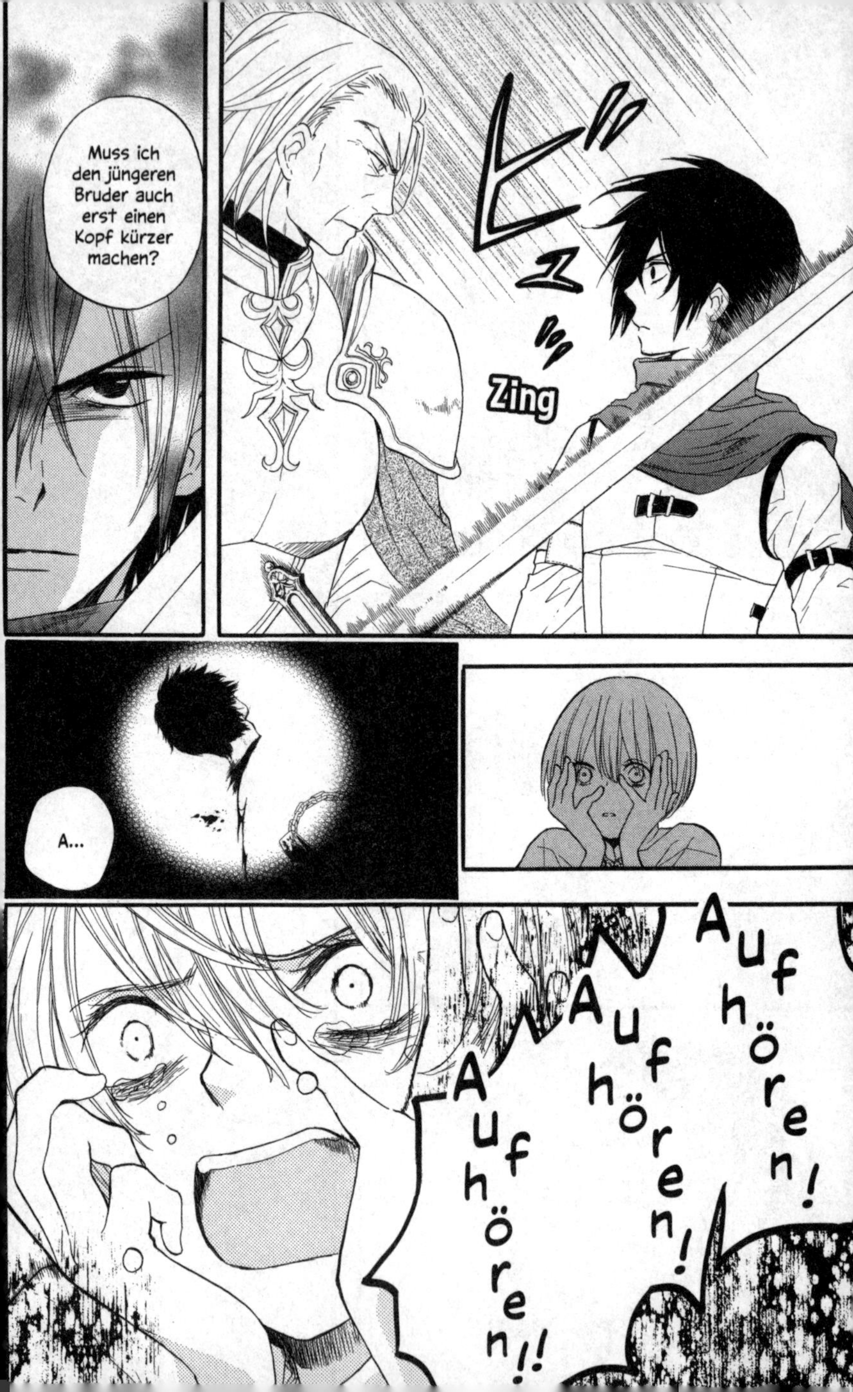
Zing
Muss ich den jüngeren Bruder auch erst einen Kopf kürzer machen?
A...
Aufhören!
Aufhören!
Aufhören!!

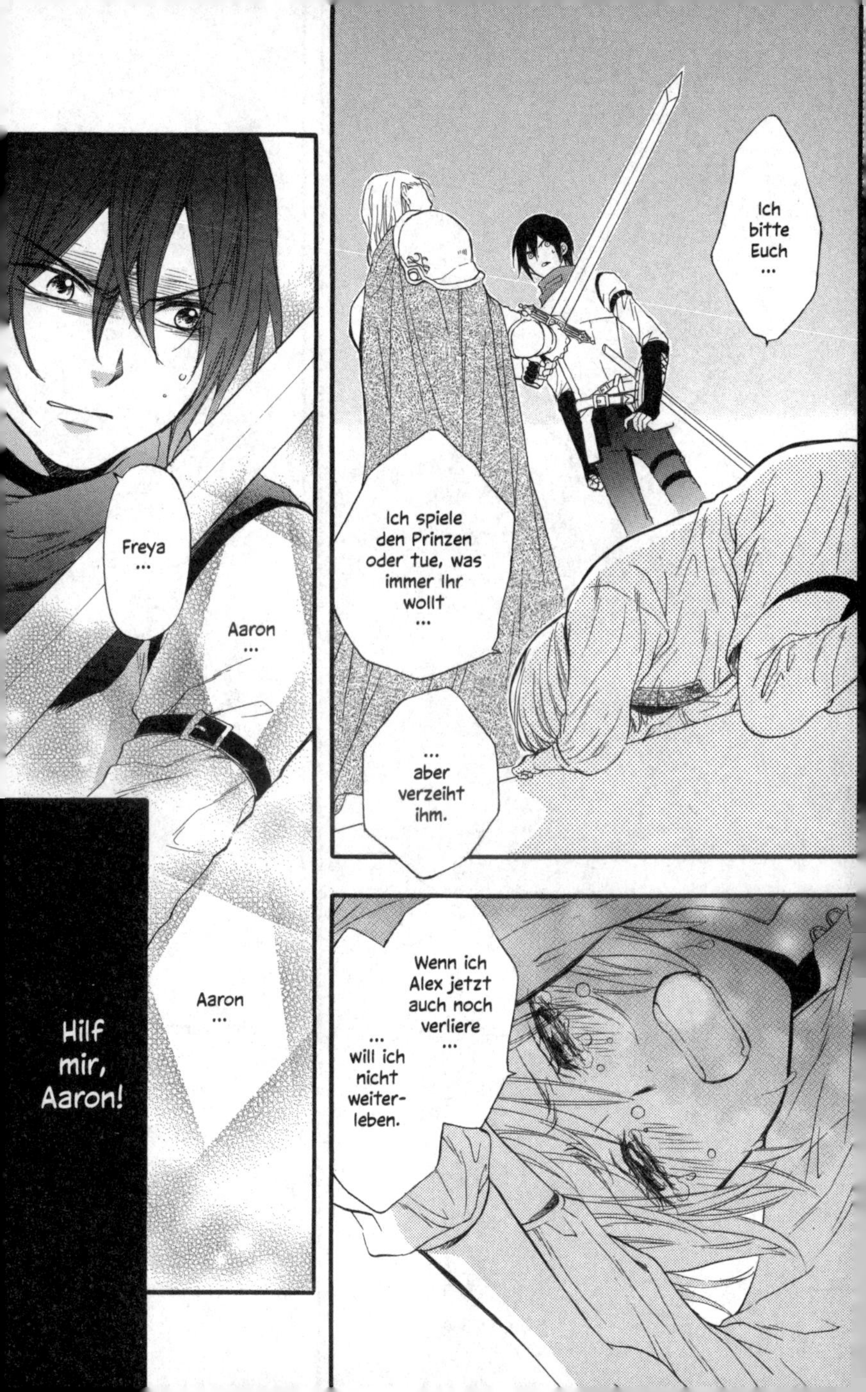
Ich bitte Euch ...
Ich spiele den Prinzen oder tue, was immer Ihr wollt ...
... aber verzeiht ihm.
Wenn ich Alex jetzt auch noch verliere ...
... will ich nicht weiter-leben.
Freya ...
Aaron ...
Aaron ...
Hilf mir, Aaron!

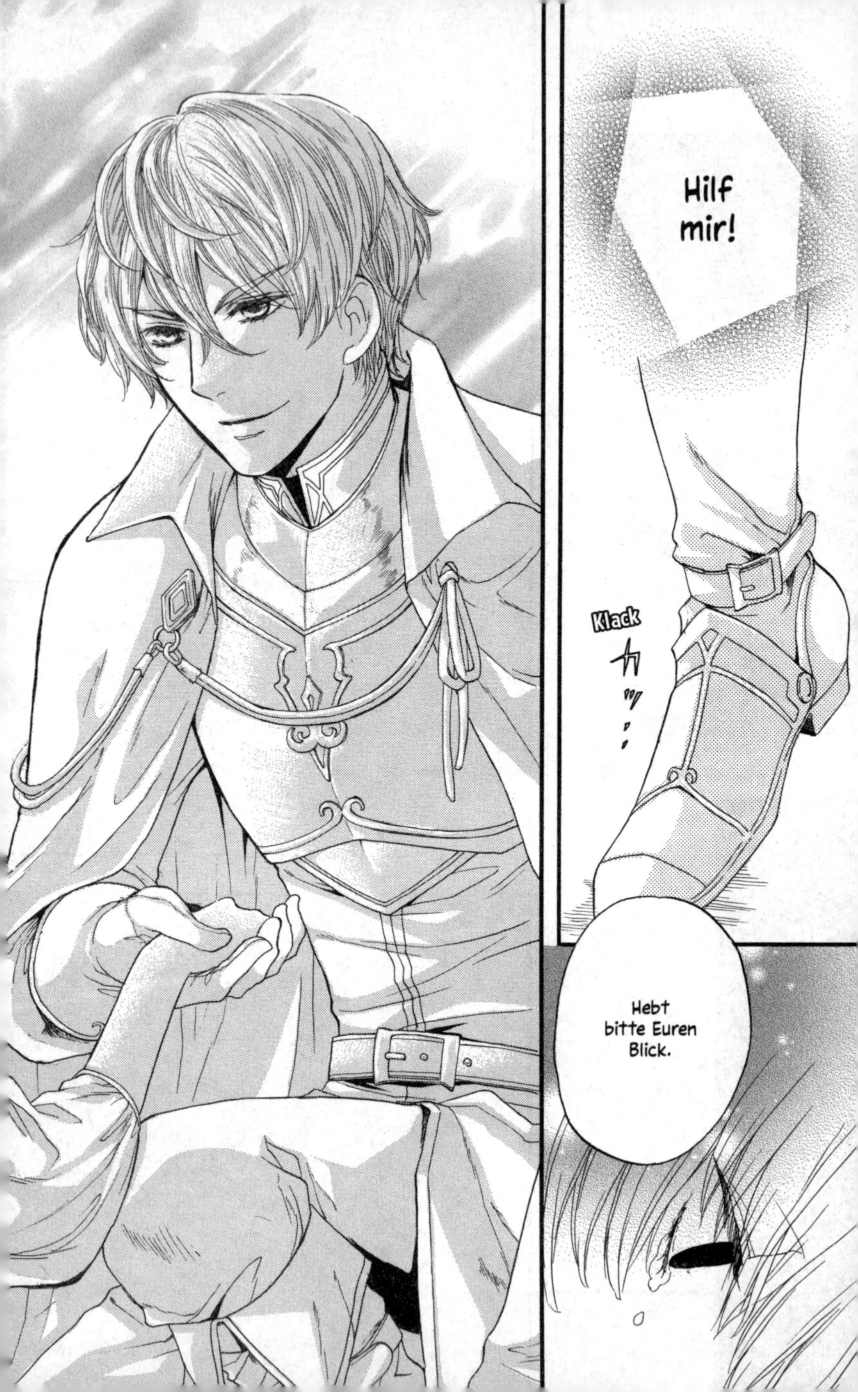
Hilf mir!
Klack
Hebt bitte Euren Blick.

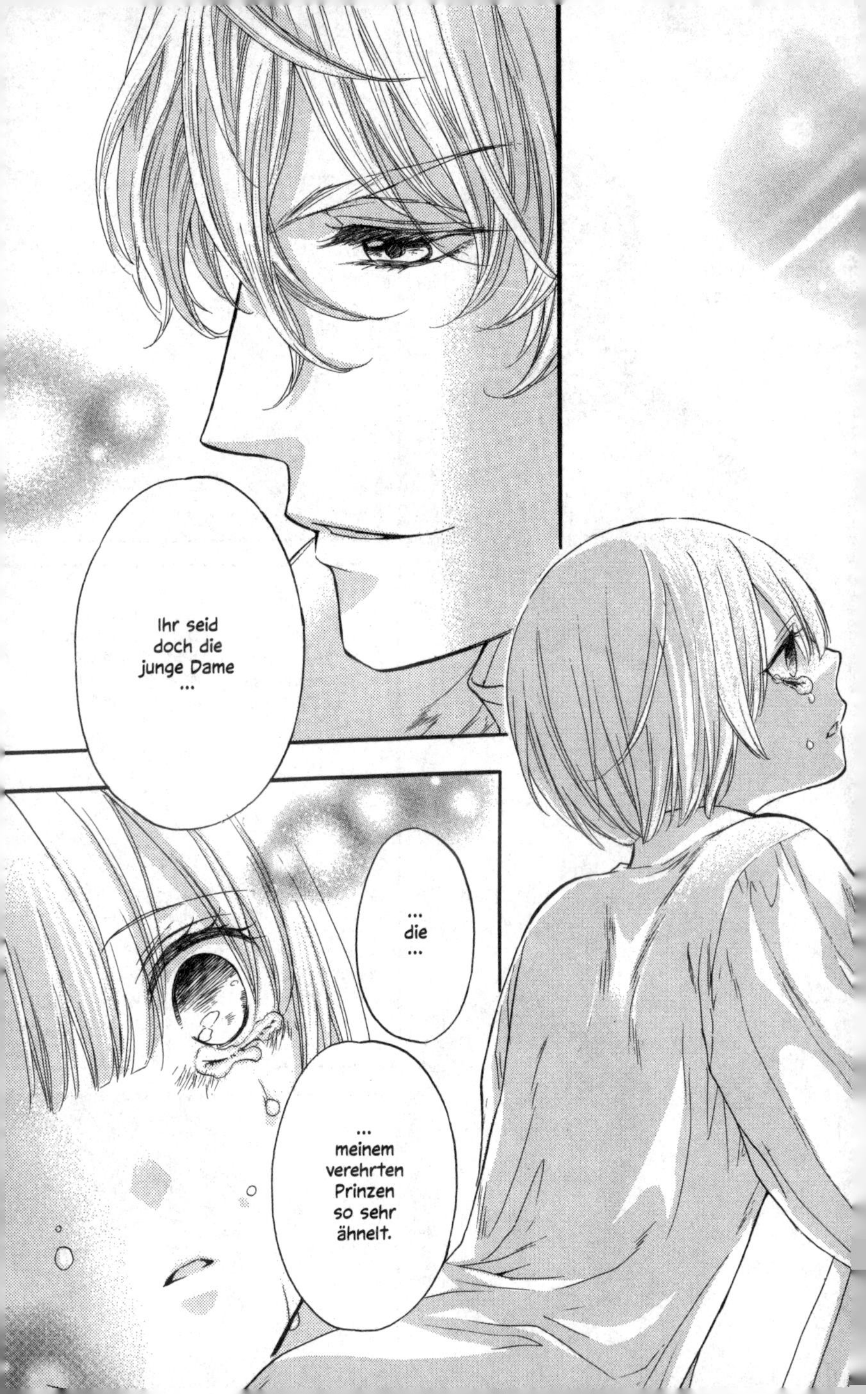

Ihr seid doch die junge Dame ...
... die ...
... meinem verehrten Prinzen so sehr ähnelt.

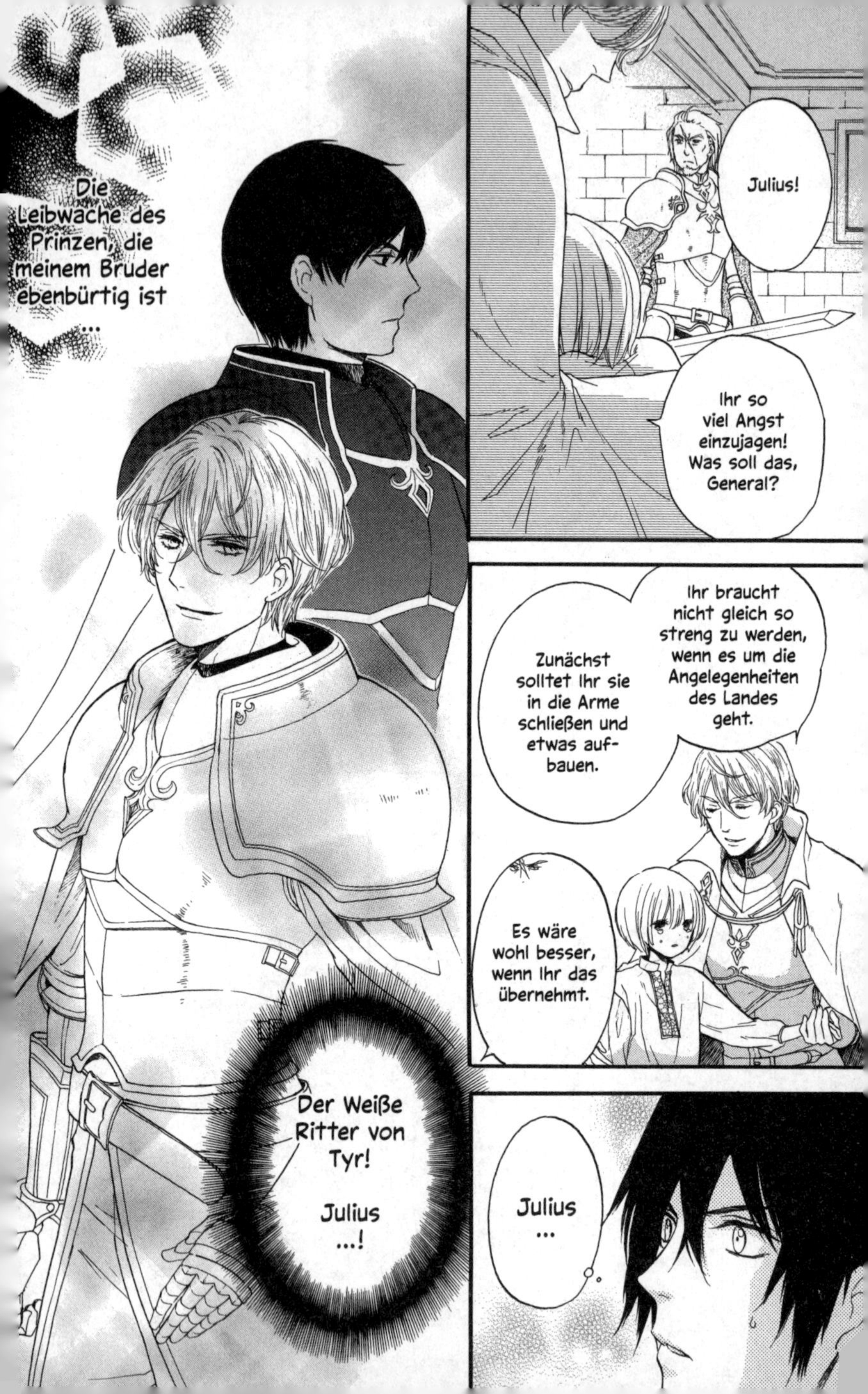
Julius!
Ihr so viel Angst einzujagen! Was soll das, General?
Ihr braucht nicht gleich so streng zu werden, wenn es um die Angelegenheiten des Landes geht.
Zunächst solltet Ihr sie in die Arme schließen und etwas aufbauen.
Es wäre wohl besser, wenn Ihr das übernehmt.
Julius …
Die Leibwache des Prinzen, die meinem Bruder ebenbürtig ist …
Der Weiße Ritter von Tyr!
Julius …!

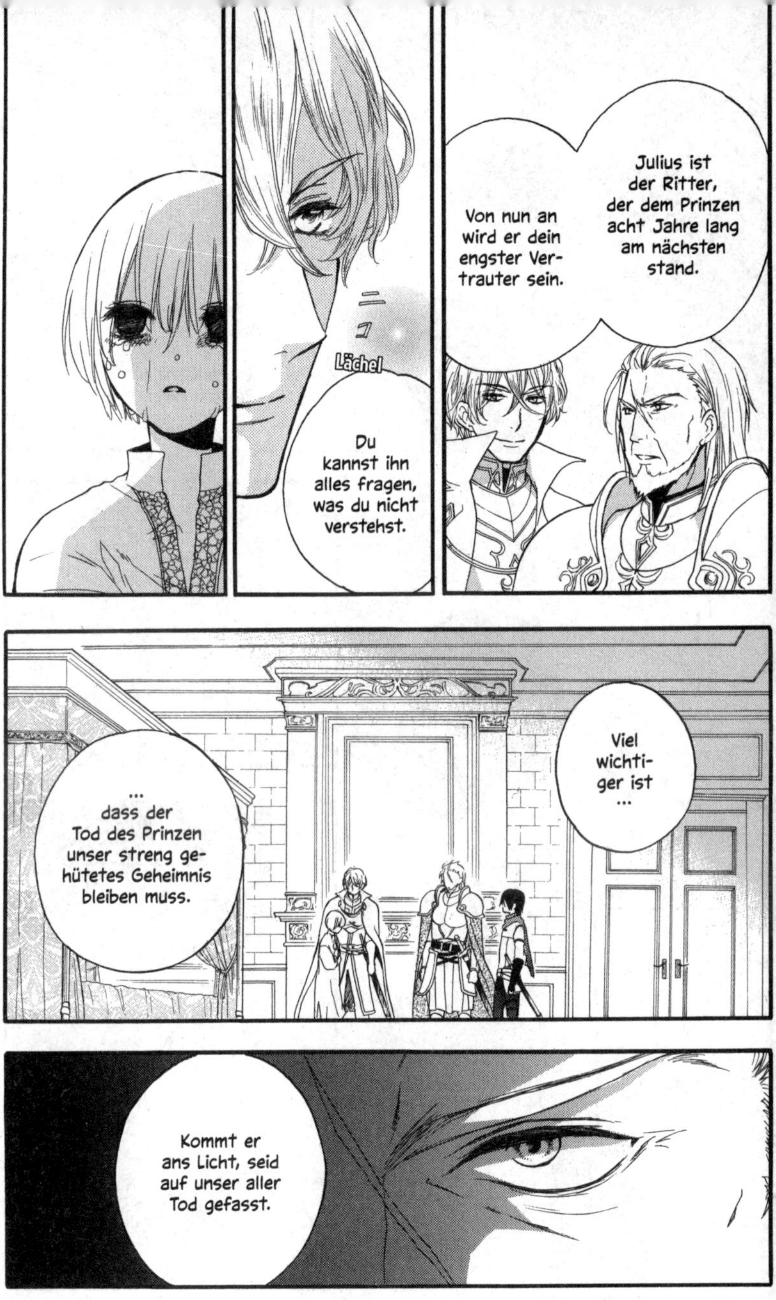
Julius ist der Ritter, der dem Prinzen acht Jahre lang am nächsten stand.
Von nun an wird er dein engster Vertrauter sein.
Lächel
Du kannst ihn alles fragen, was du nicht verstehst.
Viel wichtiger ist ...
... dass der Tod des Prinzen unser streng gehütetes Geheimnis bleiben muss.
Kommt er ans Licht, seid auf unser aller Tod gefasst.

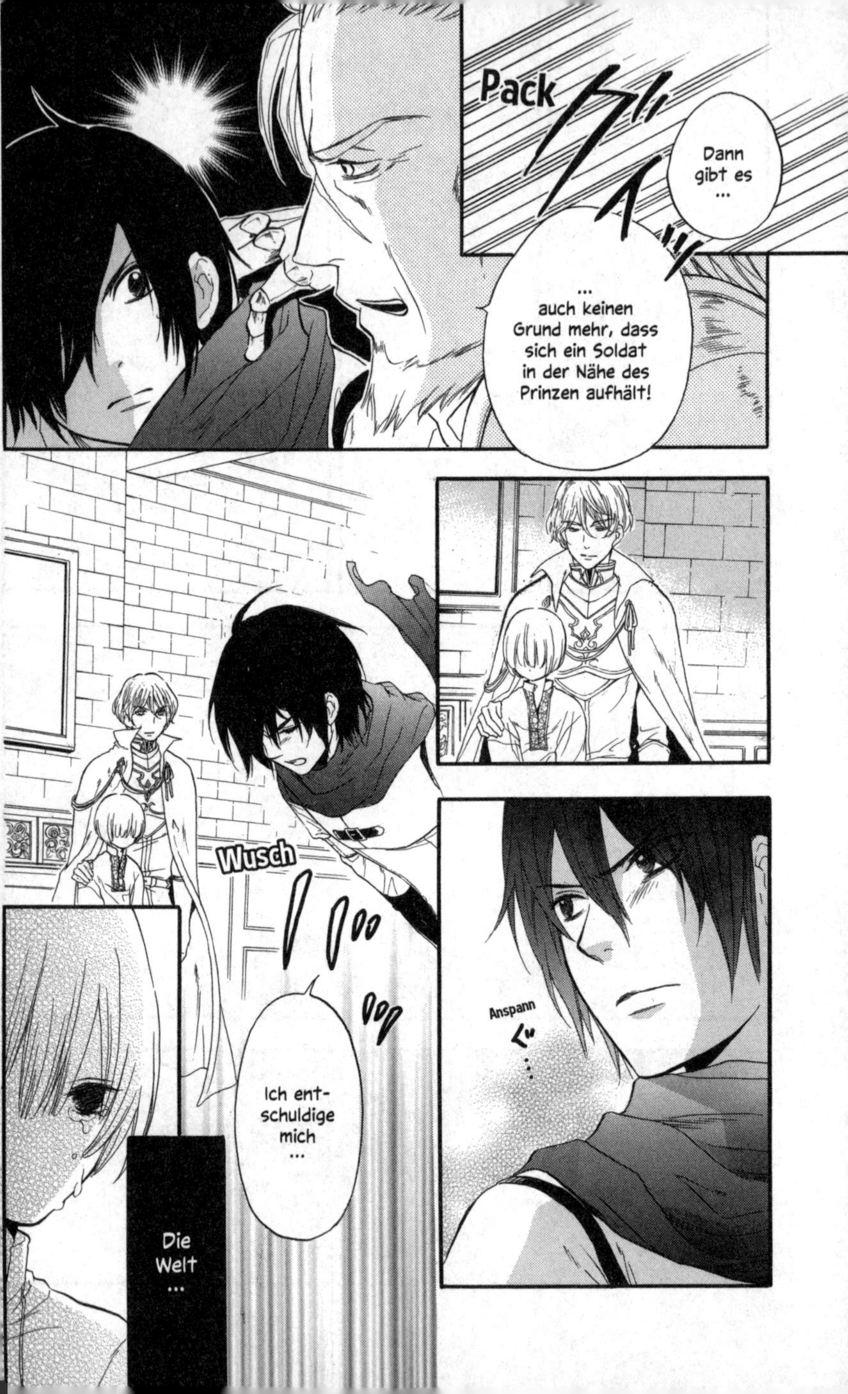
Pack
Dann gibt es …
… auch keinen Grund mehr, dass sich ein Soldat in der Nähe des Prinzen aufhält!
Wusch
Ich entschuldige mich …
Anspann
…
Die Welt …

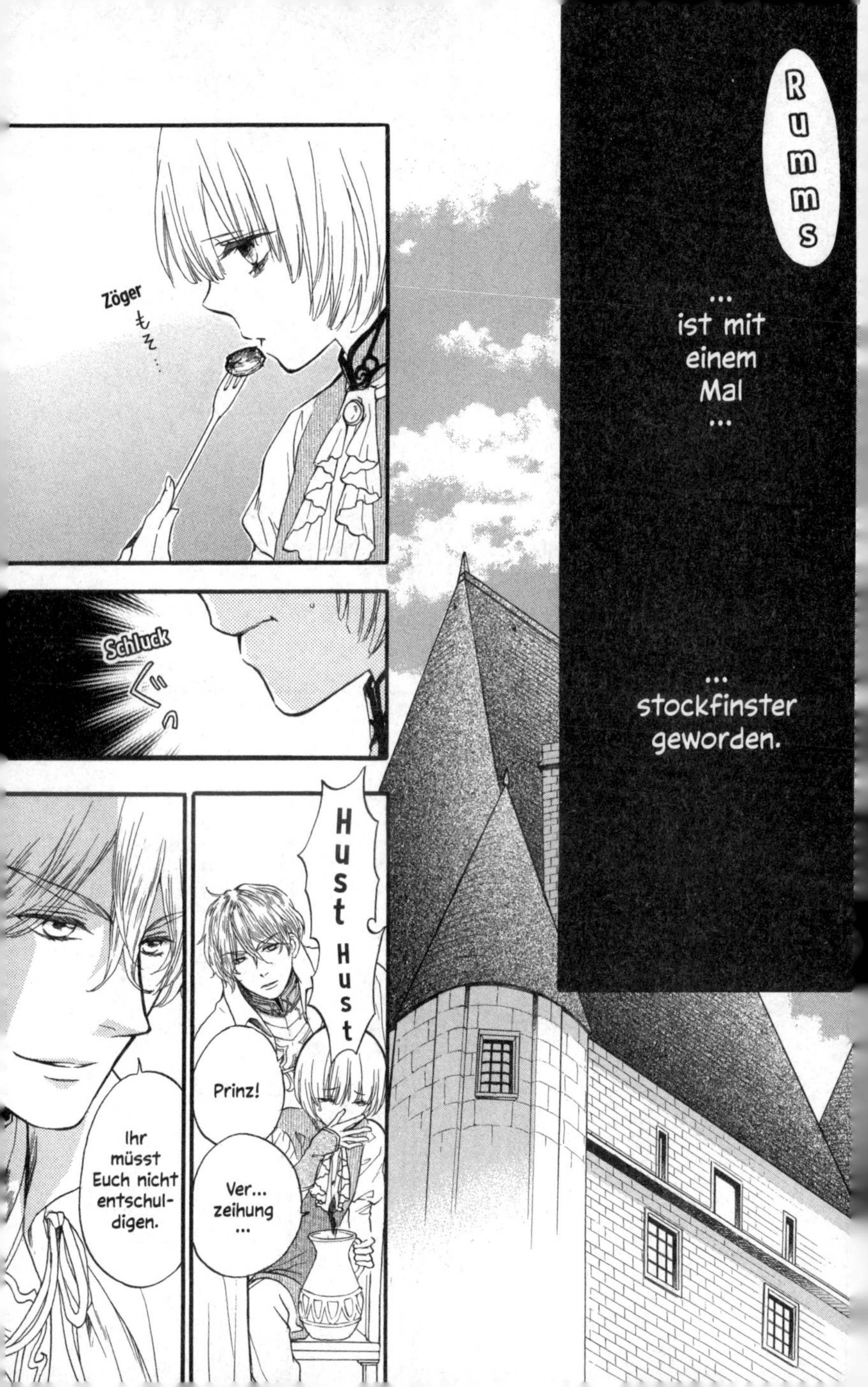
Rumms
... ist mit einem Mal ...
... stockfinster geworden.
Zöger
Schluck
Hust Hust Hust
Prinz!
Ver... zeihung ...
Ihr müsst Euch nicht entschul- digen.

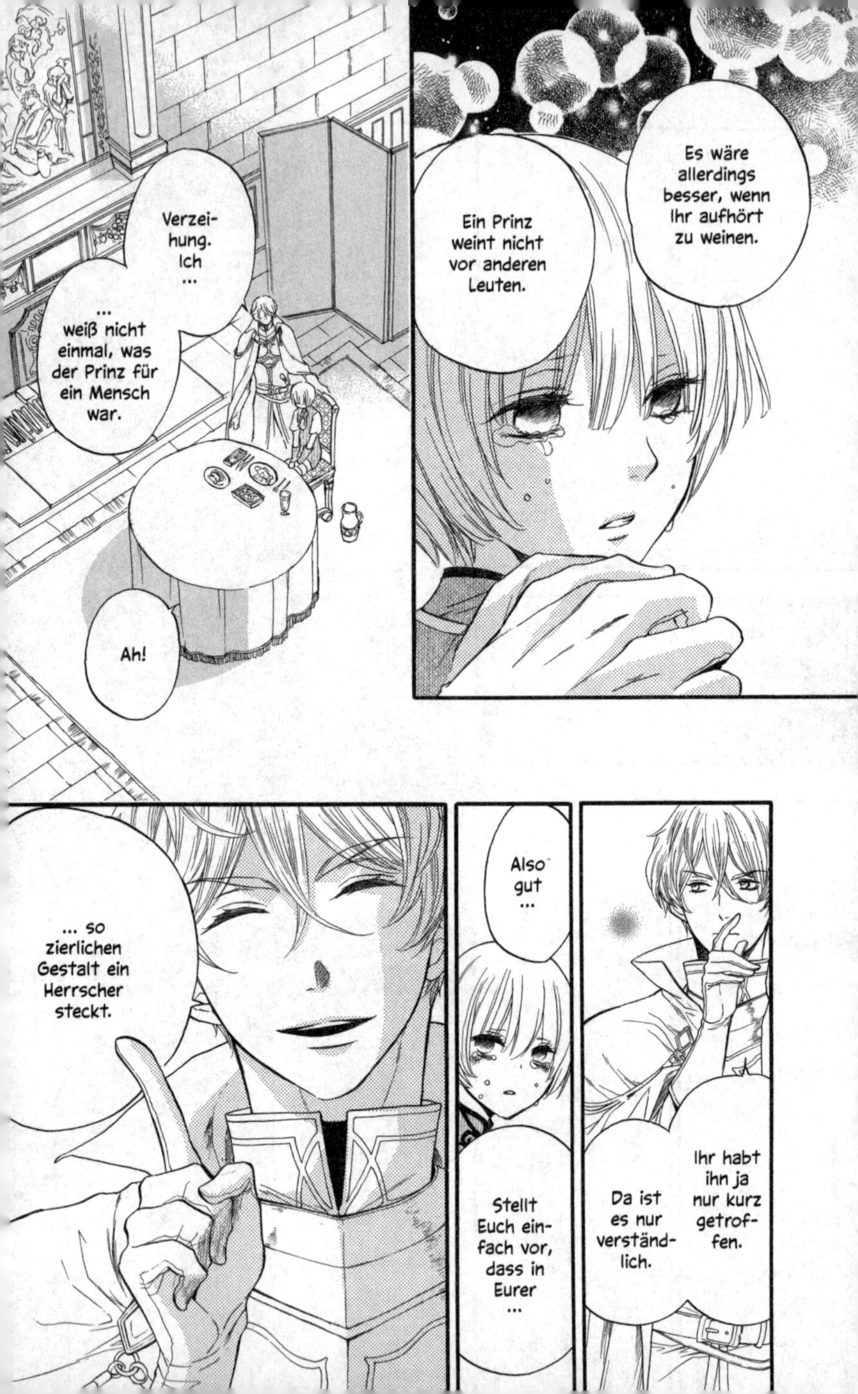
Es wäre allerdings besser, wenn Ihr aufhört zu weinen.
Ein Prinz weint nicht vor anderen Leuten.
Verzeihung. Ich ...
... weiß nicht einmal, was der Prinz für ein Mensch war.
Ah!
Ihr habt ihn ja nur kurz getroffen.
Da ist es nur verständlich.
Also gut ...
Stellt Euch einfach vor, dass in Eurer ...
... so zierlichen Gestalt ein Herrscher steckt.

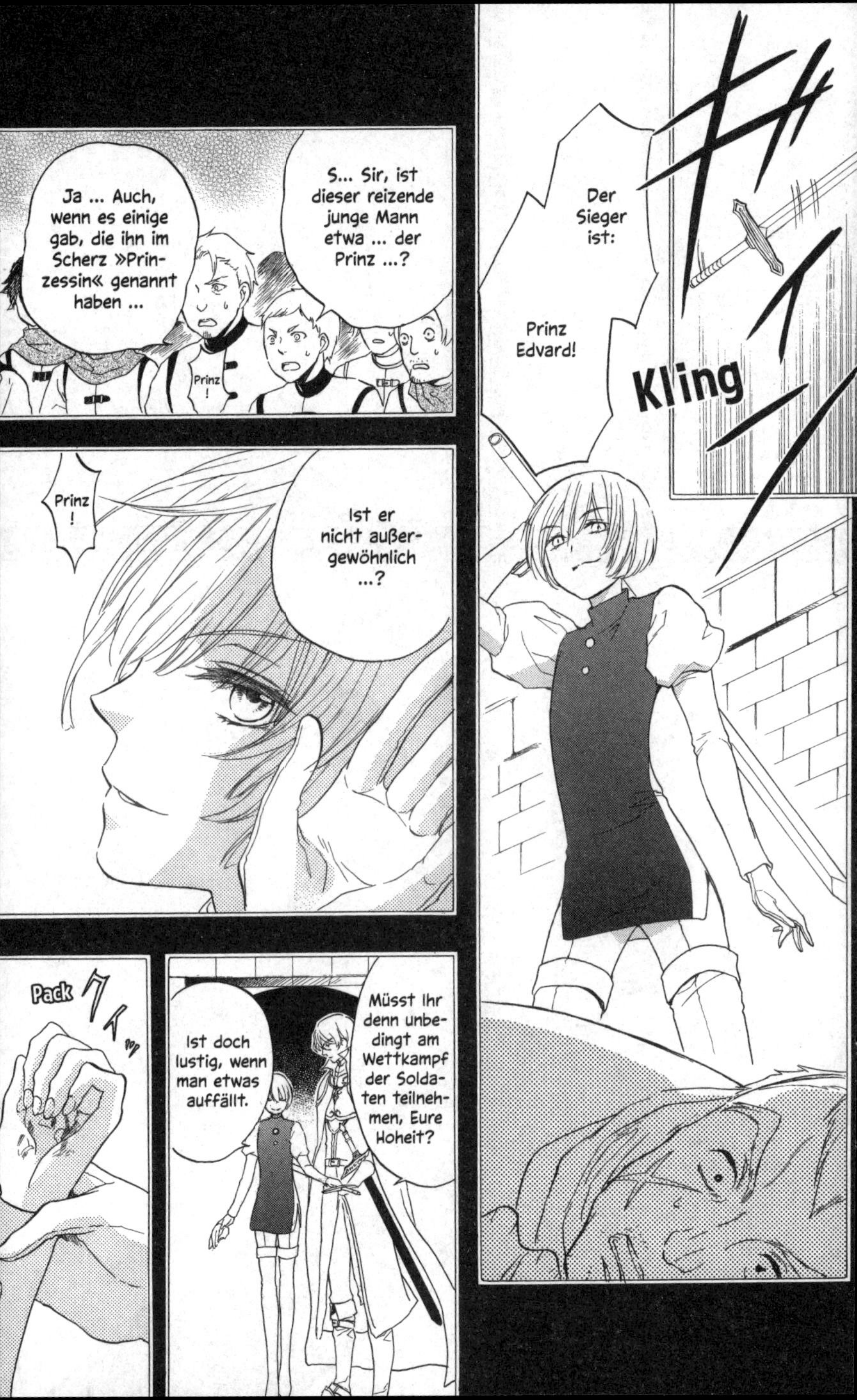

Der Sieger ist:
Prinz Edvard!
Kling
S... Sir, ist dieser reizende junge Mann etwa ... der Prinz ...?
Ja ... Auch, wenn es einige gab, die ihn im Scherz »Prinzessin« genannt haben ...
Prinz!
Ist er nicht außergewöhnlich ...?
Prinz!
Müsst Ihr denn unbedingt am Wettkampf der Soldaten teilnehmen, Eure Hoheit?
Ist doch lustig, wenn man etwas auffällt.
Pack

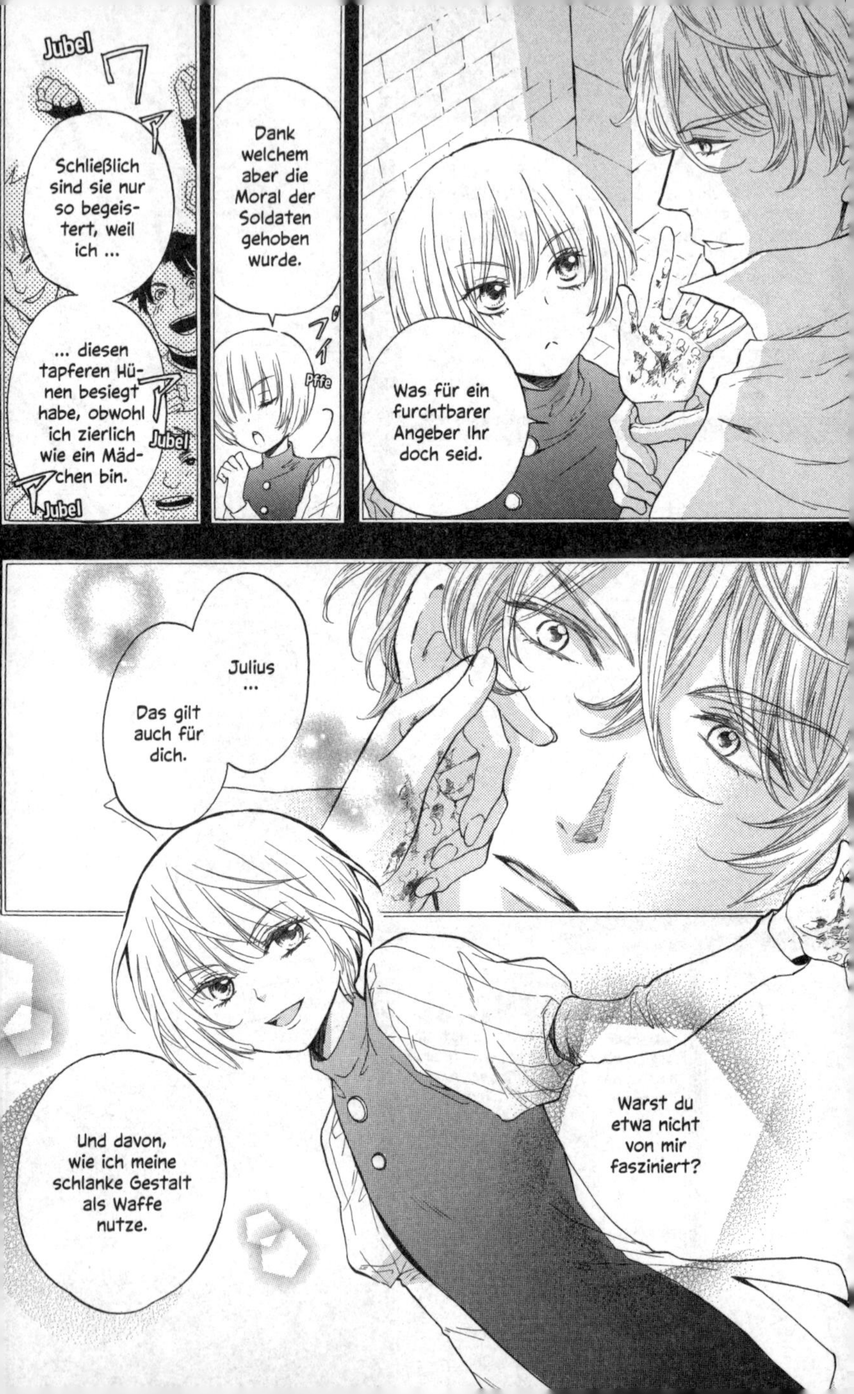
Was für ein furchtbarer Angeber Ihr doch seid.
Dank welchem aber die Moral der Soldaten gehoben wurde.
Pffe
Jubel
Schließlich sind sie nur so begeistert, weil ich ...
... diesen tapferen Hünen besiegt habe, obwohl ich zierlich wie ein Mädchen bin.
Jubel
Jubel
Julius ...
Das gilt auch für dich.
Warst du etwa nicht von mir fasziniert?
Und davon, wie ich meine schlanke Gestalt als Waffe nutze.

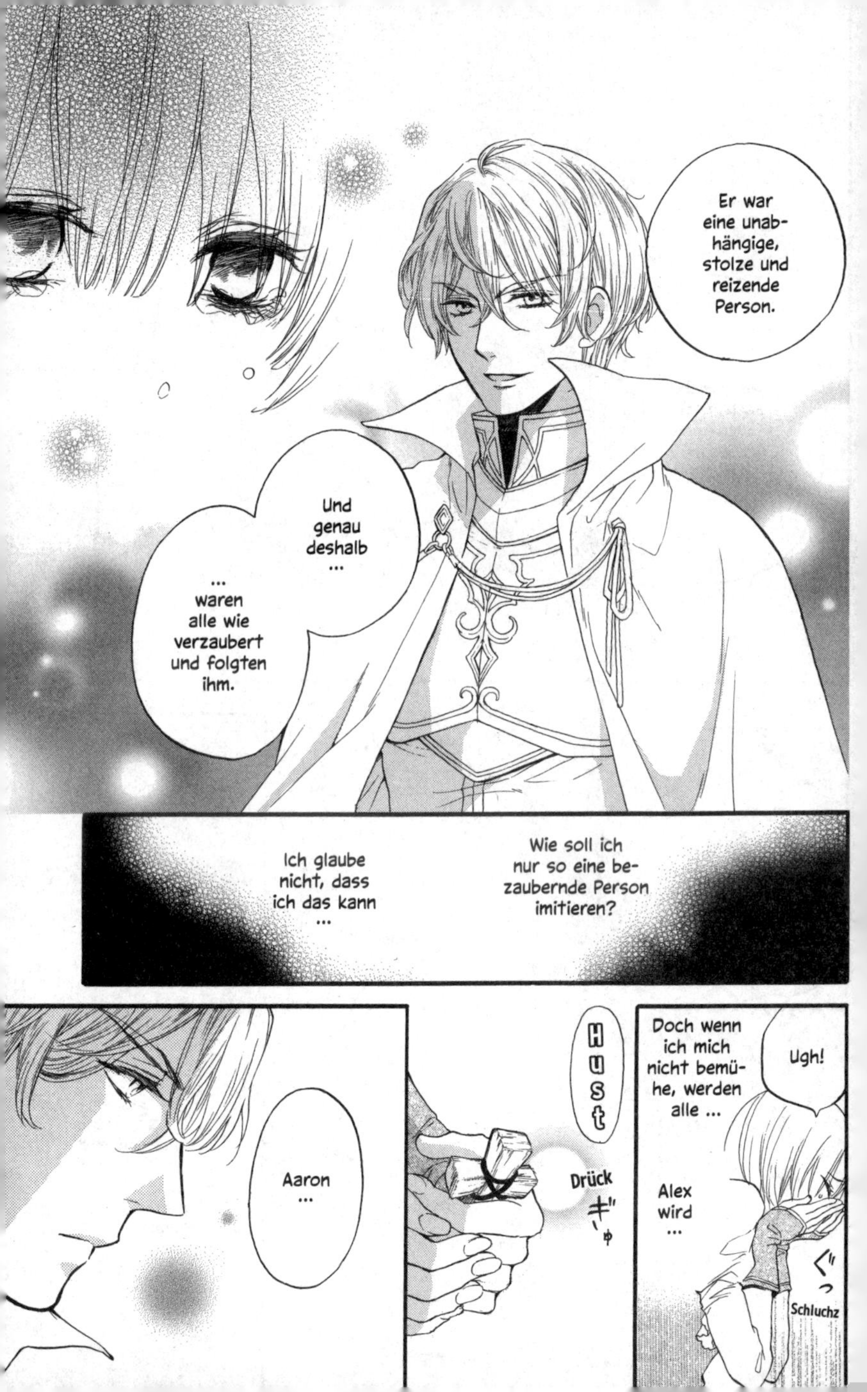
Er war eine unabhängige, stolze und reizende Person.
Und genau deshalb ...
... waren alle wie verzaubert und folgten ihm.
Wie soll ich nur so eine bezaubernde Person imitieren?
Ich glaube nicht, dass ich das kann ...
Ugh!
Doch wenn ich mich nicht bemühe, werden alle ...
Alex wird ...
Schluchz
Hust
Drück
Aaron ...

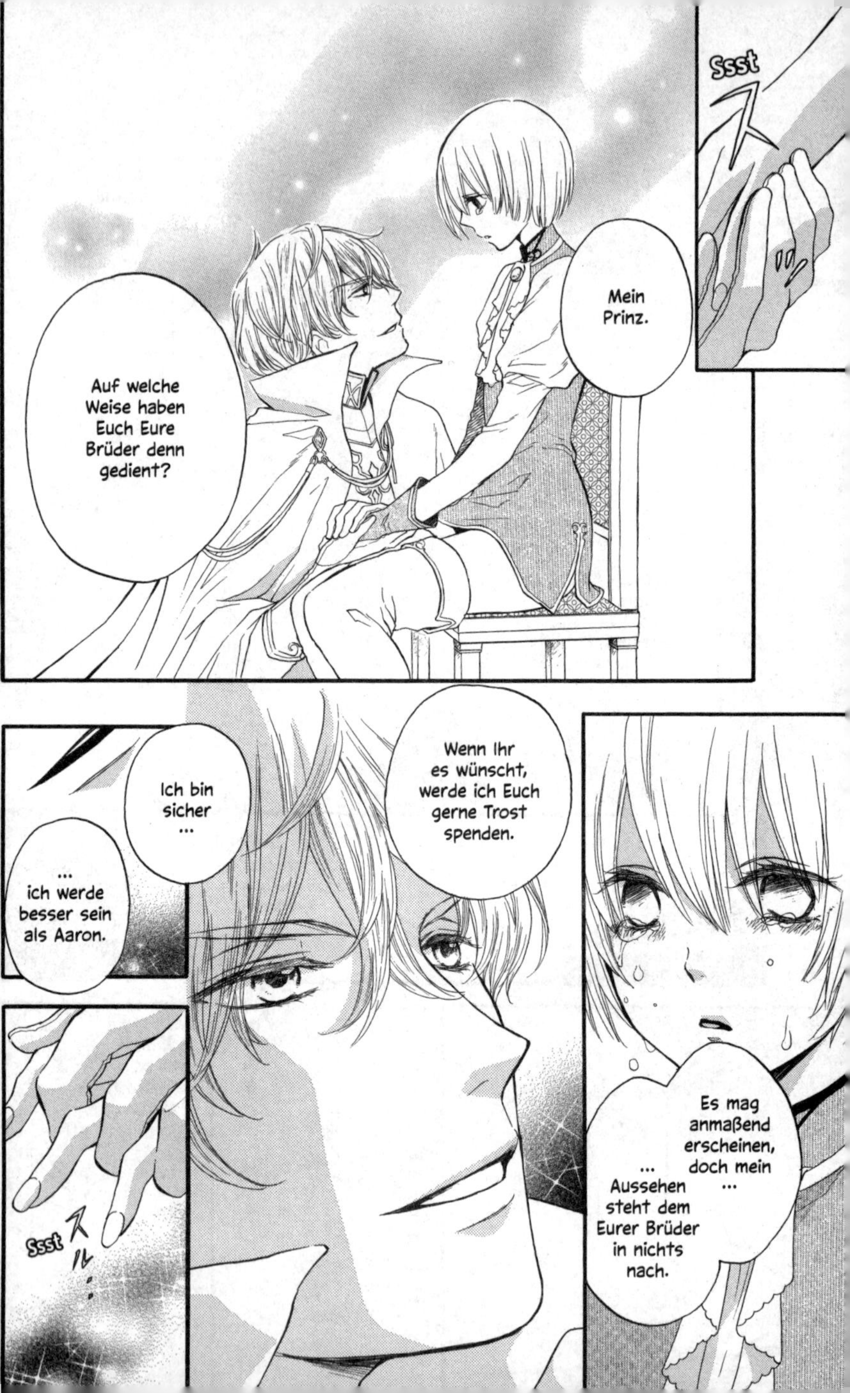
Ssst
Mein Prinz.
Auf welche Weise haben Euch Eure Brüder denn gedient?
Es mag anmaßend erscheinen, doch mein …
… Aussehen steht dem Eurer Brüder in nichts nach.
Wenn Ihr es wünscht, werde ich Euch gerne Trost spenden.
Ich bin sicher …
… ich werde besser sein als Aaron.
Ssst

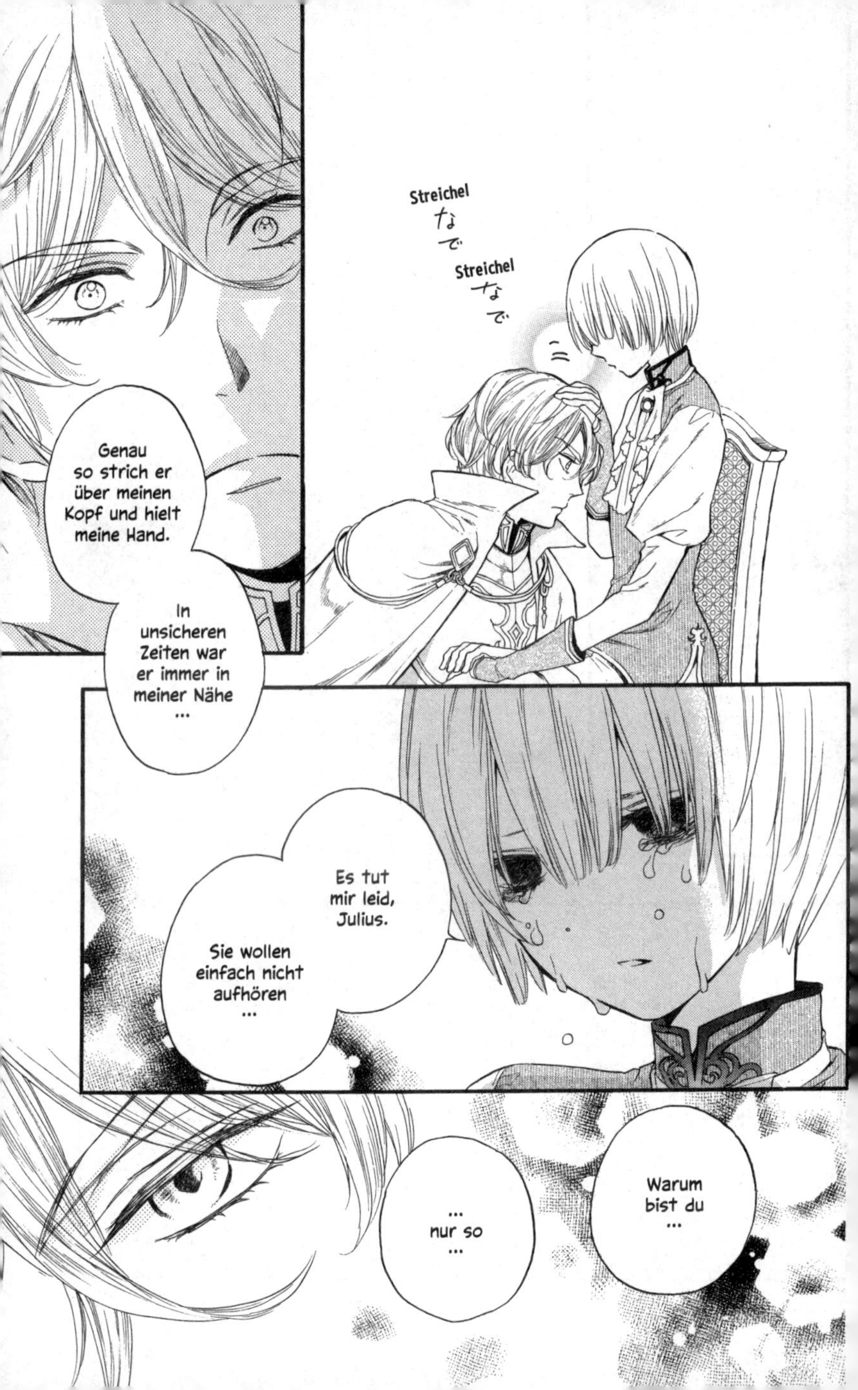

Streichel
なで
Streichel
なで
Genau so strich er über meinen Kopf und hielt meine Hand.
In unsicheren Zeiten war er immer in meiner Nähe ...
Es tut mir leid, Julius.
Sie wollen einfach nicht aufhören ...
Warum bist du ...
... nur so ...

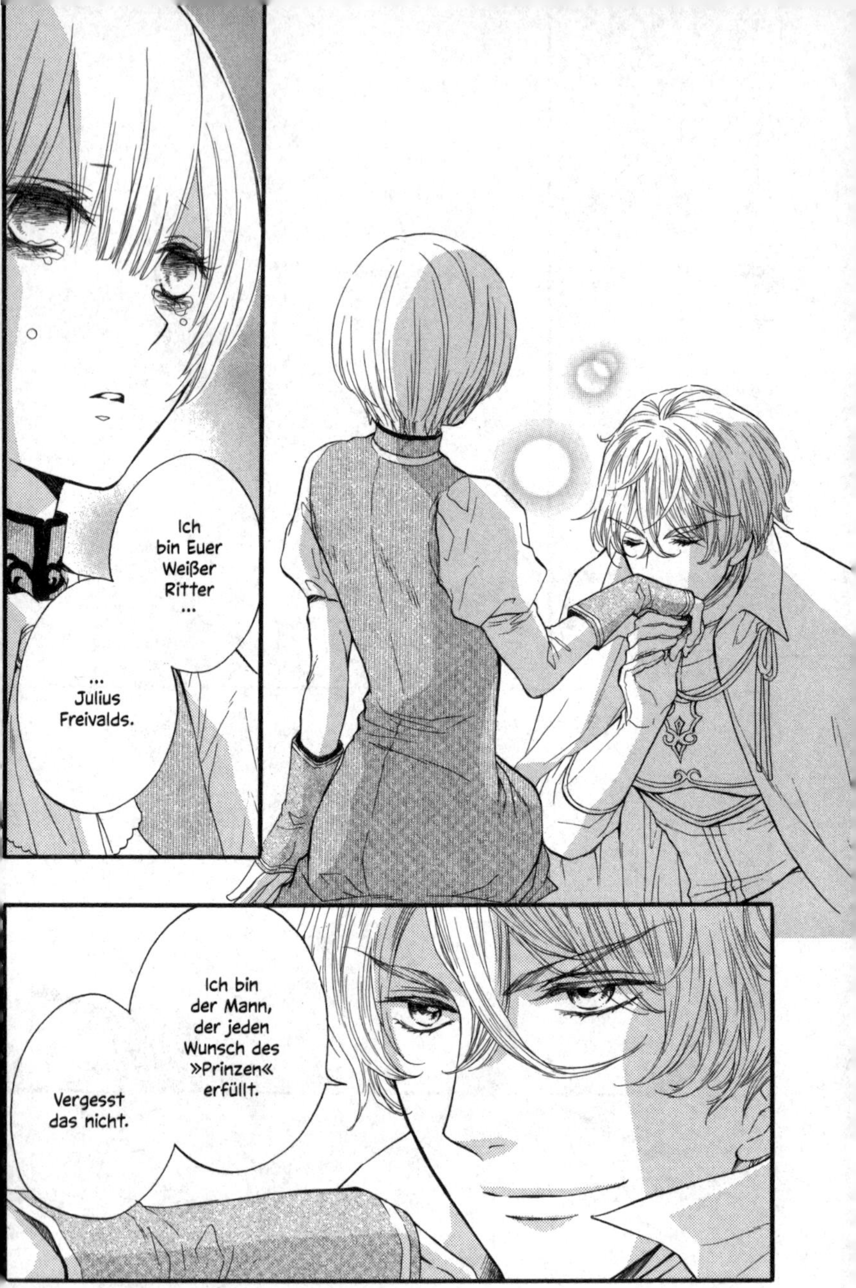

Ich bin Euer Weißer Ritter ...
... Julius Freivalds.
Ich bin der Mann, der jeden Wunsch des »Prinzen« erfüllt.
Vergesst das nicht.

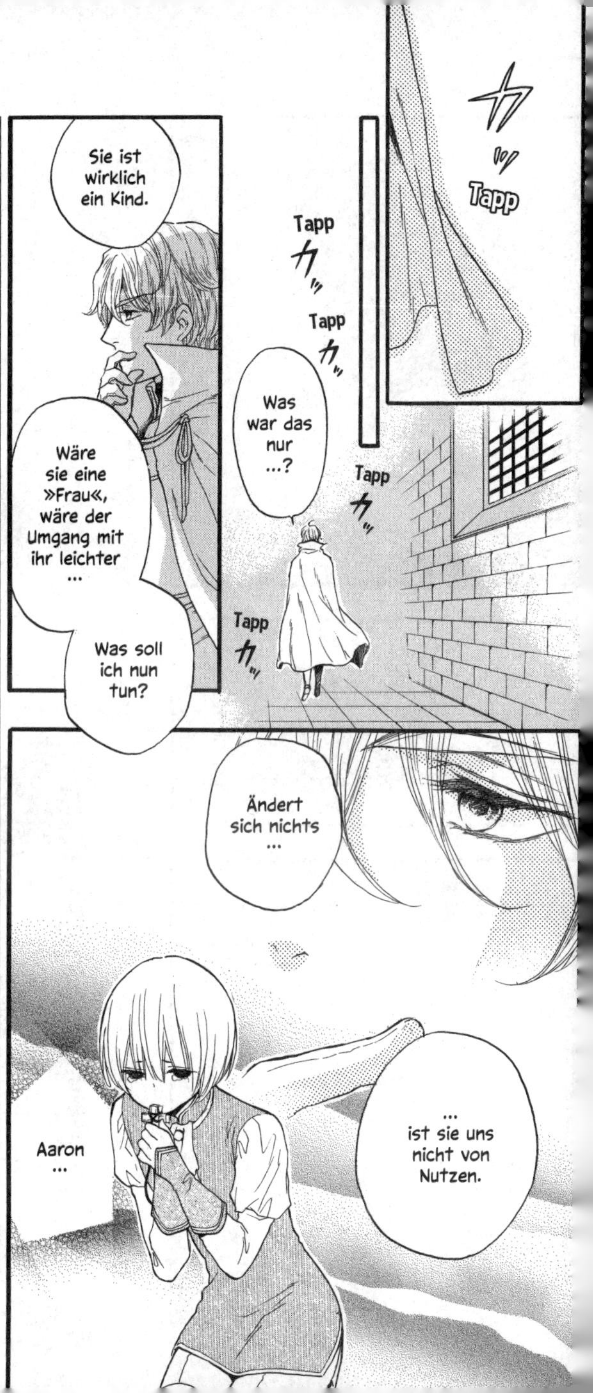


A

Der kleine Bruder Alexis – ich hatte Schwierigkeiten damit, mich für den Stil seiner Frisur zu entscheiden.

Er ist der kleine Bruder, der im Schatten seines viel zu großartigen großen Bruders verborgen bleibt.

Aber ich will ihn zu einer starken Figur heranwachsen lassen.

Er hat zwar eine wortkarge Art, doch weil die Autorin die Angewohnheit hat, zu viel Rollentext zu schreiben, spricht er ja doch ein bisschen.

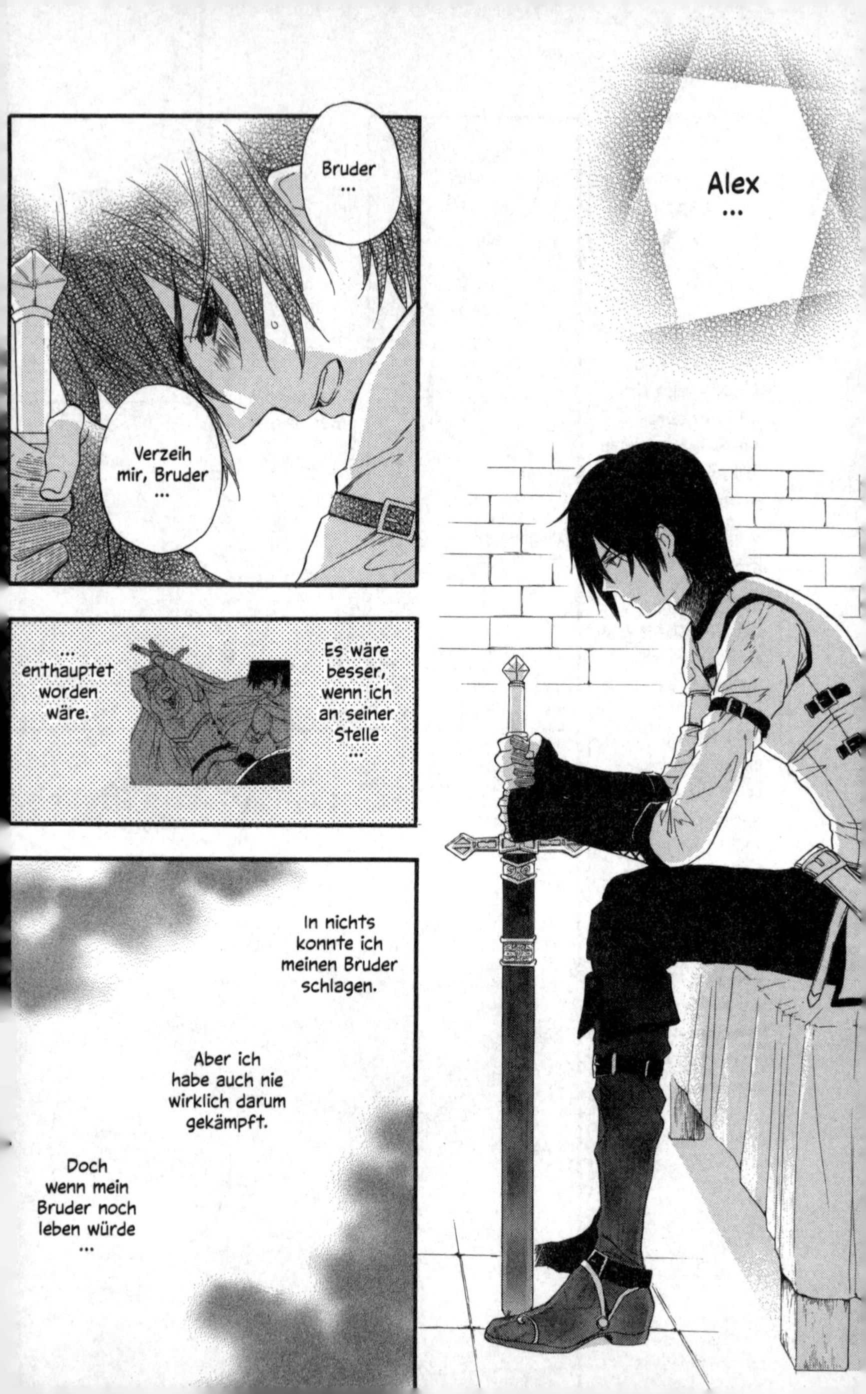
Alex ...
Bruder ...
Verzeih mir, Bruder ...
Es wäre besser, wenn ich an seiner Stelle ...
... enthauptet worden wäre.
In nichts konnte ich meinen Bruder schlagen.
Aber ich habe auch nie wirklich darum gekämpft.
Doch wenn mein Bruder noch leben würde ...

Prinz Edvard zu zeichnen, macht mir am meisten Spaß.

Ich habe eine Schwäche für diese Art Mensch, die charismatisch ihren eigenen Weg geht.

Ich hätte ihn gerne noch häufiger auftreten lassen, aber Szenario bleibt nun mal Szenario ...

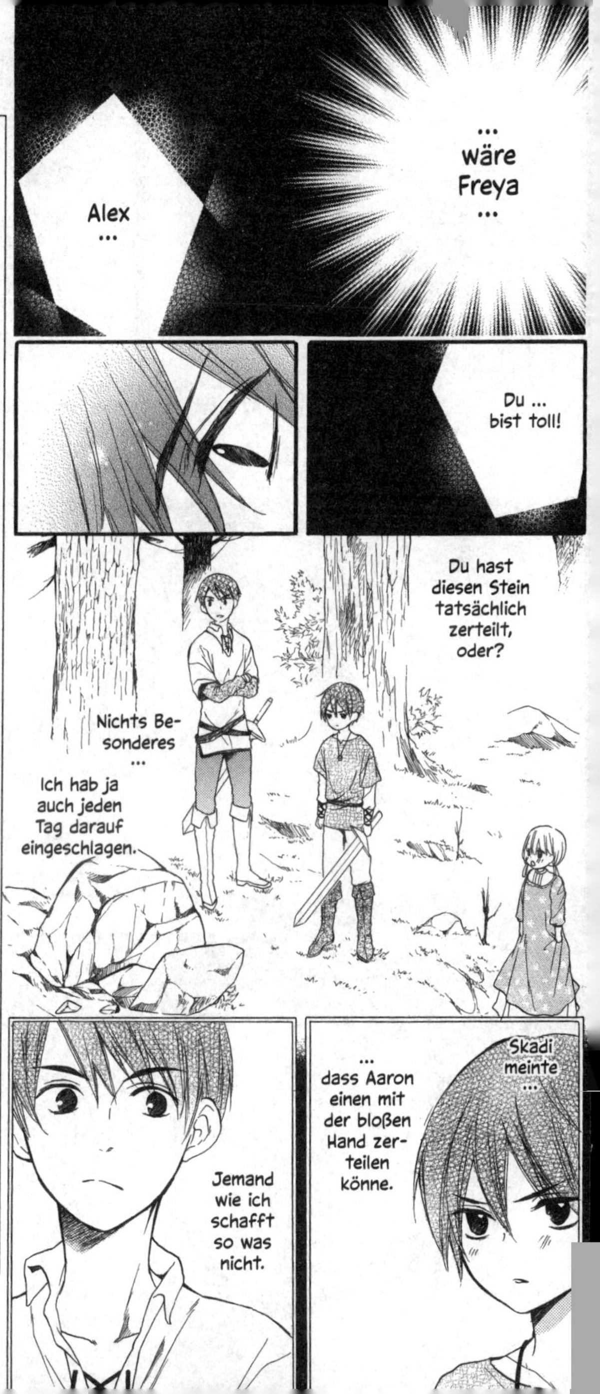

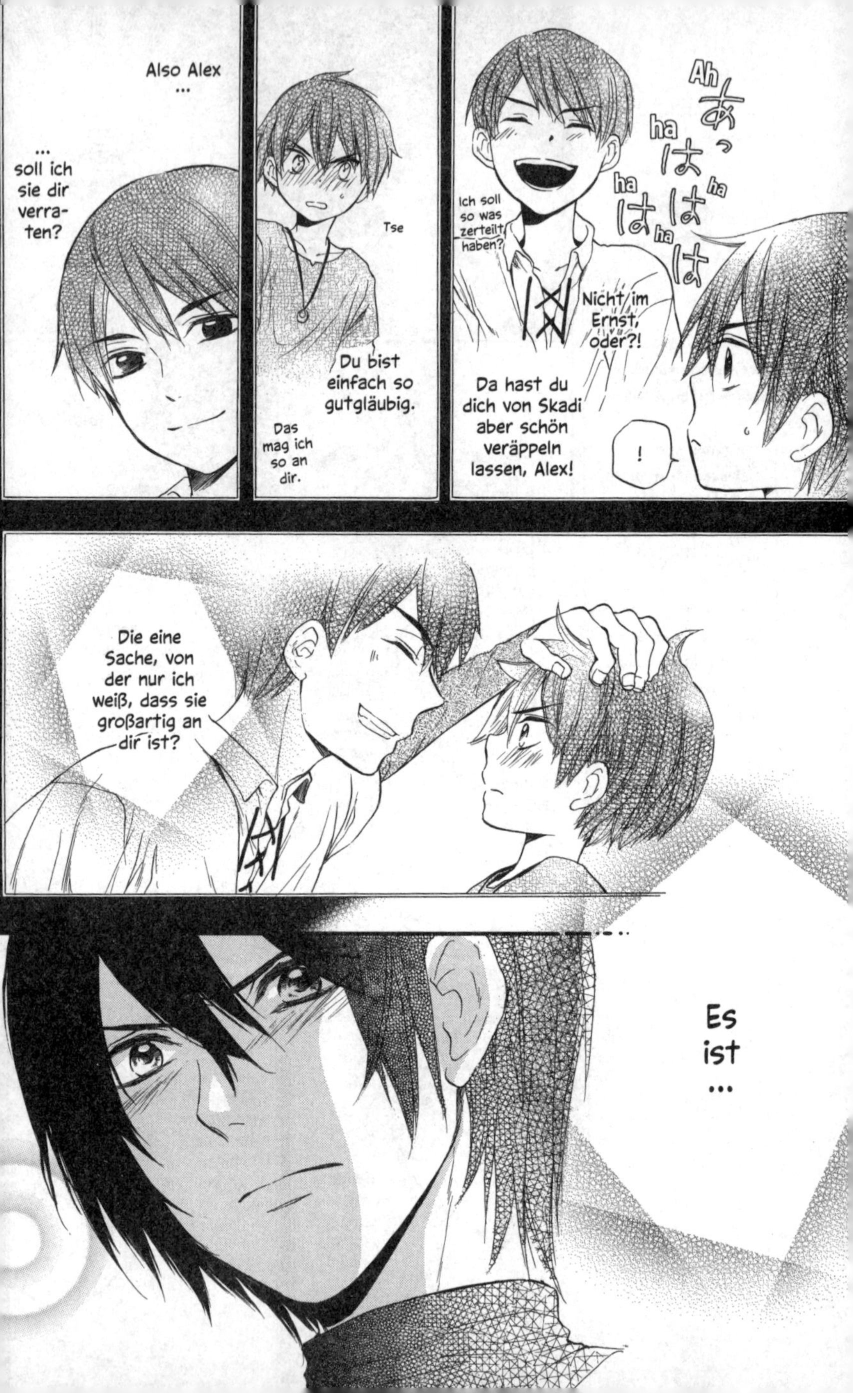

Ah あっ ha は ha は ha は ha は
Ich soll so was zerteilt haben?
Nicht im Ernst, oder?!
Da hast du dich von Skadi aber schön veräppeln lassen, Alex!
!
Tse
Du bist einfach so gutgläubig.
Das mag ich so an dir.
Also Alex ...
... soll ich sie dir verraten?
Die eine Sache, von der nur ich weiß, dass sie großartig an dir ist?
Es ist ...

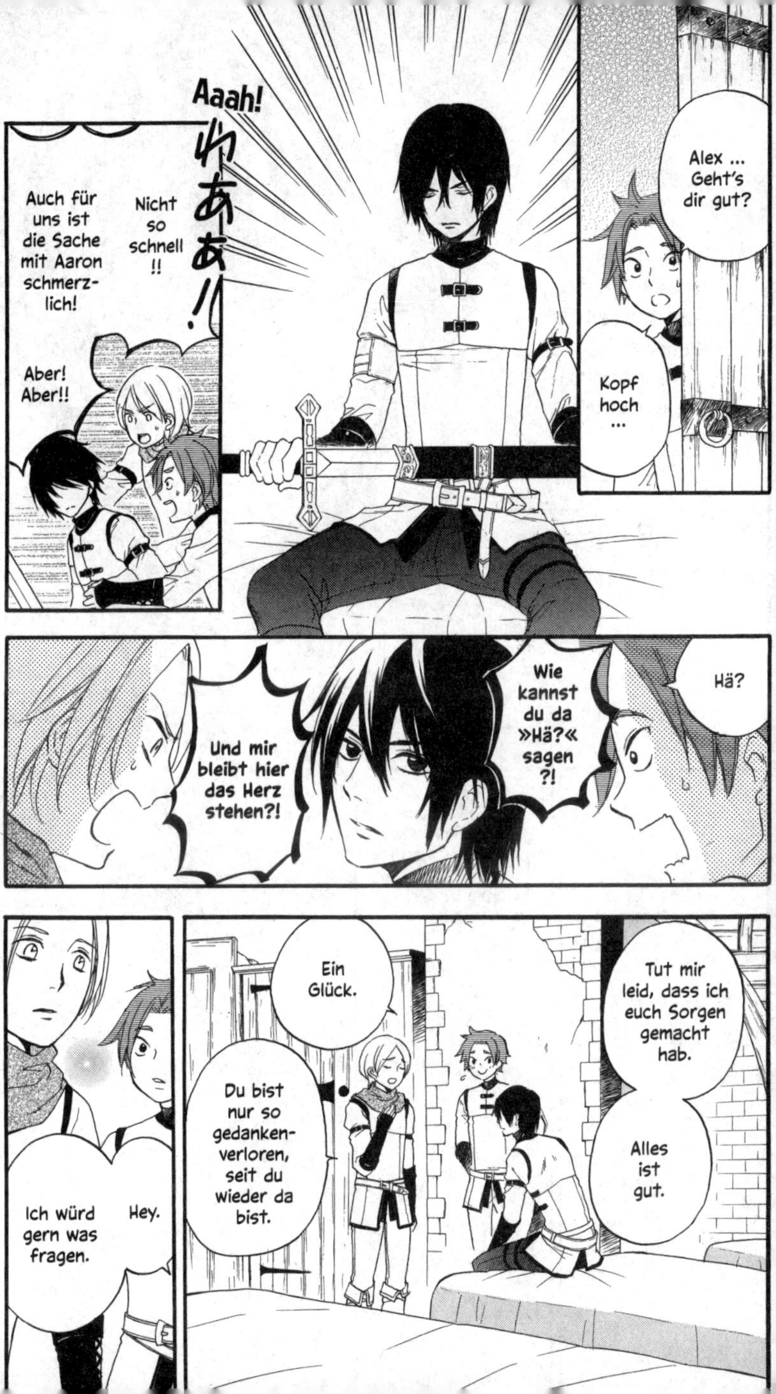
Alex ... Geht's dir gut?
Kopf hoch ...
Aaah!
わあぁ!!
Nicht so schnell !!
Auch für uns ist die Sache mit Aaron schmerzlich!
Aber! Aber!!
Hä?
Wie kannst du da »Hä?« sagen ?!
Und mir bleibt hier das Herz stehen?!
Tut mir leid, dass ich euch Sorgen gemacht hab.
Alles ist gut.
Ein Glück.
Du bist nur so gedanken-verloren, seit du wieder da bist.
Hey.
Ich würd gern was fragen.

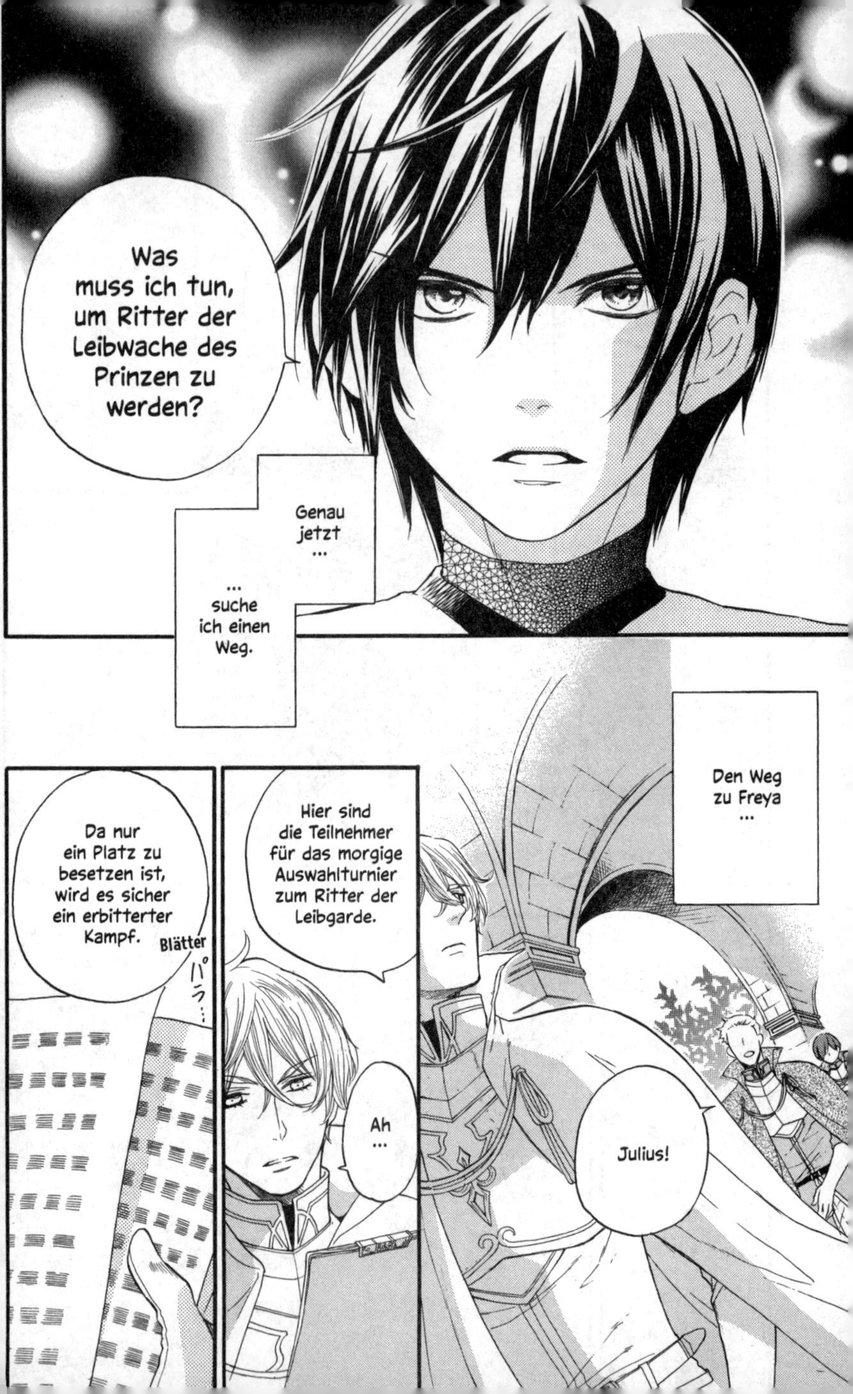
Was muss ich tun, um Ritter der Leibwache des Prinzen zu werden?
Genau jetzt ...
... suche ich einen Weg.
Den Weg zu Freya ...
Julius!
Hier sind die Teilnehmer für das morgige Auswahlturnier zum Ritter der Leibgarde.
Ah ...
Da nur ein Platz zu besetzen ist, wird es sicher ein erbitterter Kampf.
Blätter
パラ…

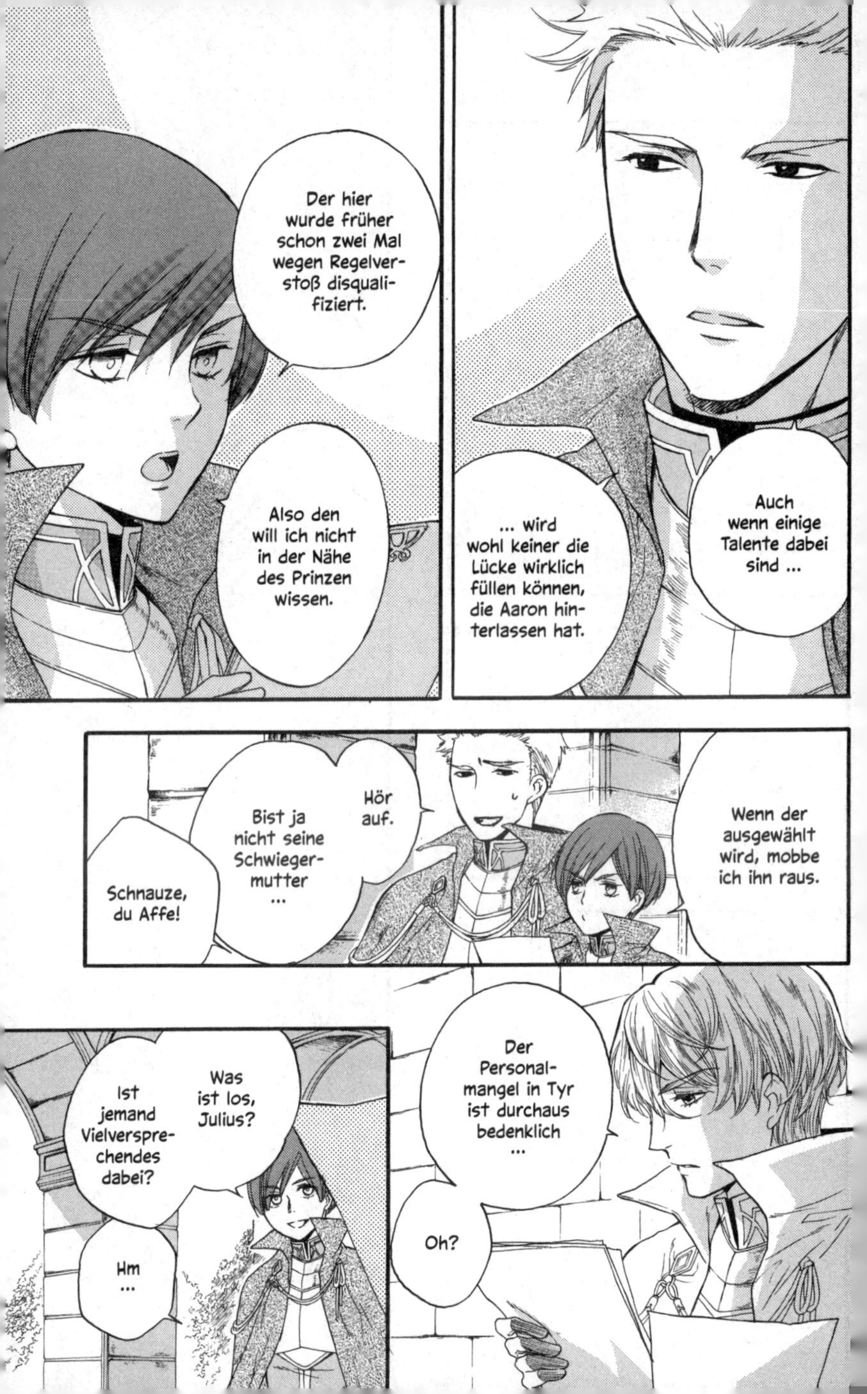
Auch wenn einige Talente dabei sind ...
... wird wohl keiner die Lücke wirklich füllen können, die Aaron hinterlassen hat.
Der hier wurde früher schon zwei Mal wegen Regelverstoß disqualifiziert.
Also den will ich nicht in der Nähe des Prinzen wissen.
Wenn der ausgewählt wird, mobbe ich ihn raus.
Hör auf.
Bist ja nicht seine Schwiegermutter ...
Schnauze, du Affe!
Der Personalmangel in Tyr ist durchaus bedenklich ...
Oh?
Was ist los, Julius?
Ist jemand Vielversprechendes dabei?
Hm ...

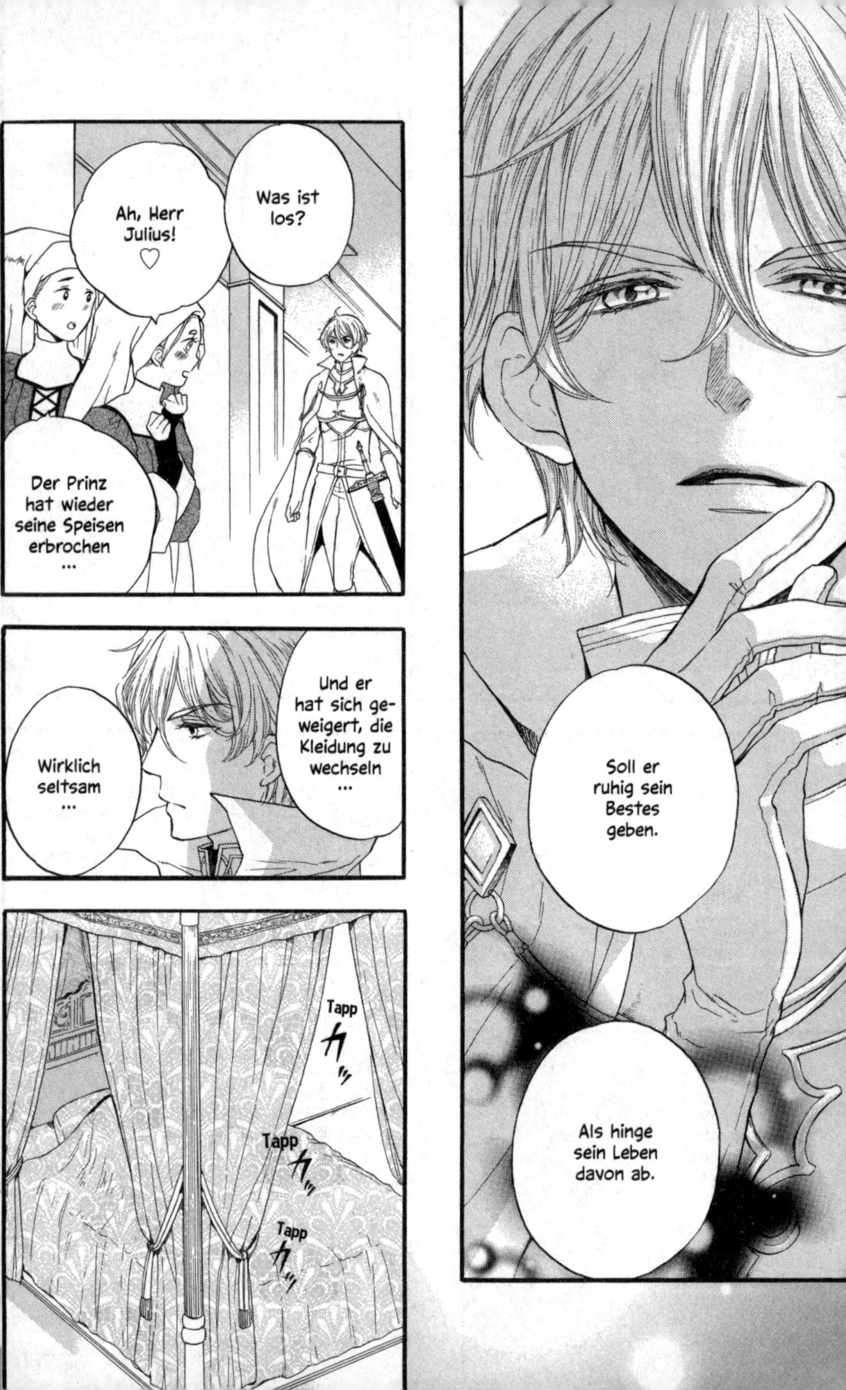
Soll er ruhig sein Bestes geben.
Als hinge sein Leben davon ab.
Was ist los?
Ah, Herr Julius! ♡
Der Prinz hat wieder seine Speisen erbrochen ...
Und er hat sich geweigert, die Kleidung zu wechseln ...
Wirklich seltsam ...
Tapp
Tapp
Tapp

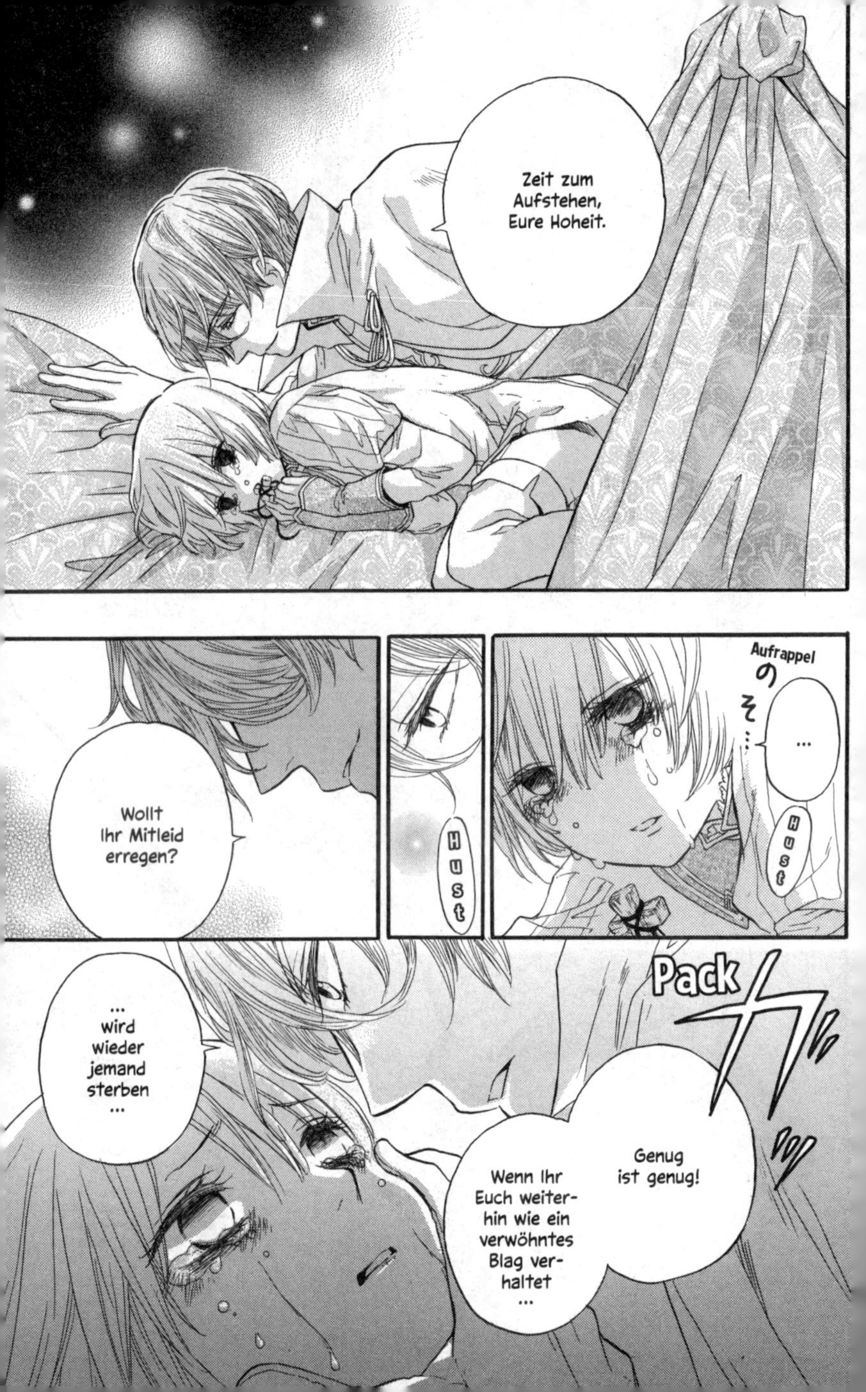
Zeit zum Aufstehen, Eure Hoheit.
Aufrappel
のそ…
...
Hust
Hust
Wollt Ihr Mitleid erregen?
Pack
Genug ist genug!
Wenn Ihr Euch weiter-hin wie ein verwöhntes Blag ver-haltet ...
... wird wieder jemand sterben ...

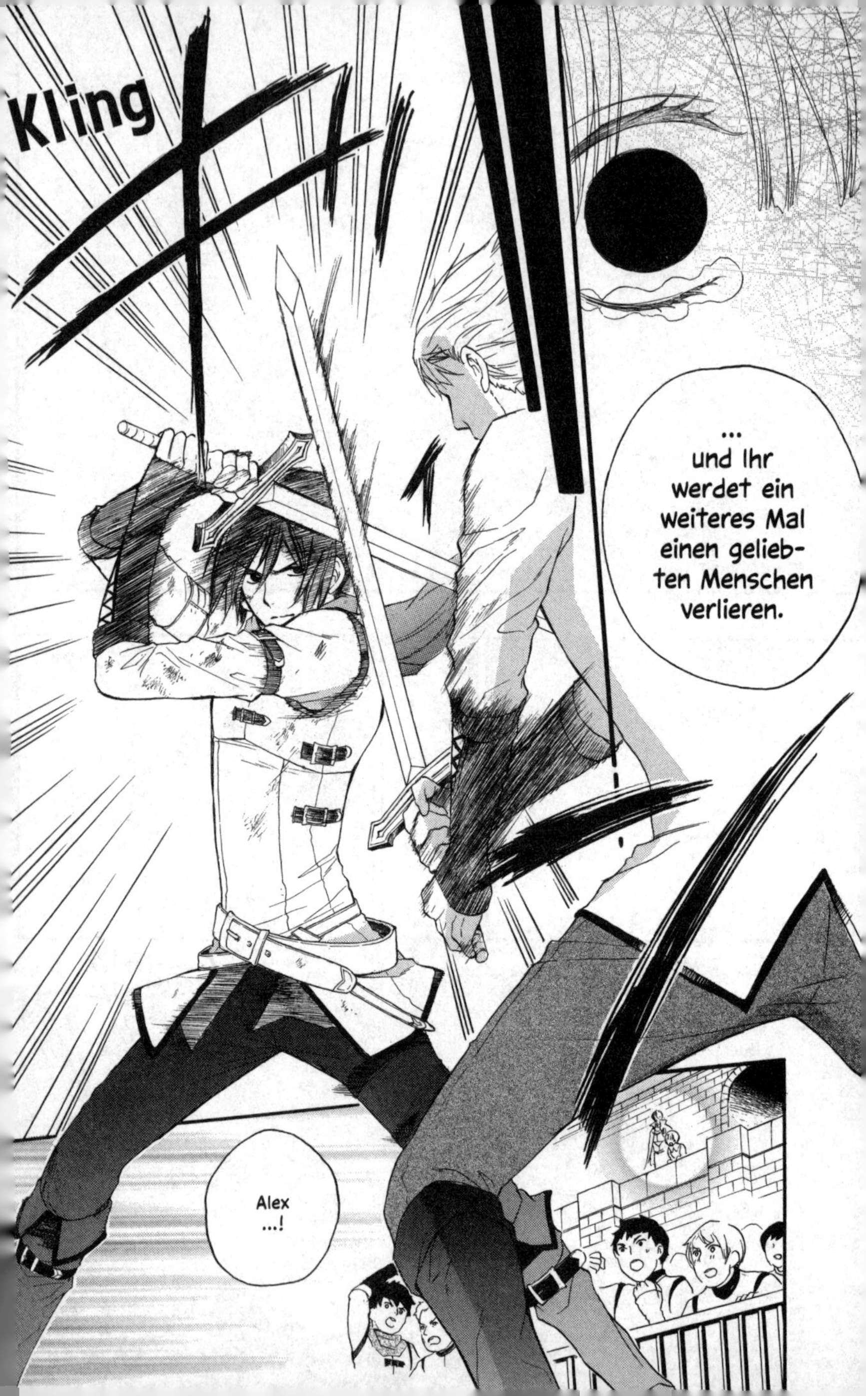
Kling
... und Ihr werdet ein weiteres Mal einen gelieb-ten Menschen verlieren.
Alex ...!

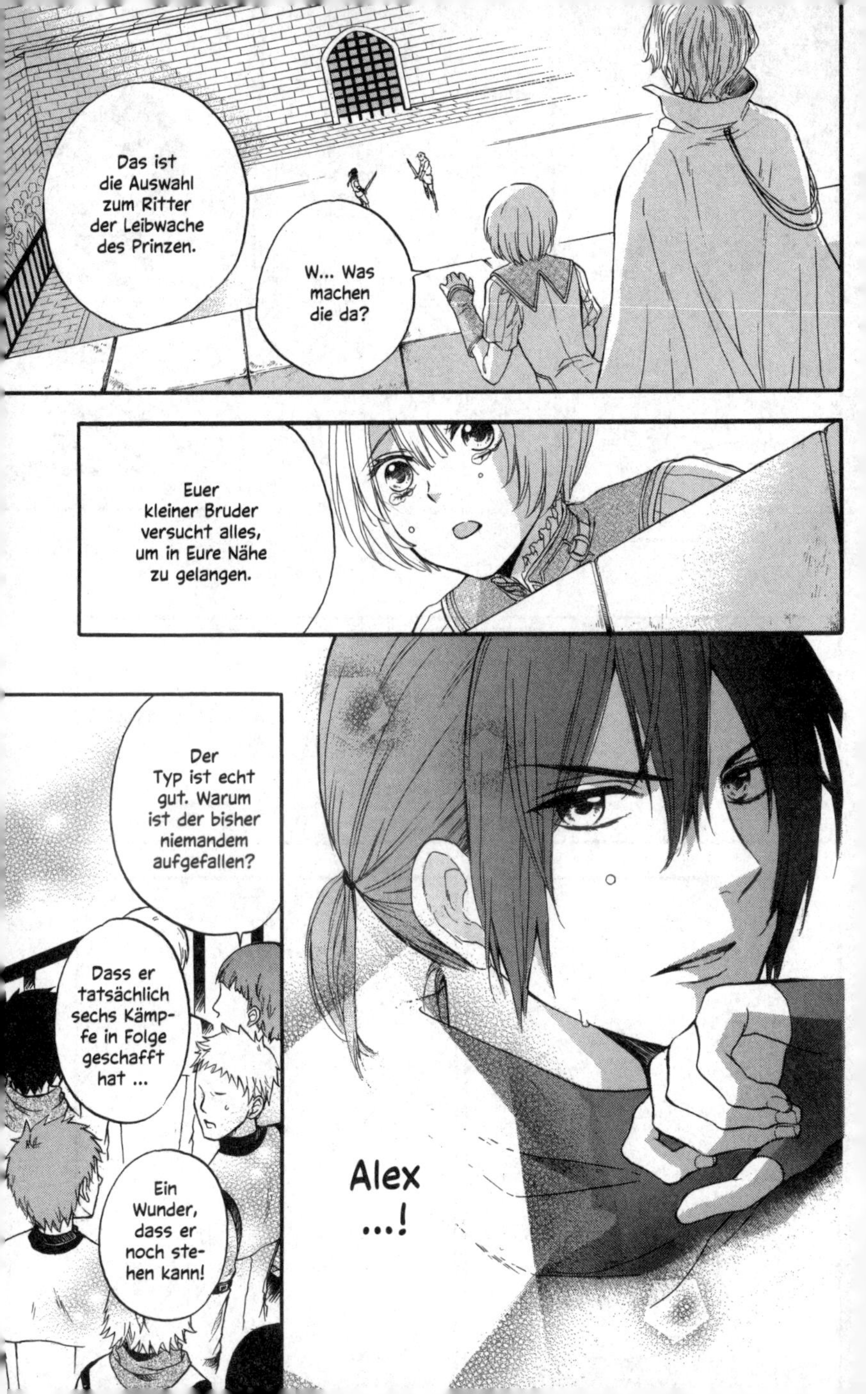
W... Was machen die da?
Das ist die Auswahl zum Ritter der Leibwache des Prinzen.
Euer kleiner Bruder versucht alles, um in Eure Nähe zu gelangen.
Der Typ ist echt gut. Warum ist der bisher niemandem aufgefallen?
Dass er tatsächlich sechs Kämpfe in Folge geschafft hat ...
Ein Wunder, dass er noch stehen kann!
Alex ...!

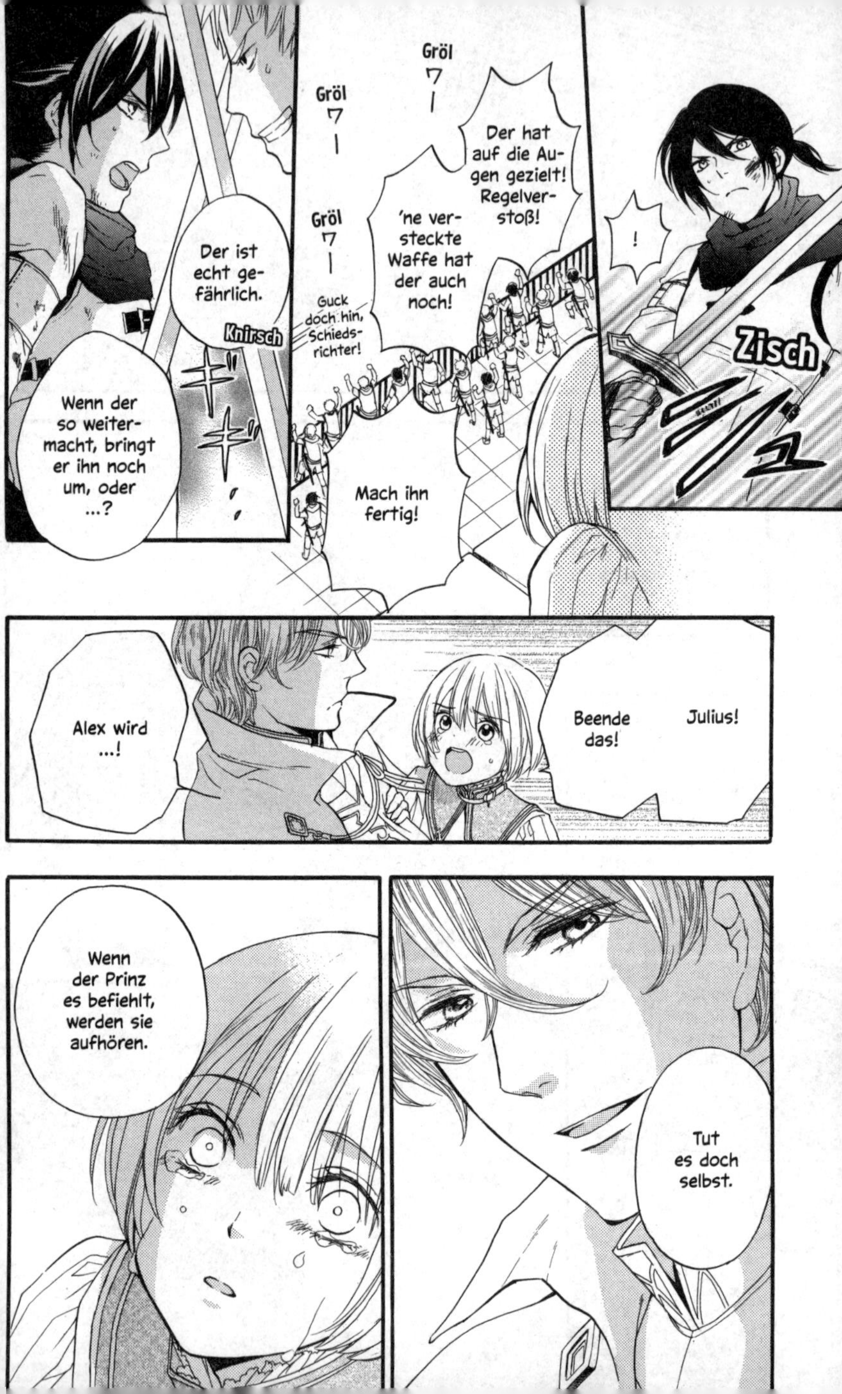
!
Zisch
Der hat auf die Augen gezielt! Regelverstoß!
Gröl
Gröl
'ne versteckte Waffe hat der auch noch!
Gröl
Guck doch hin, Schiedsrichter!
Mach ihn fertig!
Der ist echt gefährlich.
Knirsch
Wenn der so weitermacht, bringt er ihn noch um, oder ...?
Julius!
Beende das!
Alex wird ...!
Tut es doch selbst.
Wenn der Prinz es befiehlt, werden sie aufhören.

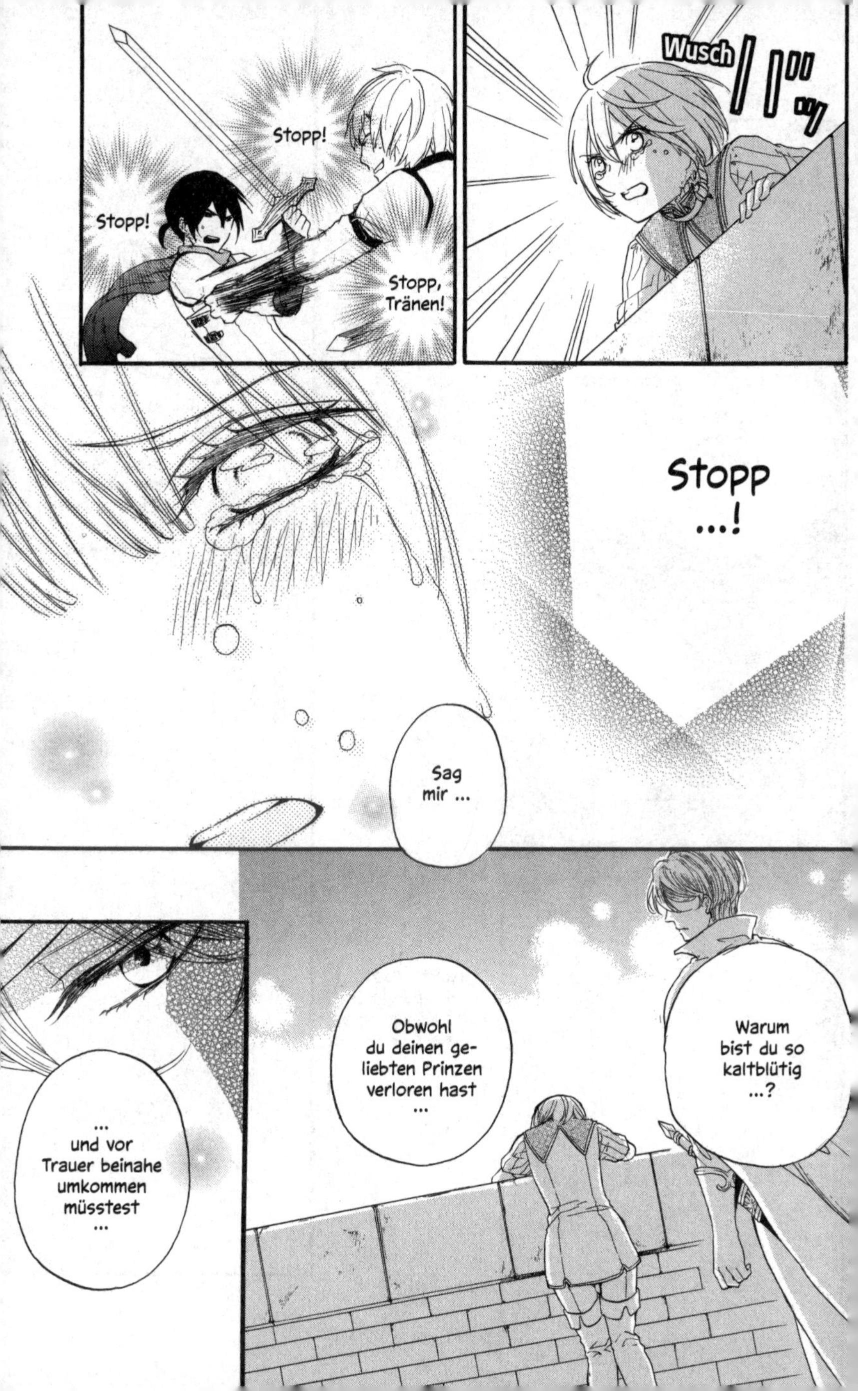
Wusch
Stopp!
Stopp!
Stopp, Tränen!
Stopp ...!
Sag mir ...
Warum bist du so kaltblütig ...?
Obwohl du deinen ge-liebten Prinzen verloren hast ...
... und vor Trauer beinahe umkommen müsstest ...

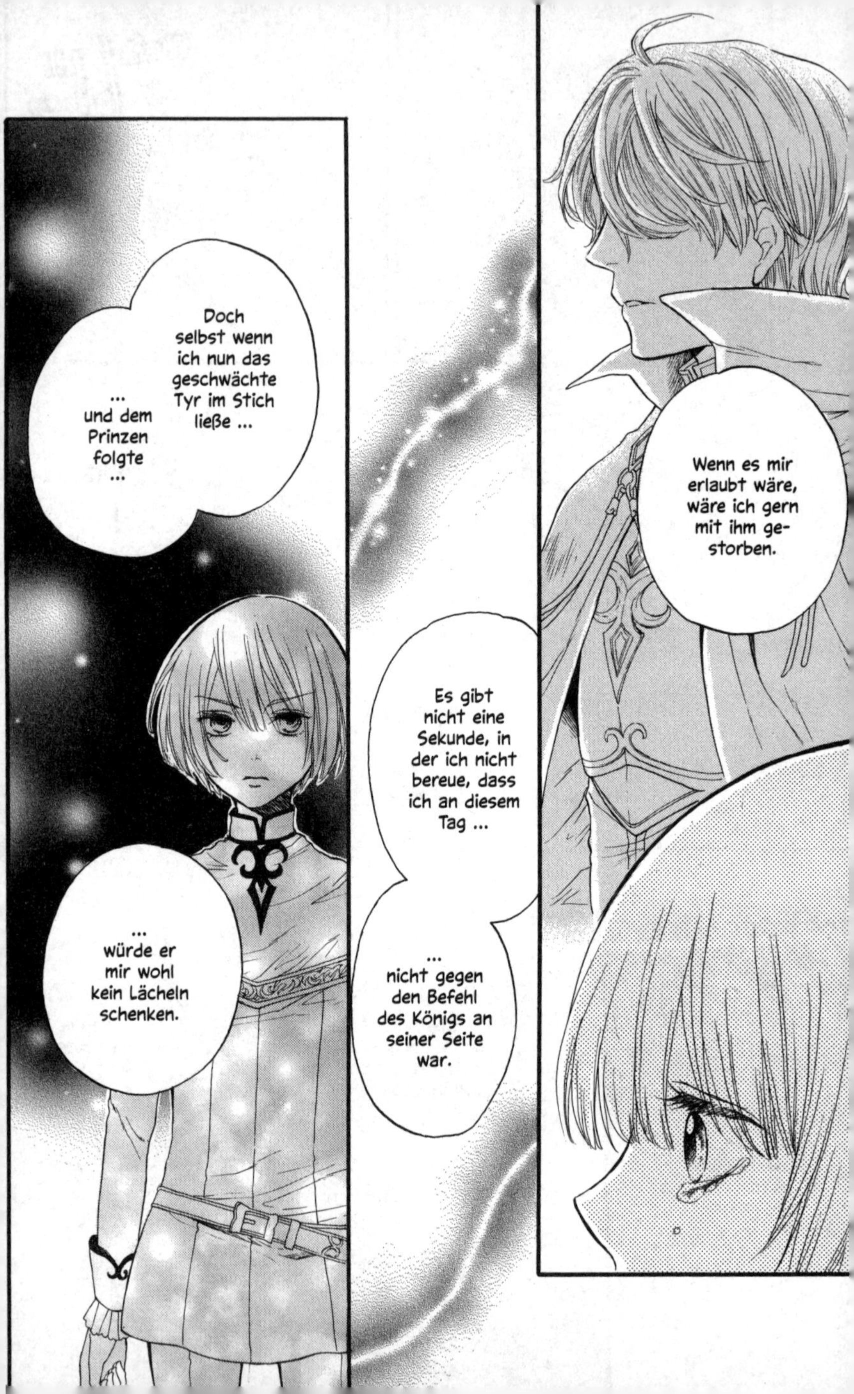
Wenn es mir erlaubt wäre, wäre ich gern mit ihm gestorben.
Es gibt nicht eine Sekunde, in der ich nicht bereue, dass ich an diesem Tag ...
... nicht gegen den Befehl des Königs an seiner Seite war.
Doch selbst wenn ich nun das geschwächte Tyr im Stich ließe ...
... und dem Prinzen folgte ...
... würde er mir wohl kein Lächeln schenken.

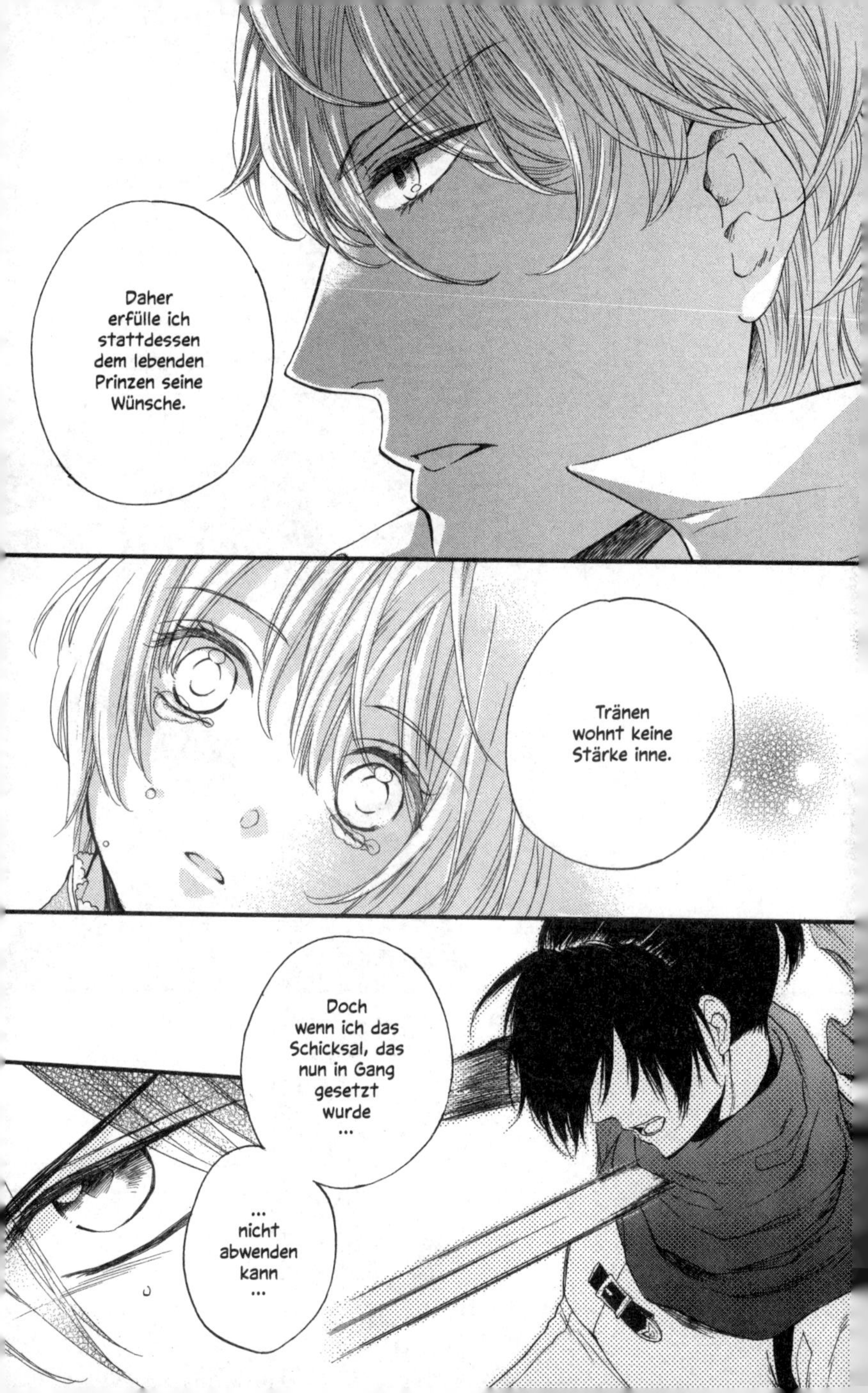
Daher erfülle ich stattdessen dem lebenden Prinzen seine Wünsche.
Tränen wohnt keine Stärke inne.
Doch wenn ich das Schicksal, das nun in Gang gesetzt wurde ...
... nicht abwenden kann ...

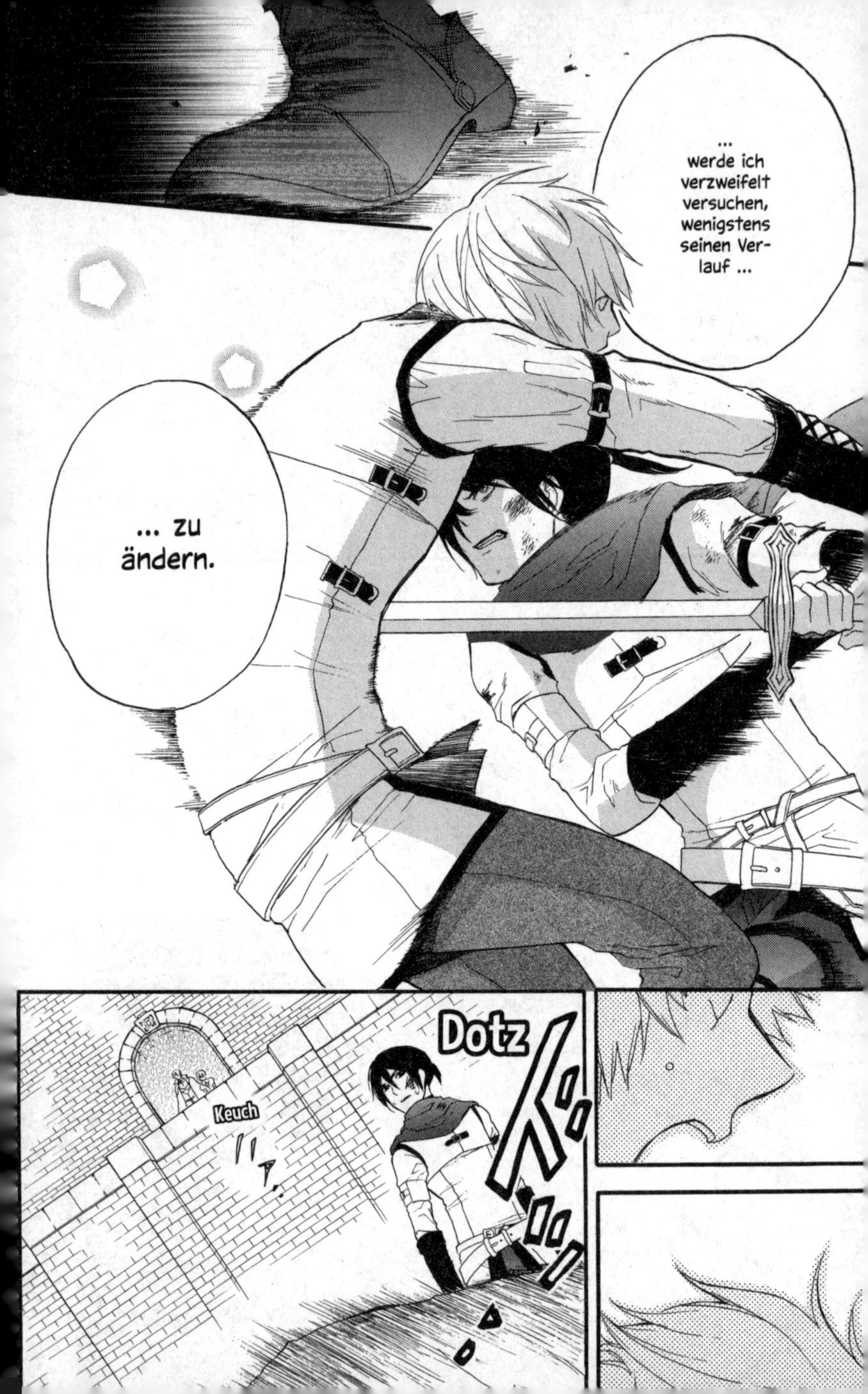
... werde ich verzweifelt versuchen, wenigstens seinen Verlauf ...
... zu ändern.
Dotz
Keuch

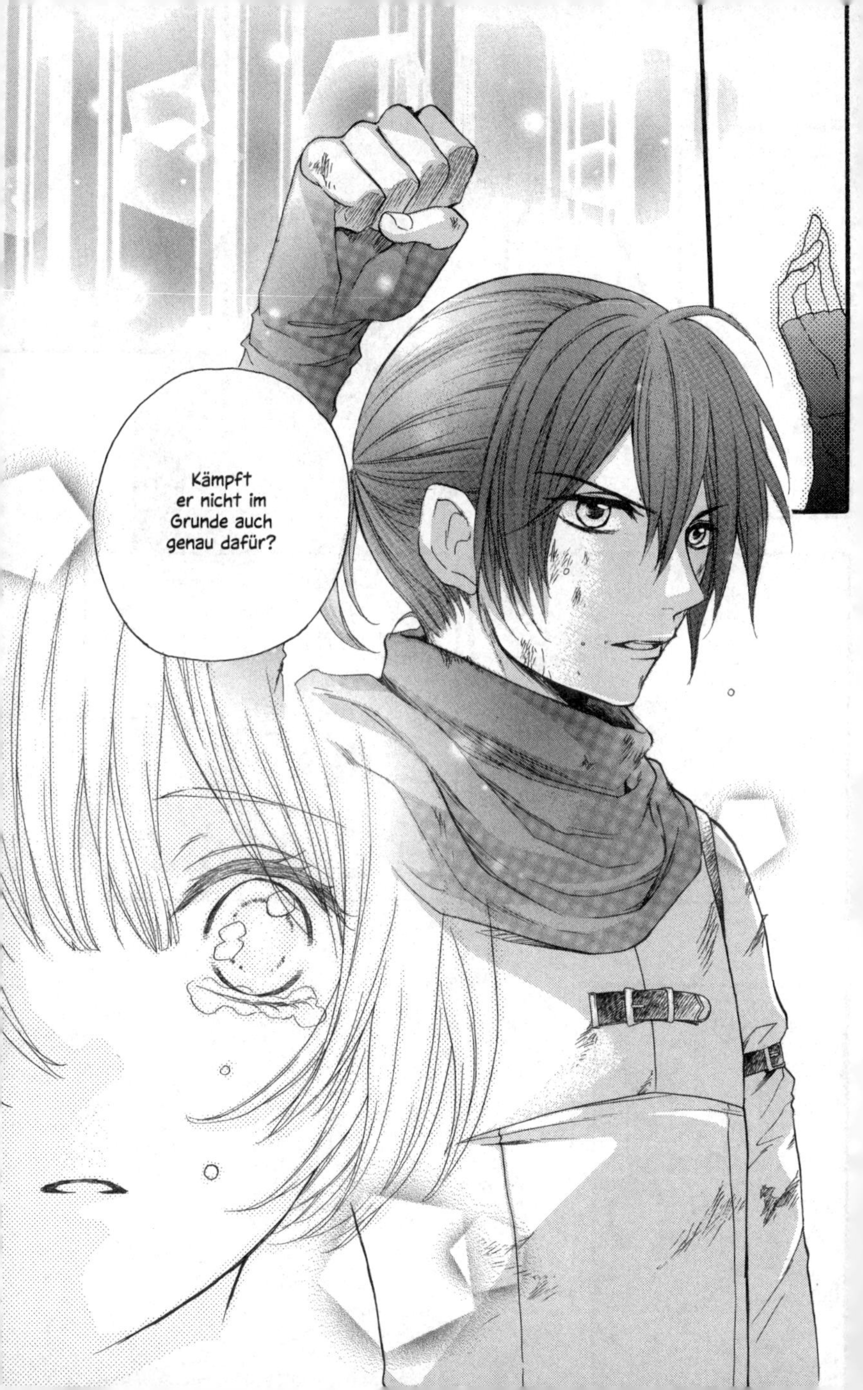
Kämpft er nicht im Grunde auch genau dafür?

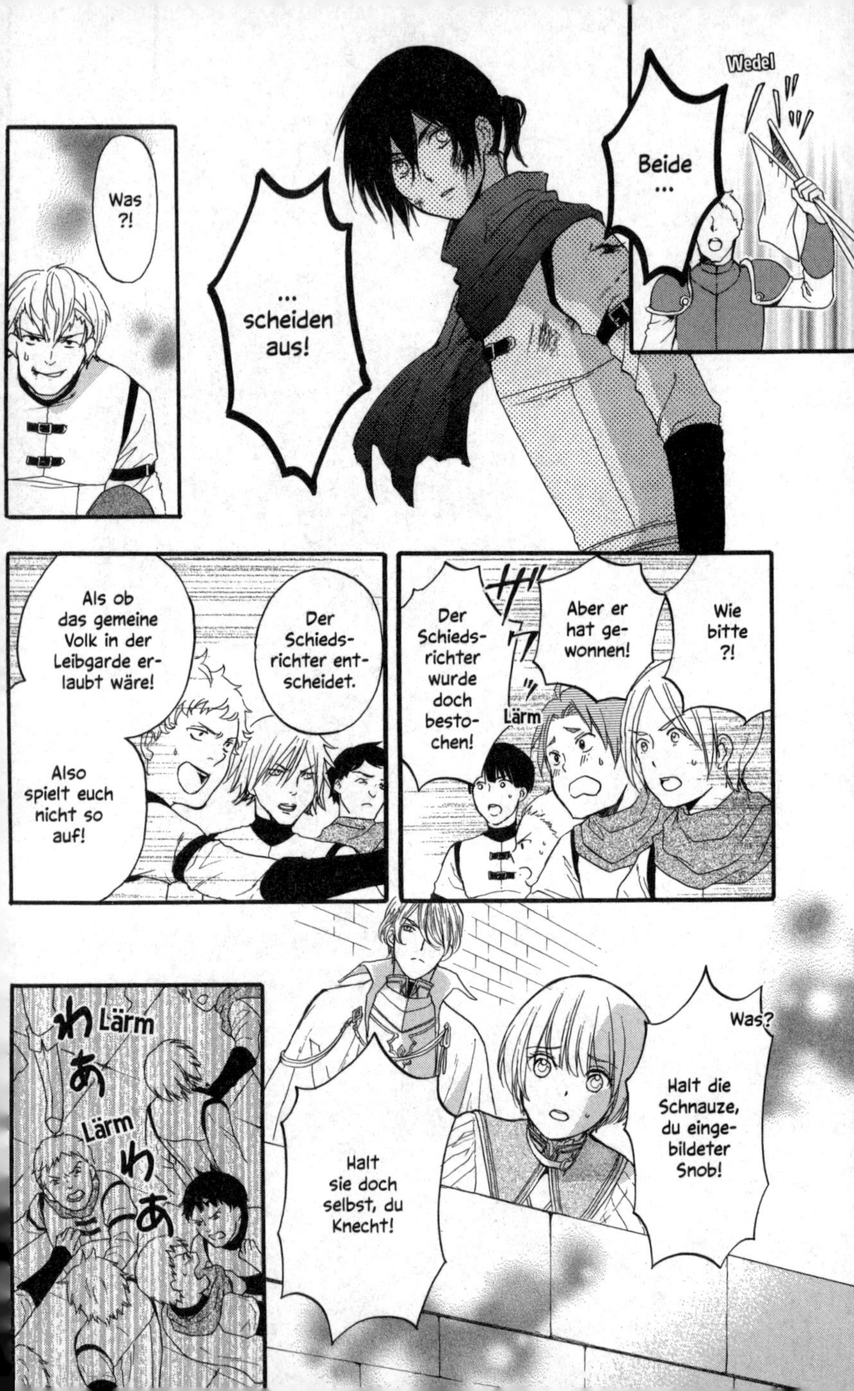
Wedel
Beide ...
... scheiden aus!
Was ?!
Wie bitte ?!
Aber er hat gewonnen!
Der Schiedsrichter wurde doch bestochen!
Lärm
Der Schiedsrichter entscheidet.
Als ob das gemeine Volk in der Leibgarde erlaubt wäre!
Also spielt euch nicht so auf!
Was?
Halt die Schnauze, du eingebildeter Snob!
Halt sie doch selbst, du Knecht!
Lärm
Lärm

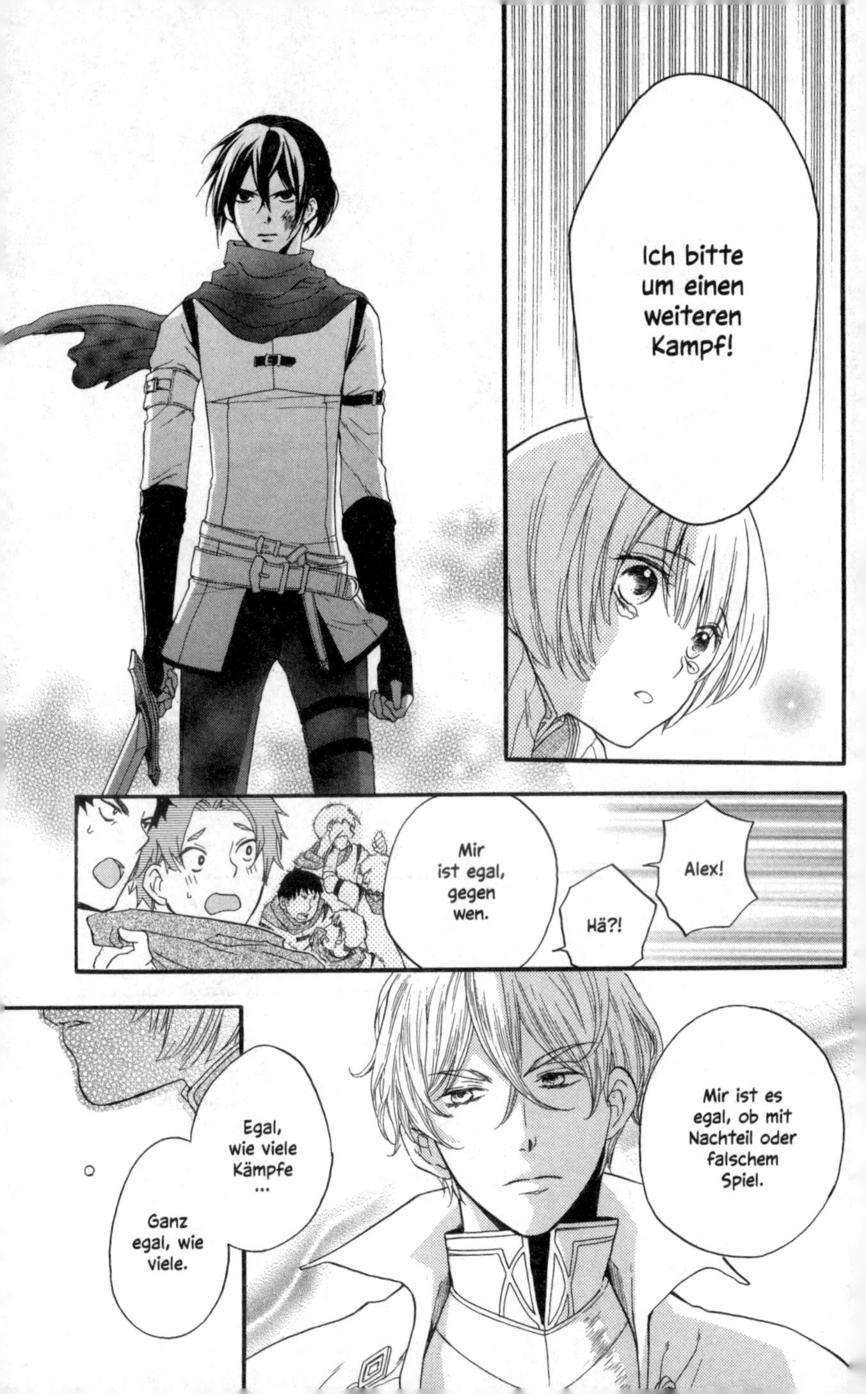
Ich bitte um einen weiteren Kampf!
Alex!
Hä?!
Mir ist egal, gegen wen.
Mir ist es egal, ob mit Nachteil oder falschem Spiel.
Egal, wie viele Kämpfe ...
Ganz egal, wie viele.

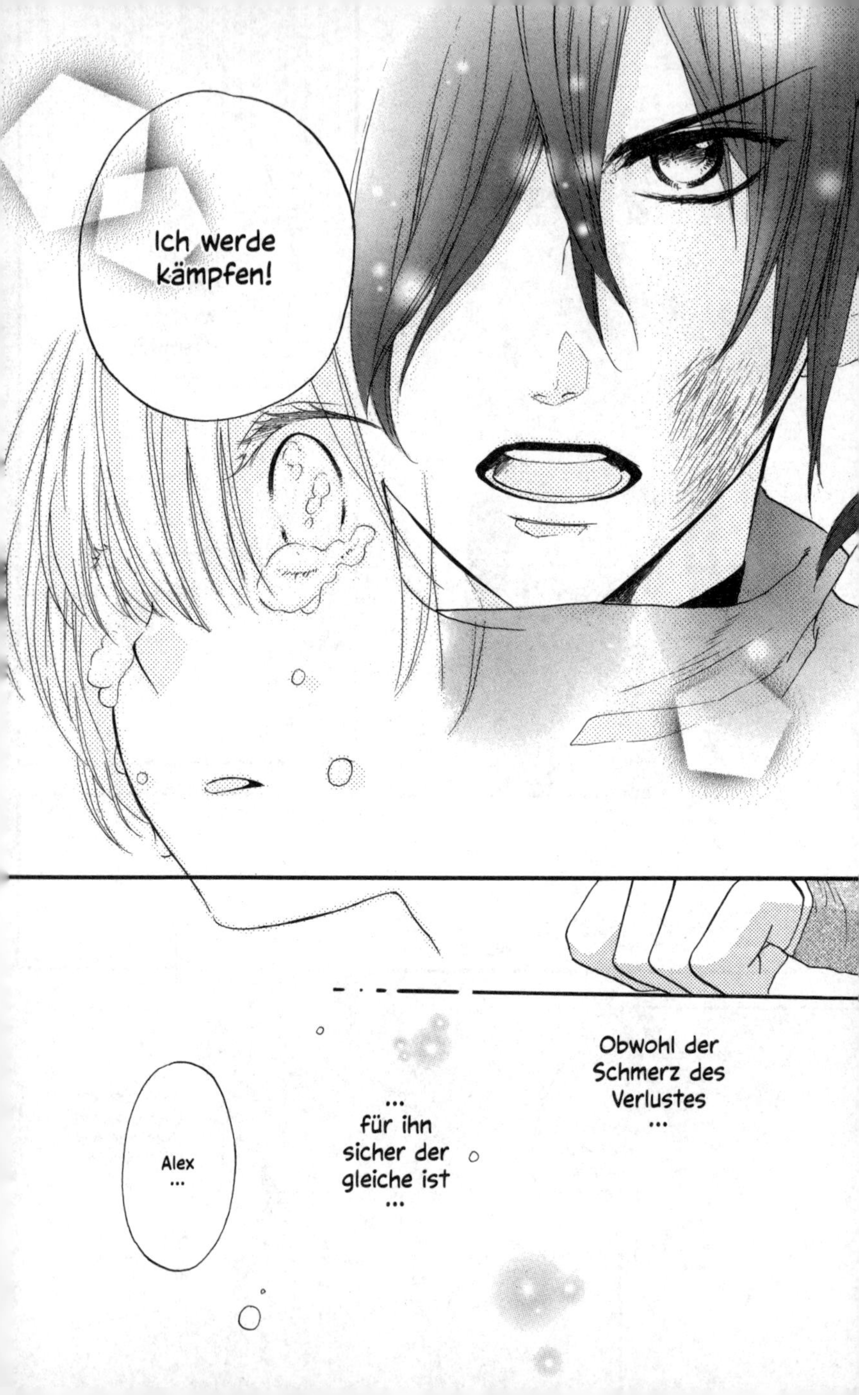
Ich werde kämpfen!
Obwohl der Schmerz des Verlustes ...
... für ihn sicher der gleiche ist ...
Alex ...

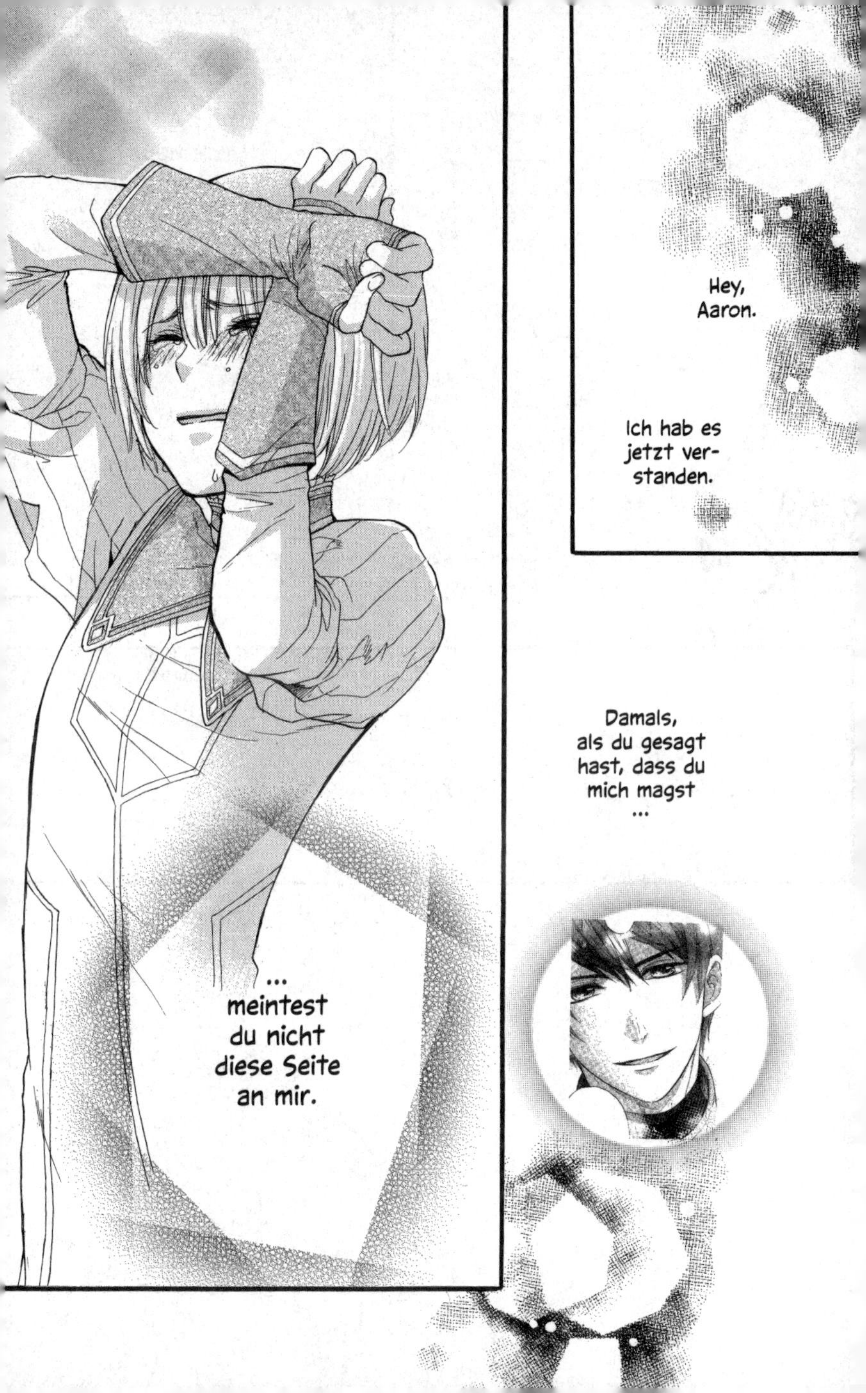
Hey, Aaron.
Ich hab es jetzt verstanden.
Damals, als du gesagt hast, dass du mich magst ...
... meintest du nicht diese Seite an mir.

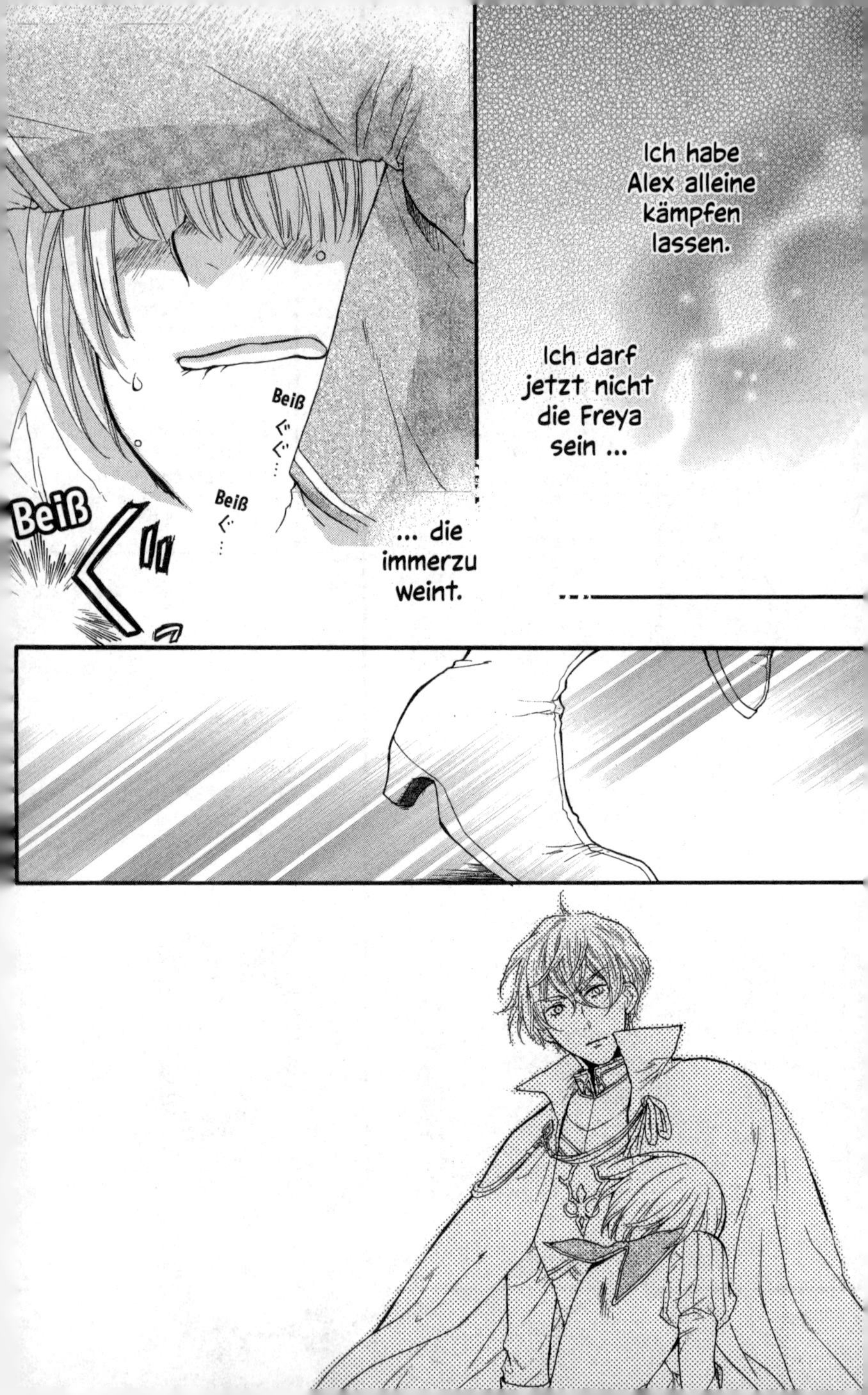

Ich habe Alex alleine kämpfen lassen.
Ich darf jetzt nicht die Freya sein ...
... die immerzu weint.
Beiß
Beiß
Beiß

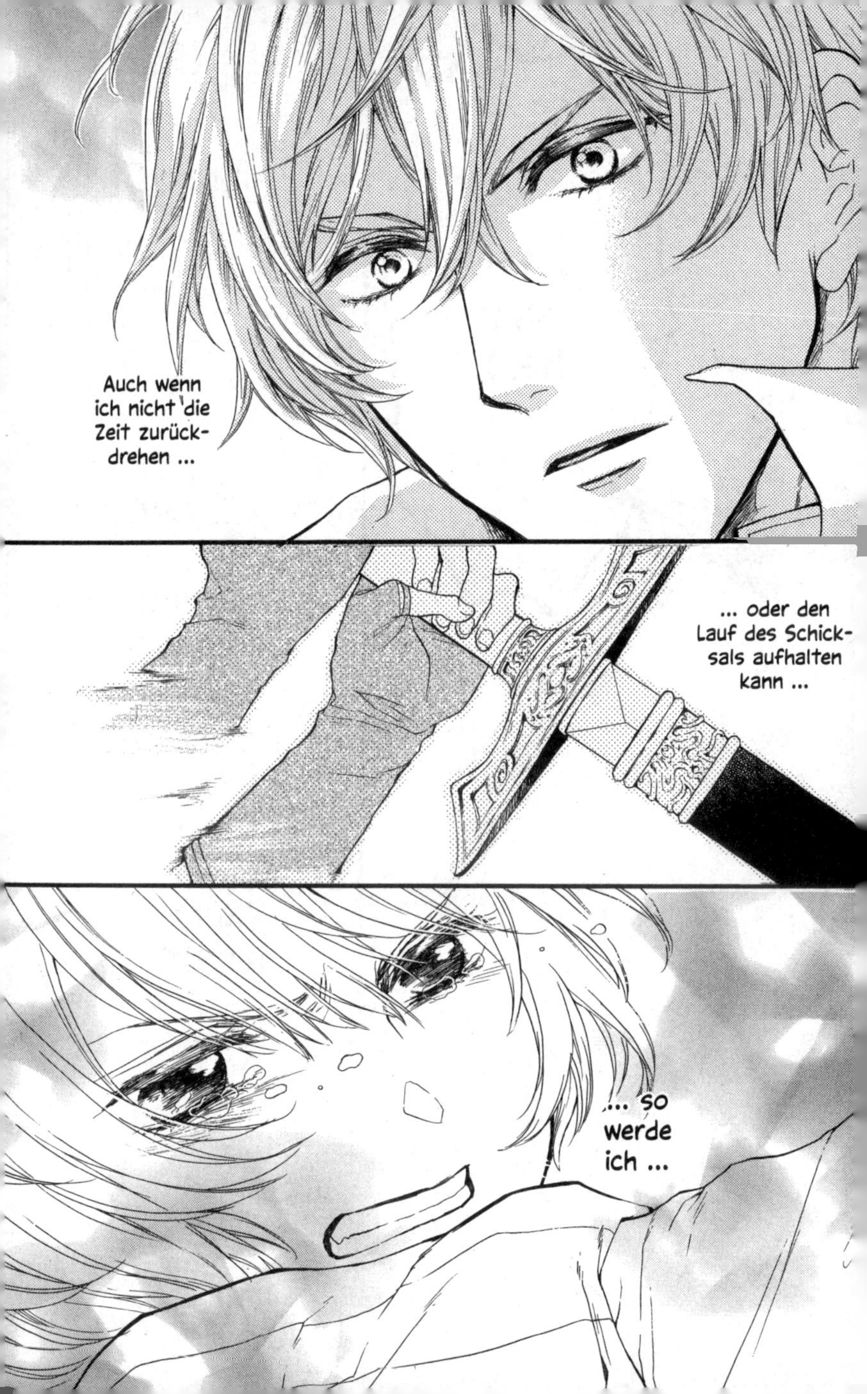
Auch wenn ich nicht die Zeit zurückdrehen ...
... oder den Lauf des Schicksals aufhalten kann ...
... so werde ich ...

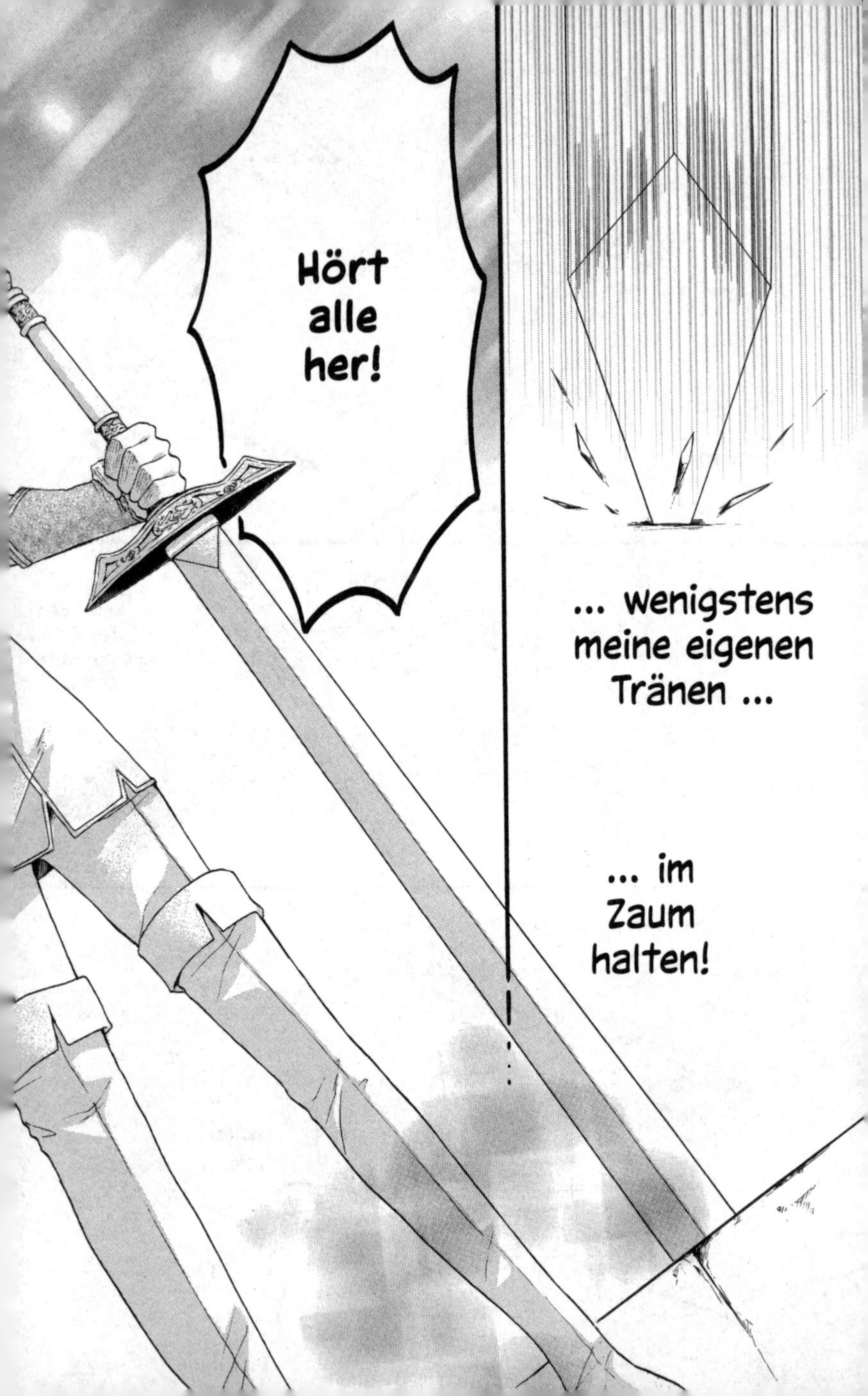
Hört alle her!
... wenigstens meine eigenen Tränen ...
... im Zaum halten!

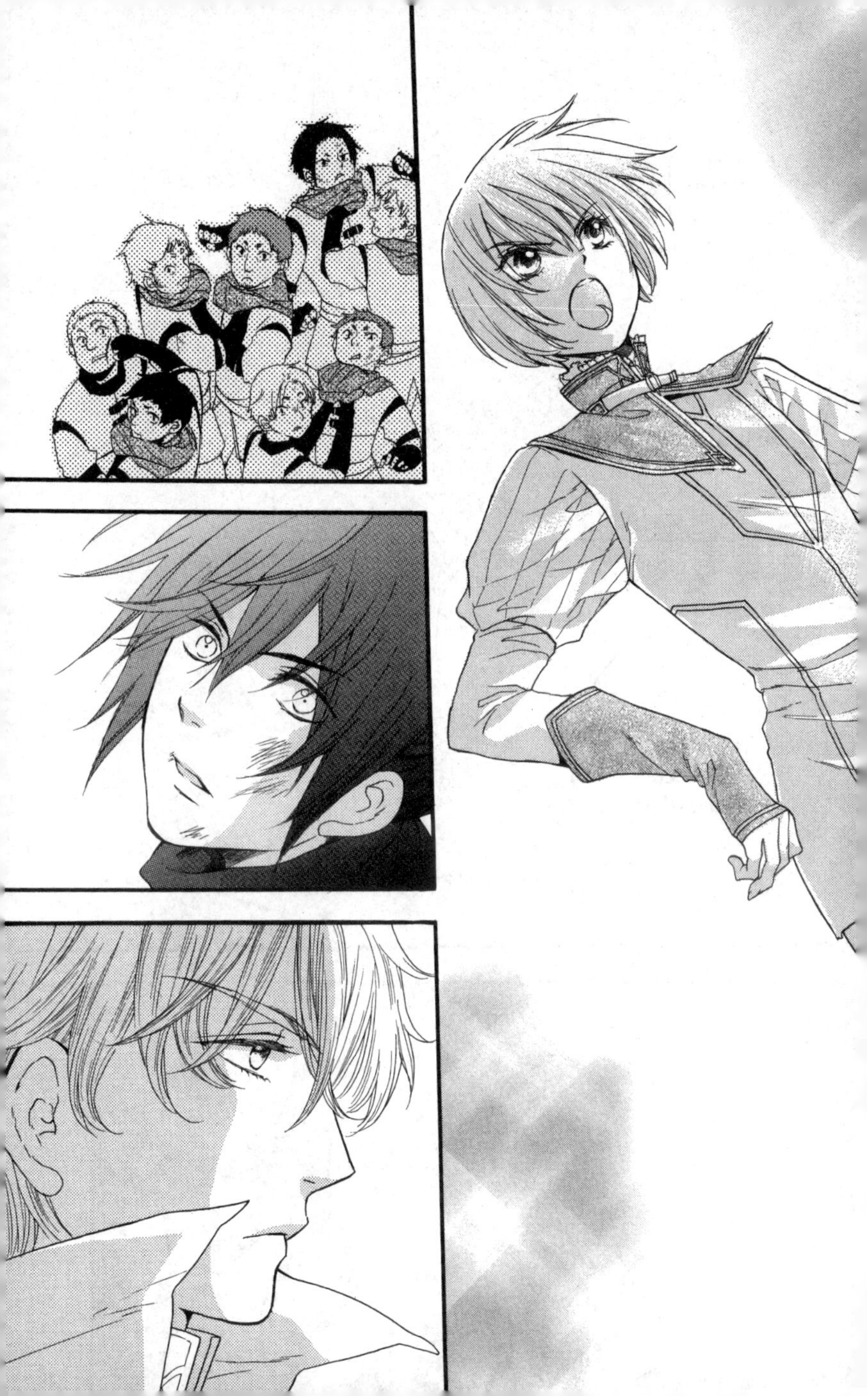

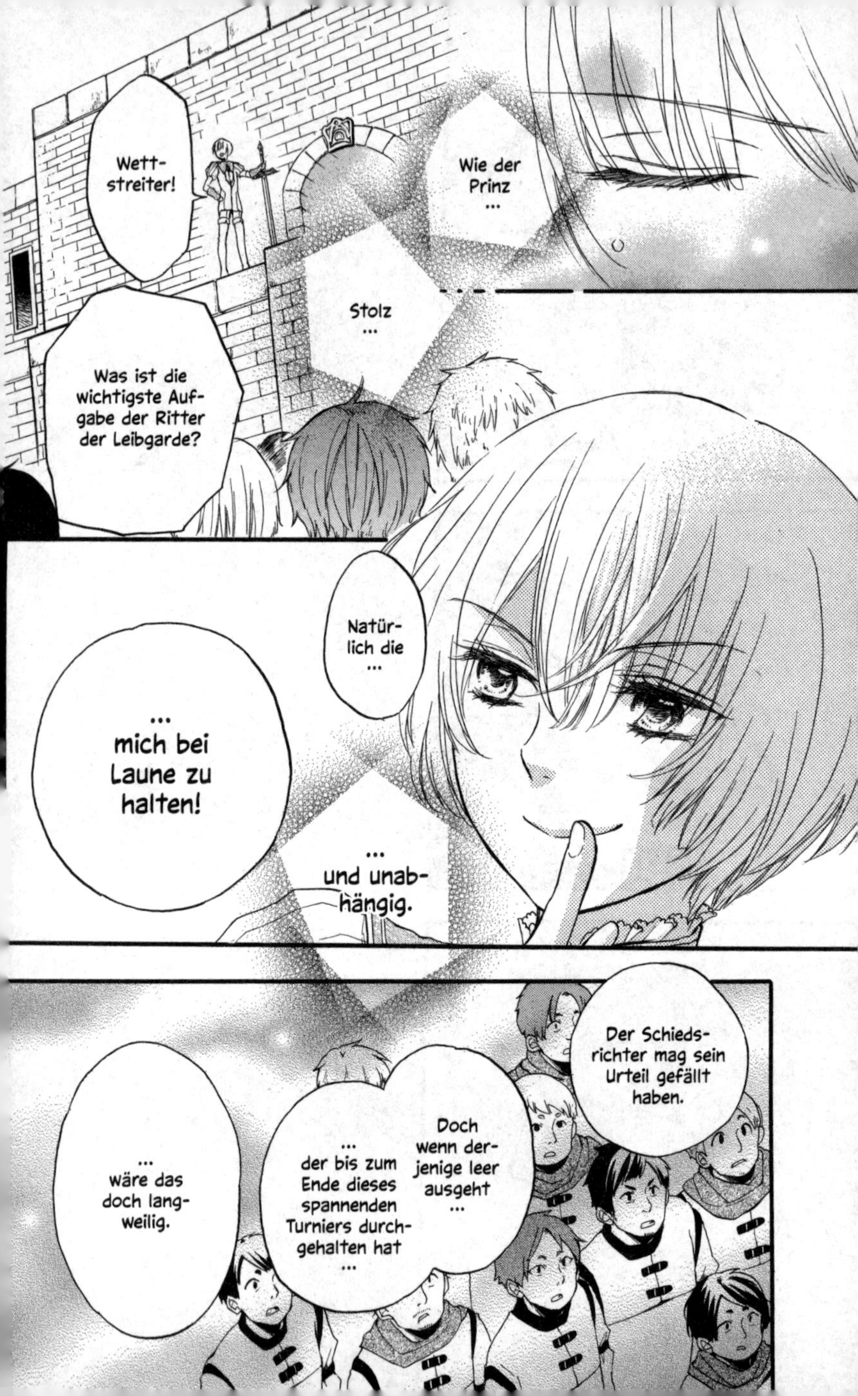
Wie der Prinz ...
Wettstreiter!
Stolz ...
Was ist die wichtigste Aufgabe der Ritter der Leibgarde?
Natürlich die ...
... mich bei Laune zu halten!
... und unabhängig.
Der Schiedsrichter mag sein Urteil gefällt haben.
Doch wenn derjenige leer ausgeht ...
... der bis zum Ende dieses spannenden Turniers durchgehalten hat ...
... wäre das doch langweilig.

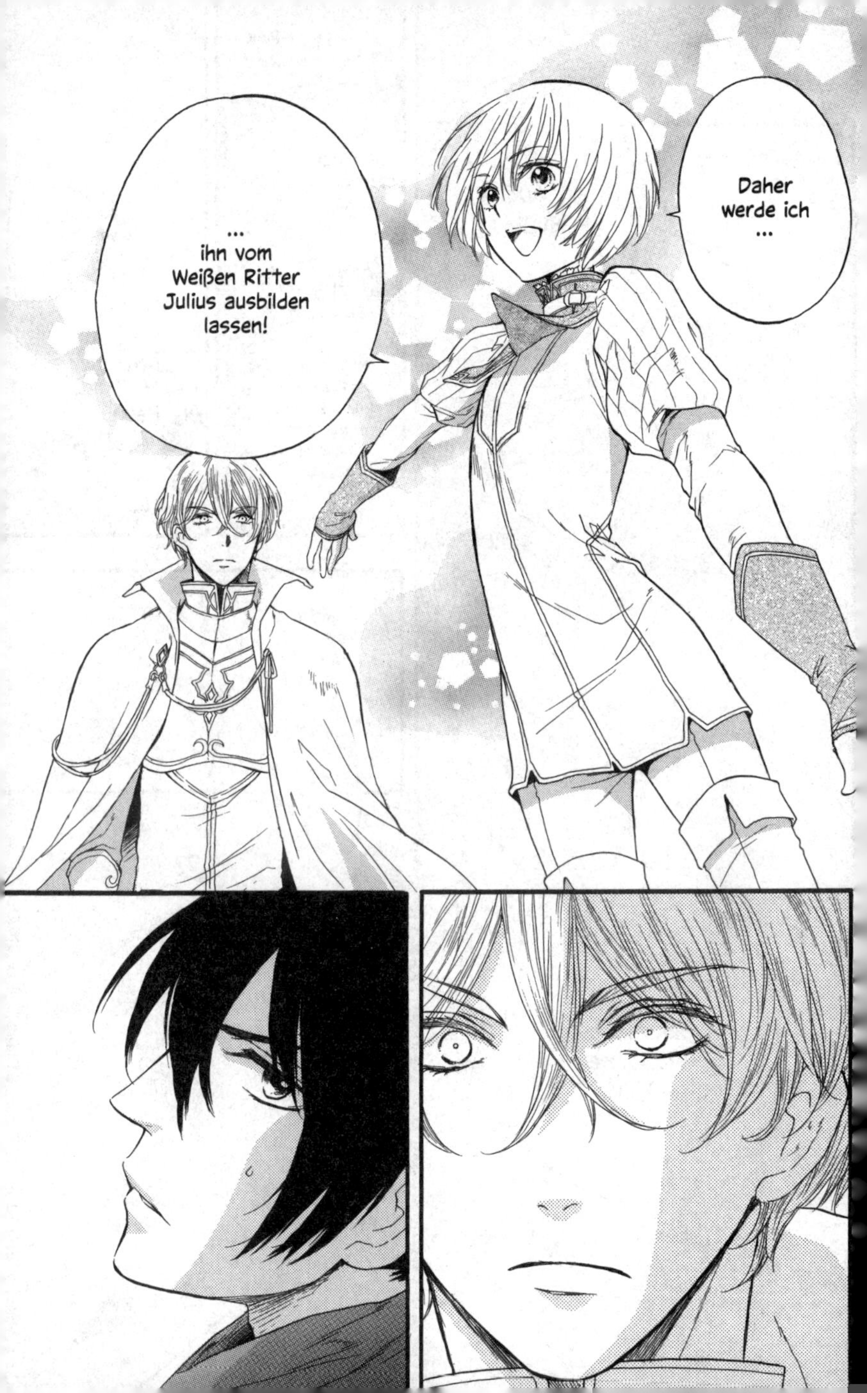
Daher werde ich ...
... ihn vom Weißen Ritter Julius ausbilden lassen!

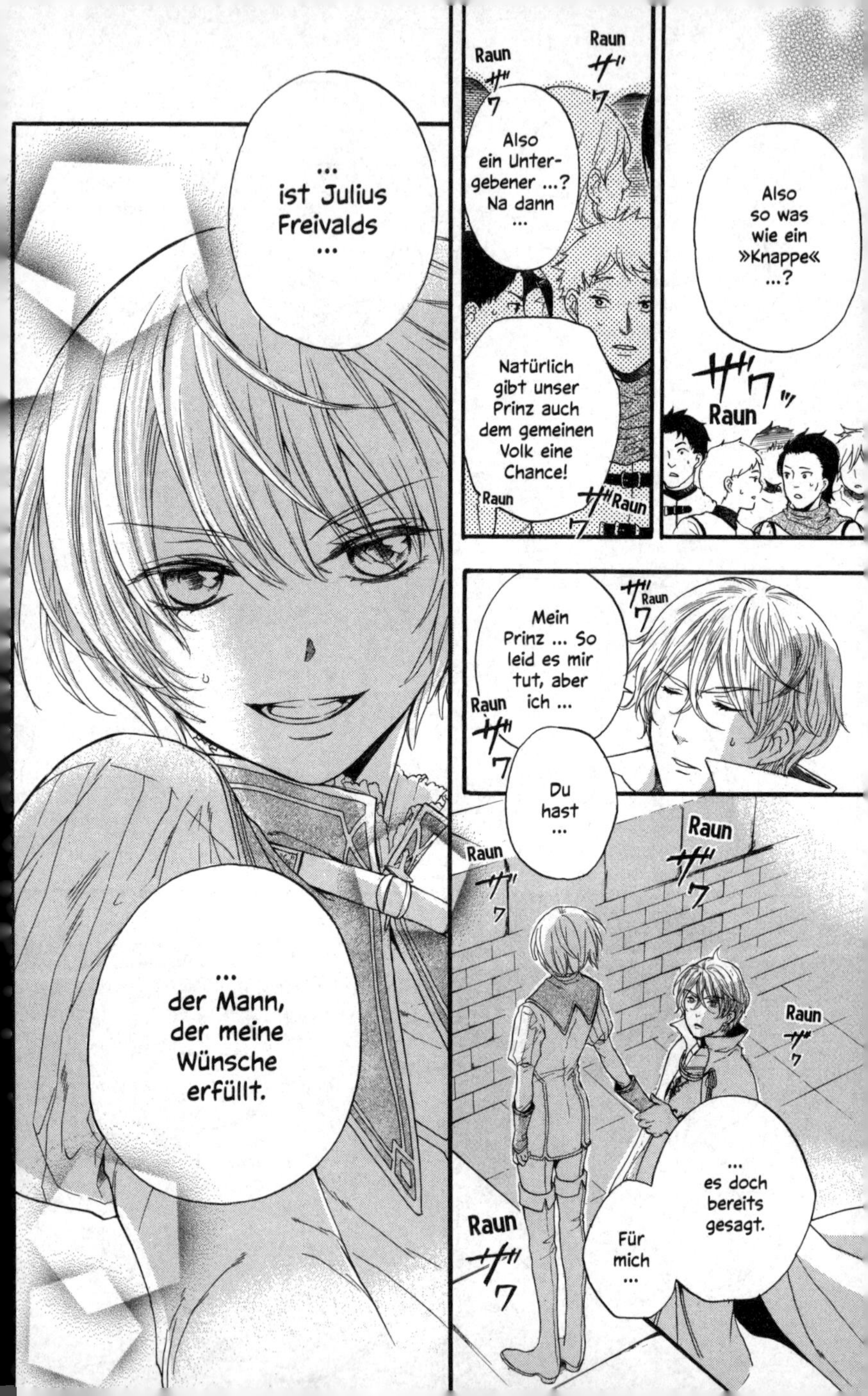
Raun
Also so was wie ein »Knappe« ...?
Raun
Raun
Also ein Untergebener ...? Na dann ...
Natürlich gibt unser Prinz auch dem gemeinen Volk eine Chance!
Raun
Raun
Raun
Mein Prinz ... So leid es mir tut, aber ich ...
Raun
Du hast ...
Raun
Raun
Raun
... es doch bereits gesagt.
Für mich ...
Raun
... ist Julius Freivalds ...
... der Mann, der meine Wünsche erfüllt.

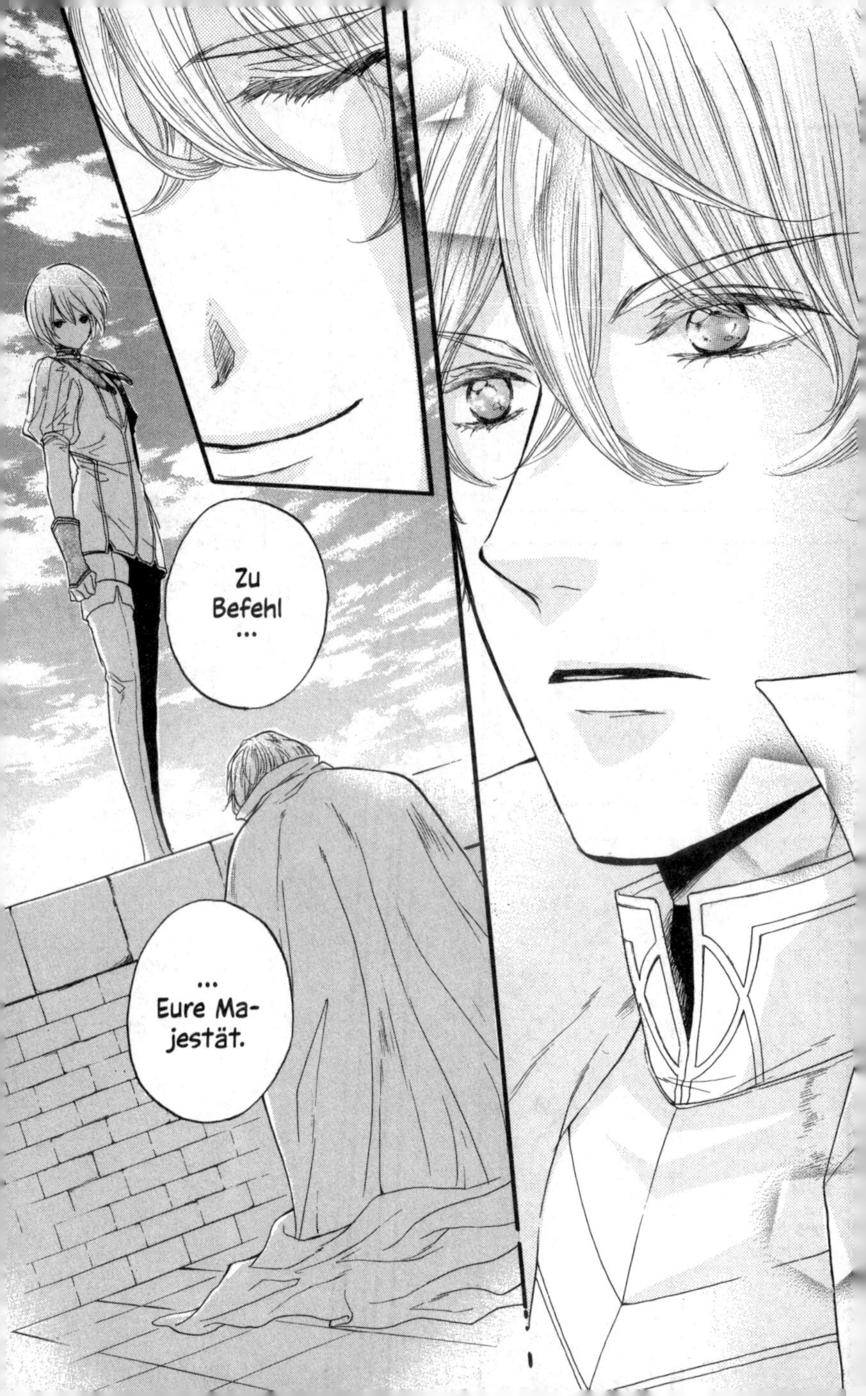
Zu Befehl ...
... Eure Majestät.

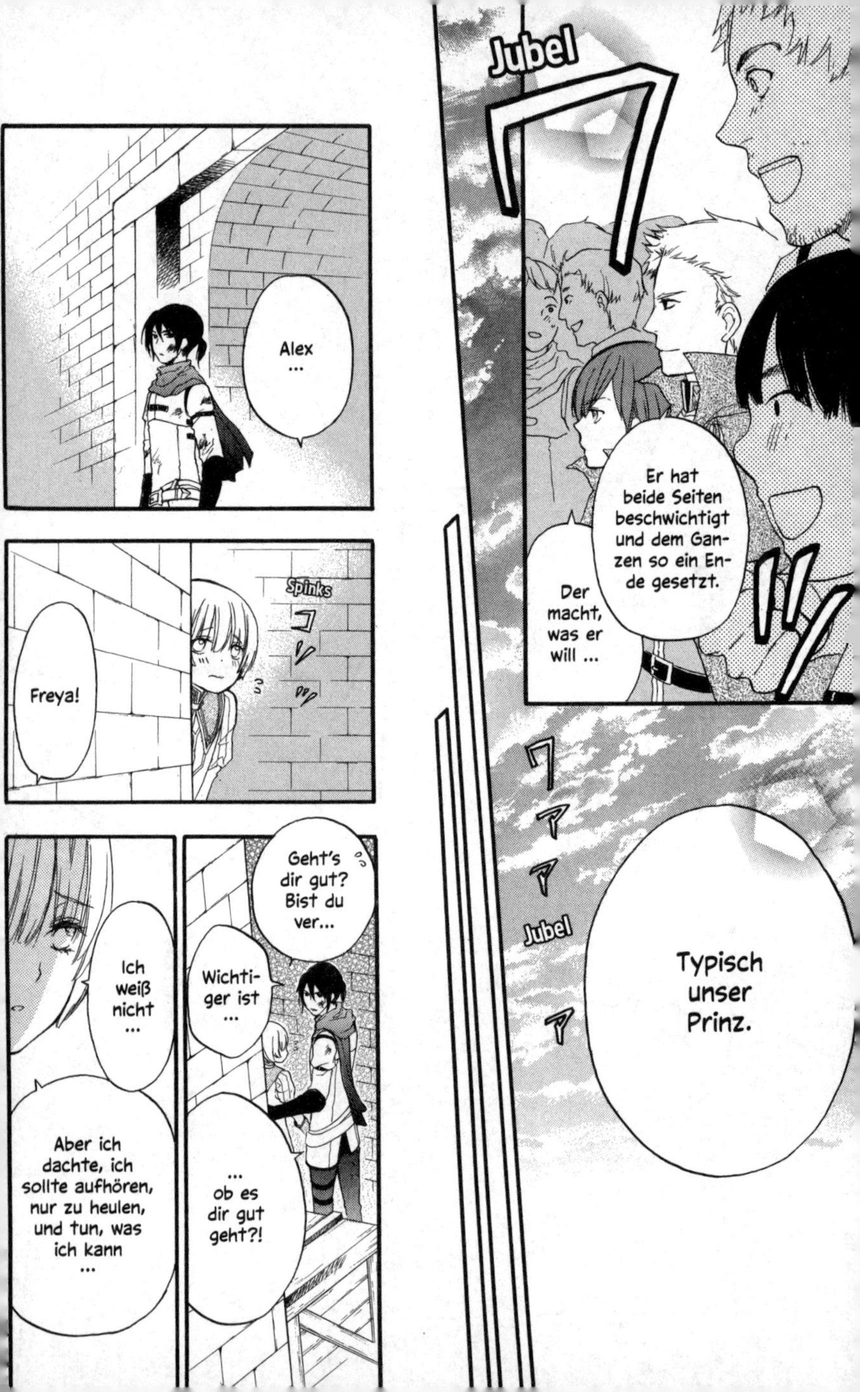
Jubel
Er hat beide Seiten beschwichtigt und dem Ganzen so ein Ende gesetzt.
Der macht, was er will ...
Jubel
Typisch unser Prinz.
Alex ...
Spinks
Freya!
Geht's dir gut? Bist du ver...
Wichtiger ist ...
... ob es dir gut geht?!
Ich weiß nicht ...
Aber ich dachte, ich sollte aufhören, nur zu heulen, und tun, was ich kann ...

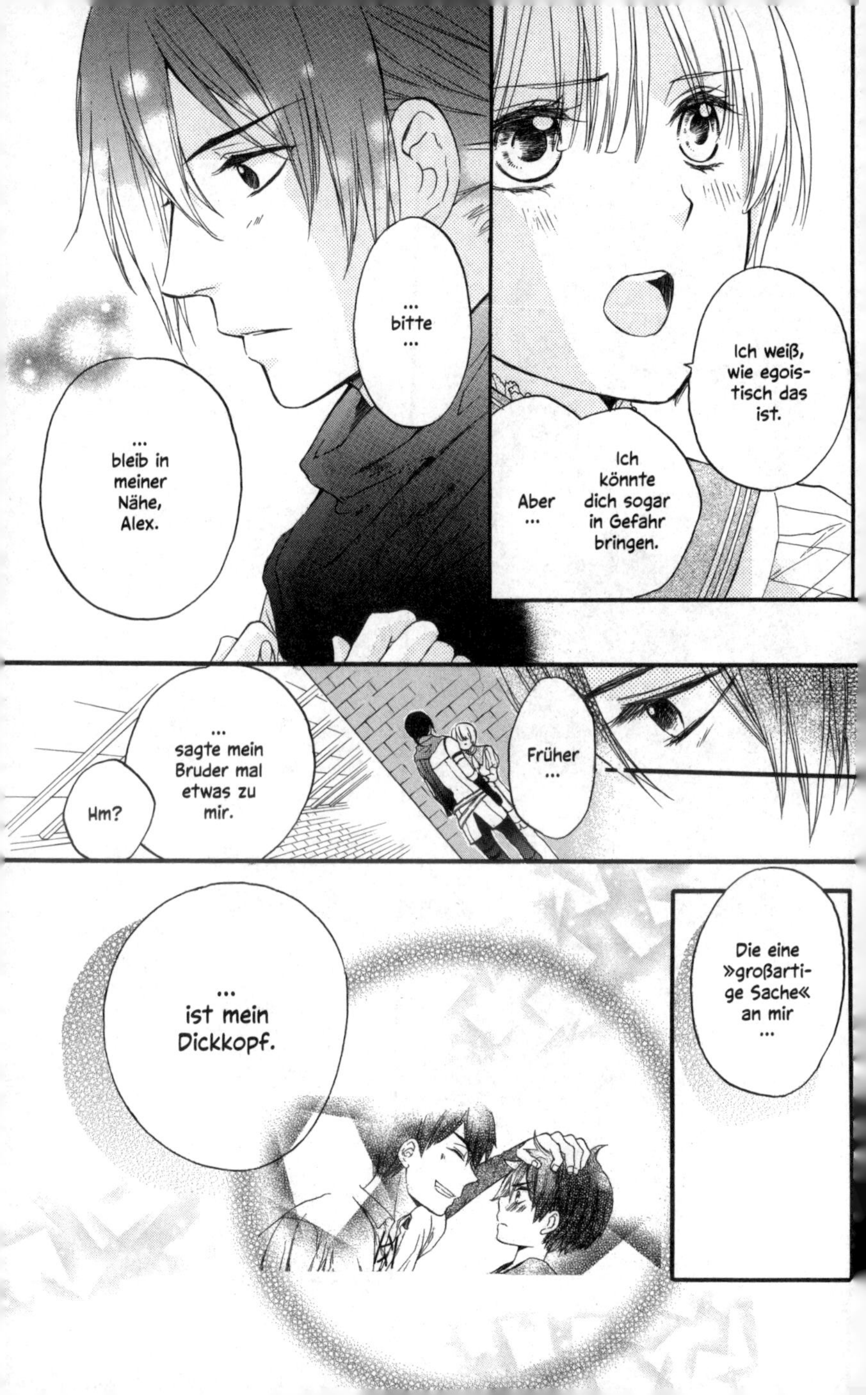
Ich weiß, wie egoistisch das ist.
Aber ...
Ich könnte dich sogar in Gefahr bringen.
... bitte ...
... bleib in meiner Nähe, Alex.
Früher ...
... sagte mein Bruder mal etwas zu mir.
Hm?
Die eine »großartige Sache« an mir ...
... ist mein Dickkopf.

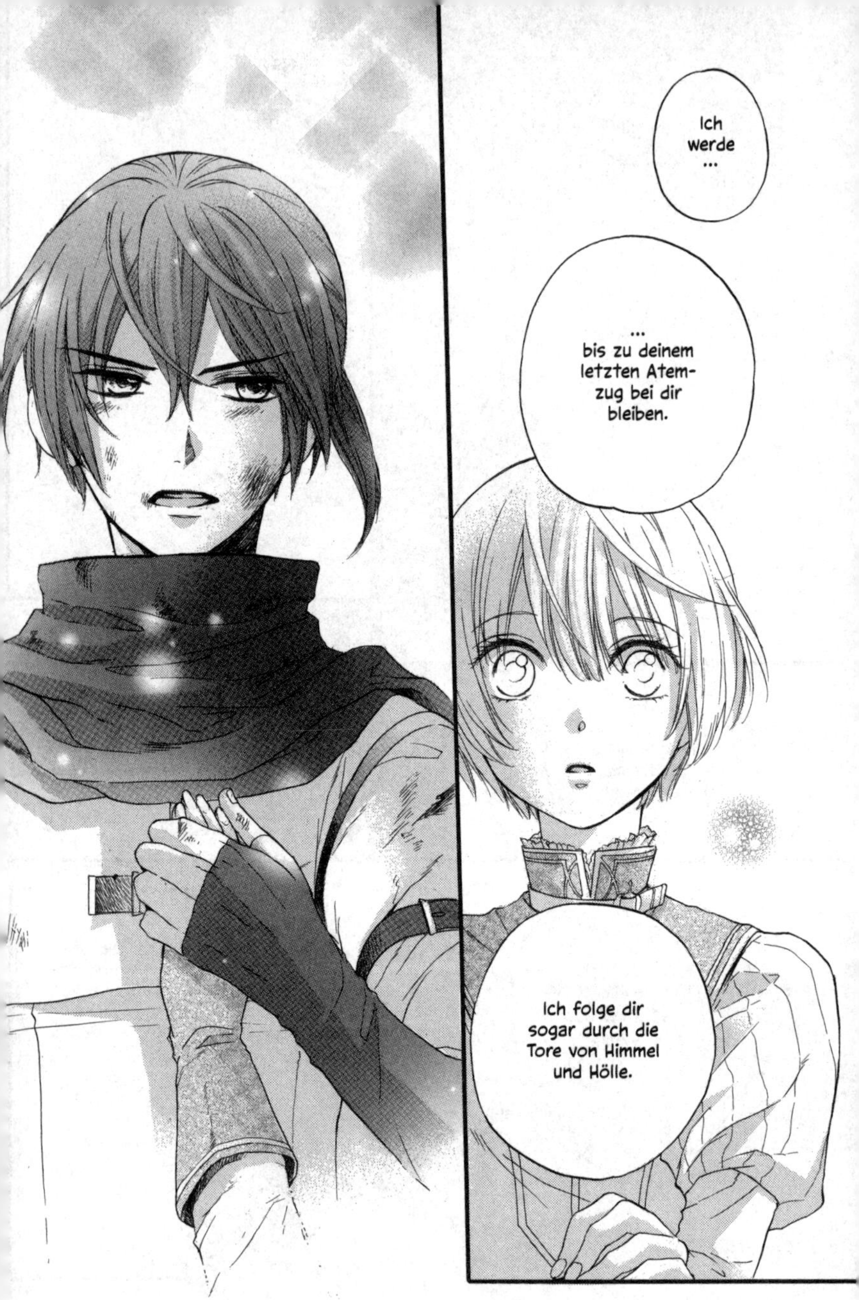
Ich werde ...
... bis zu deinem letzten Atem-zug bei dir bleiben.
Ich folge dir sogar durch die Tore von Himmel und Hölle.

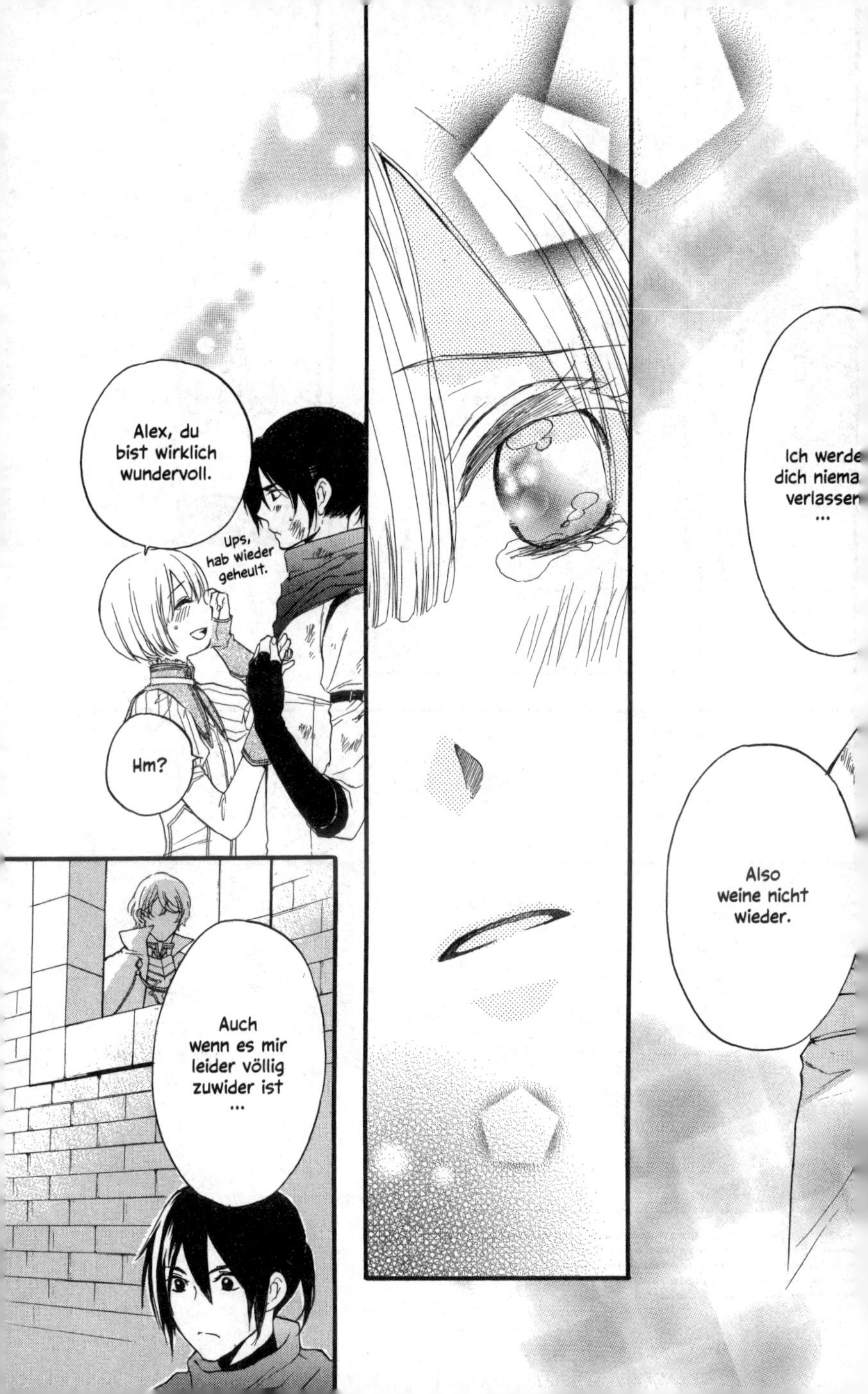

Ich werde dich niema verlassen ...
Also weine nicht wieder.
Alex, du bist wirklich wundervoll.
Ups, hab wieder geheult.
Hm?
Auch wenn es mir leider völlig zuwider ist ...

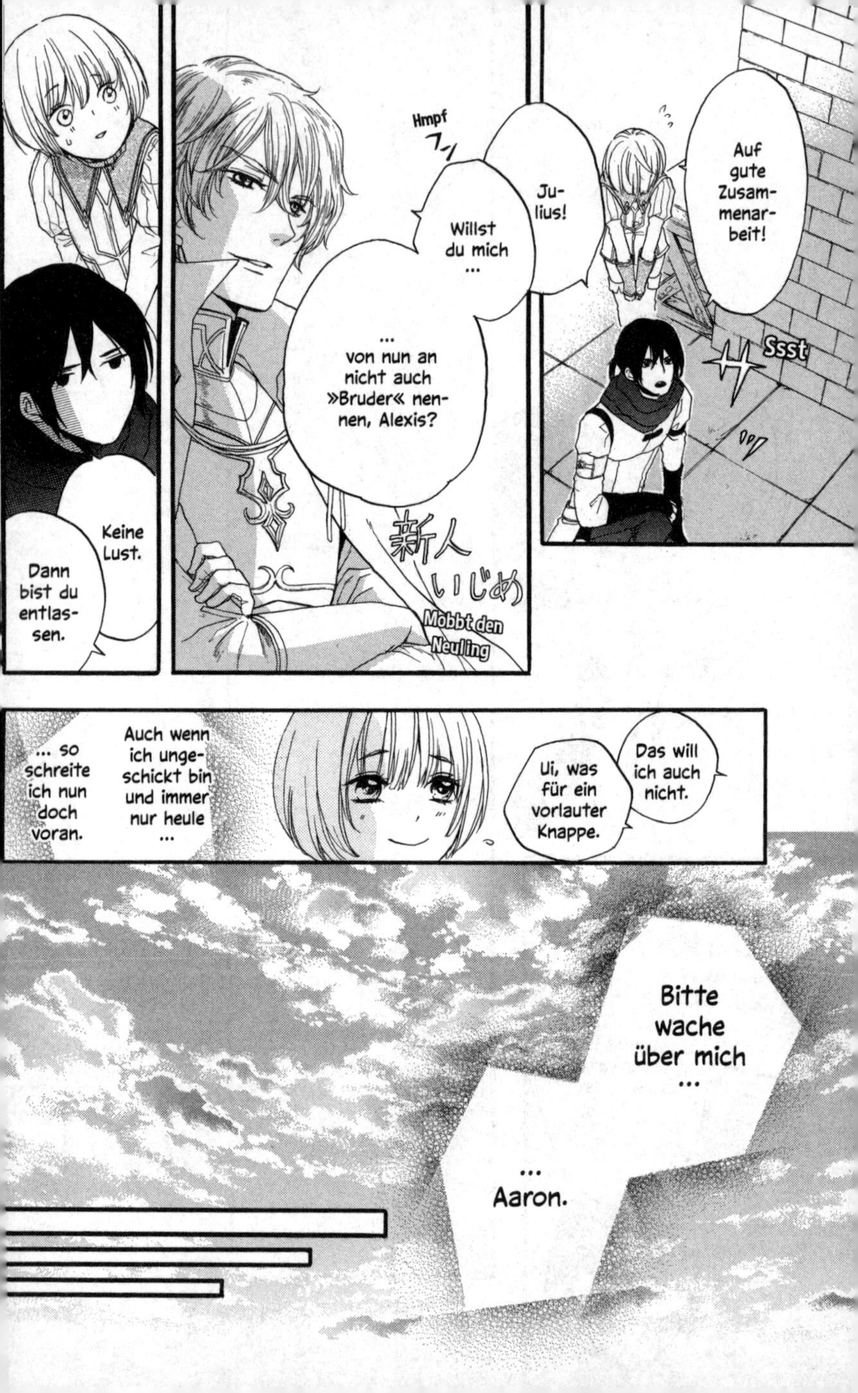

Auf gute Zusammenarbeit!
Ssst
Julius!
Hmpf
Willst du mich ...
... von nun an nicht auch »Bruder« nennen, Alexis?
新人いじめ
Mobbt den Neuling
Keine Lust.
Dann bist du entlassen.
Das will ich auch nicht.
Ui, was für ein vorlauter Knappe.
Auch wenn ich ungeschickt bin und immer nur heule ...
... so schreite ich nun doch voran.
Bitte wache über mich ...
... Aaron.

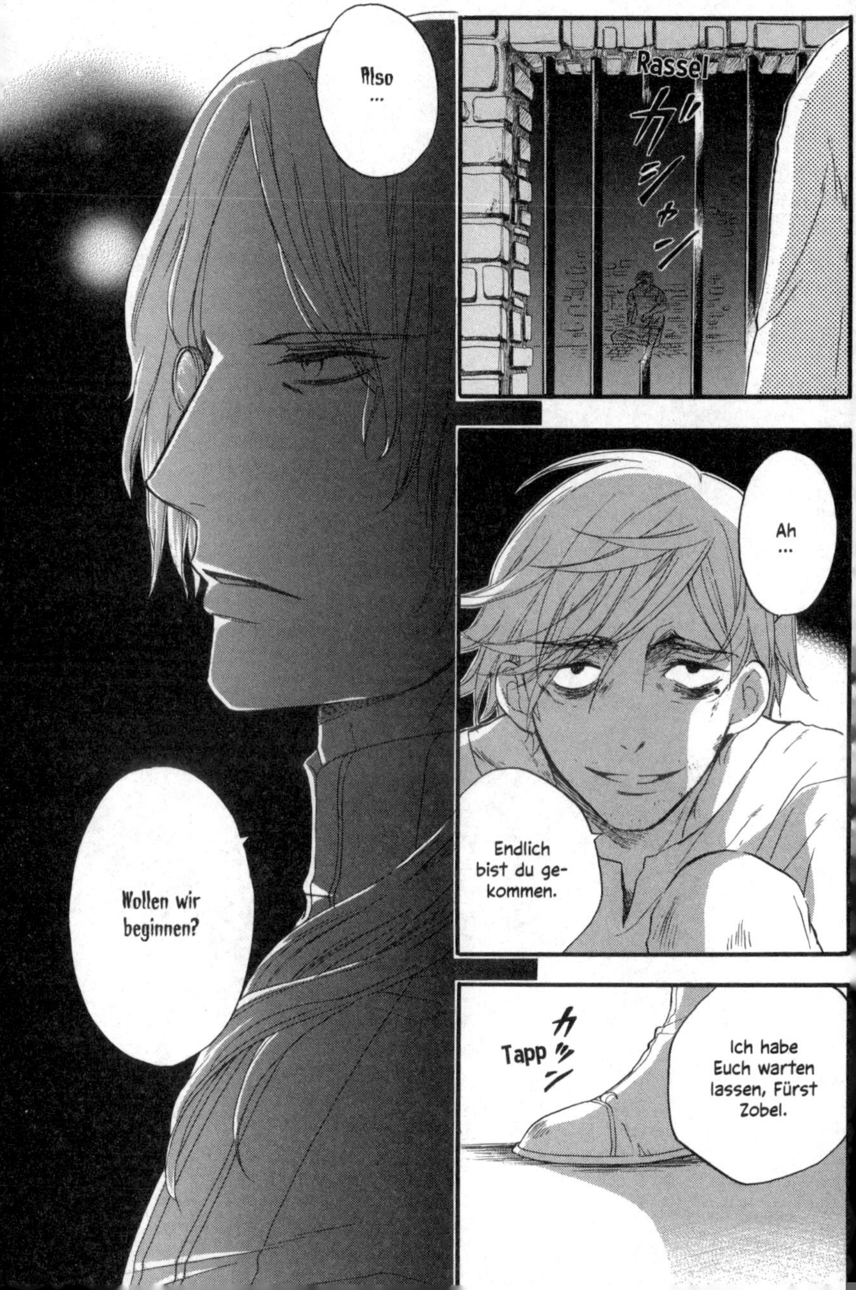
Rassel
Ah ...
Endlich bist du gekommen.
Tapp
Ich habe Euch warten lassen, Fürst Zobel.
Also ...
Wollen wir beginnen?

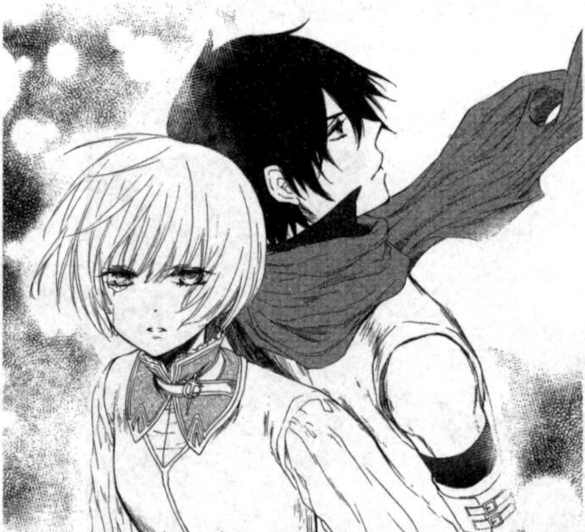

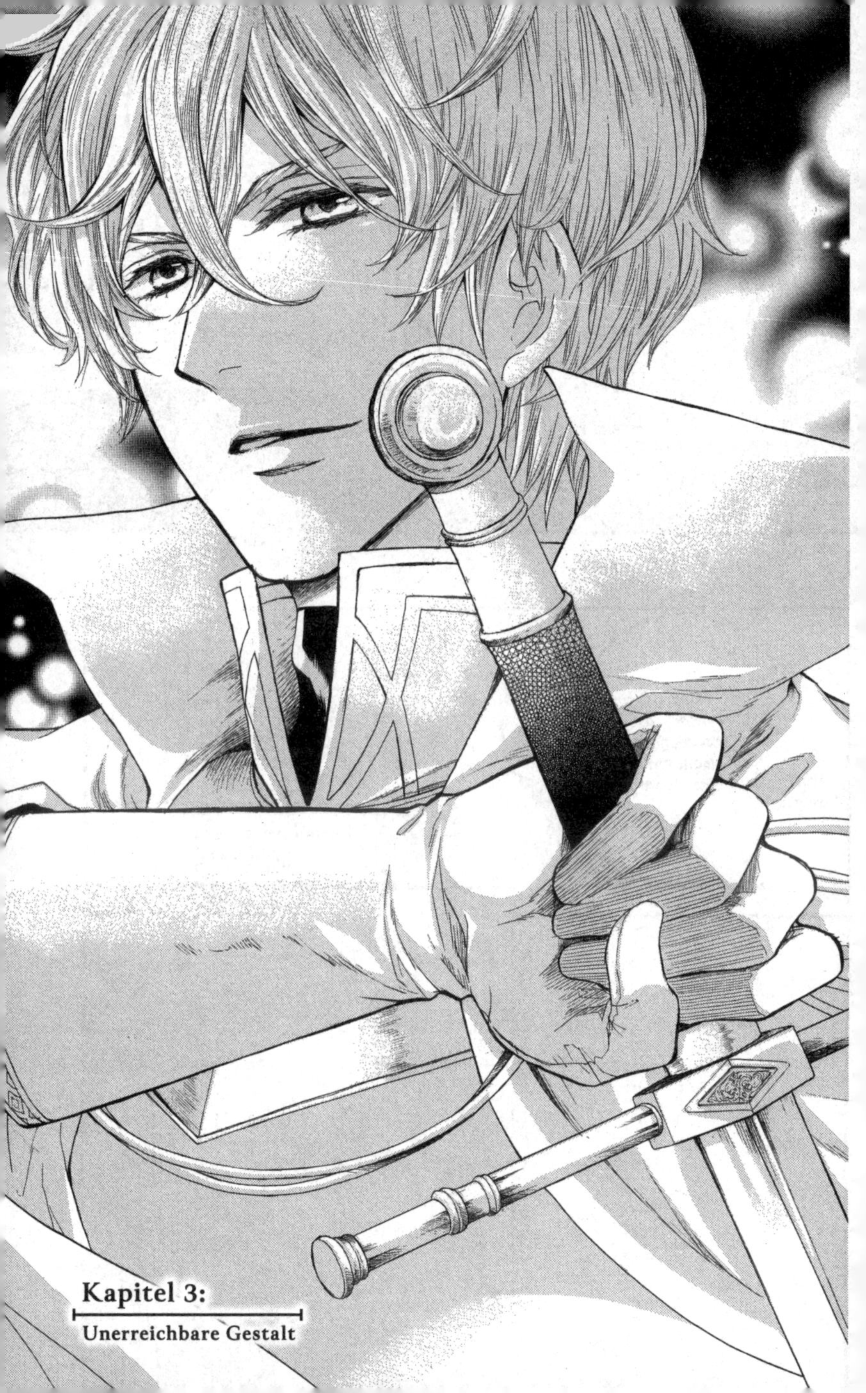

## Kapitel 3: Unerreichbare Gestalt

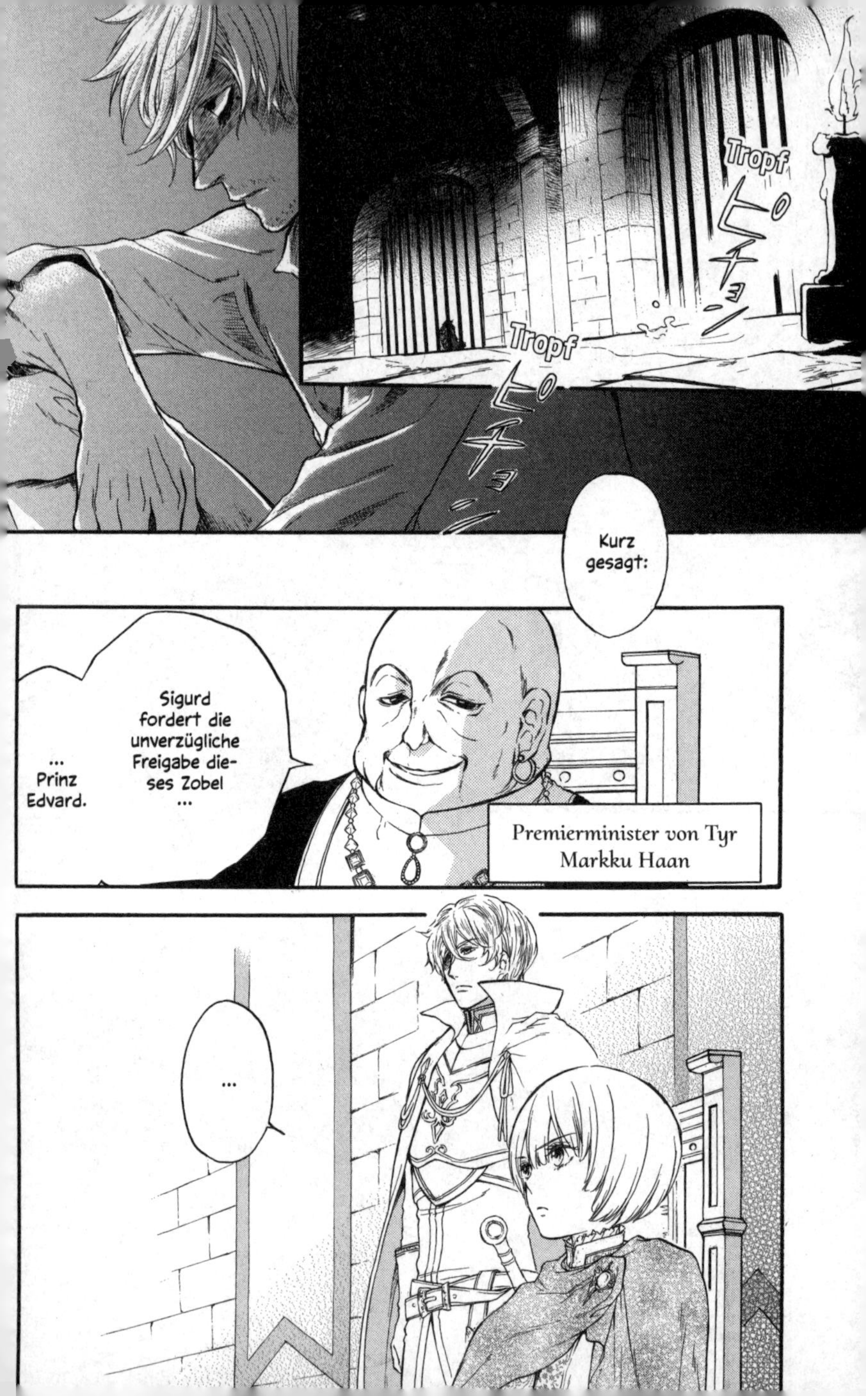

Tropf
ピチョン
Tropf
ピチョン
Kurz gesagt:
Sigurd fordert die unverzügliche Freigabe dieses Zobel ...
... Prinz Edvard.
Premierminister von Tyr Markku Haan
...

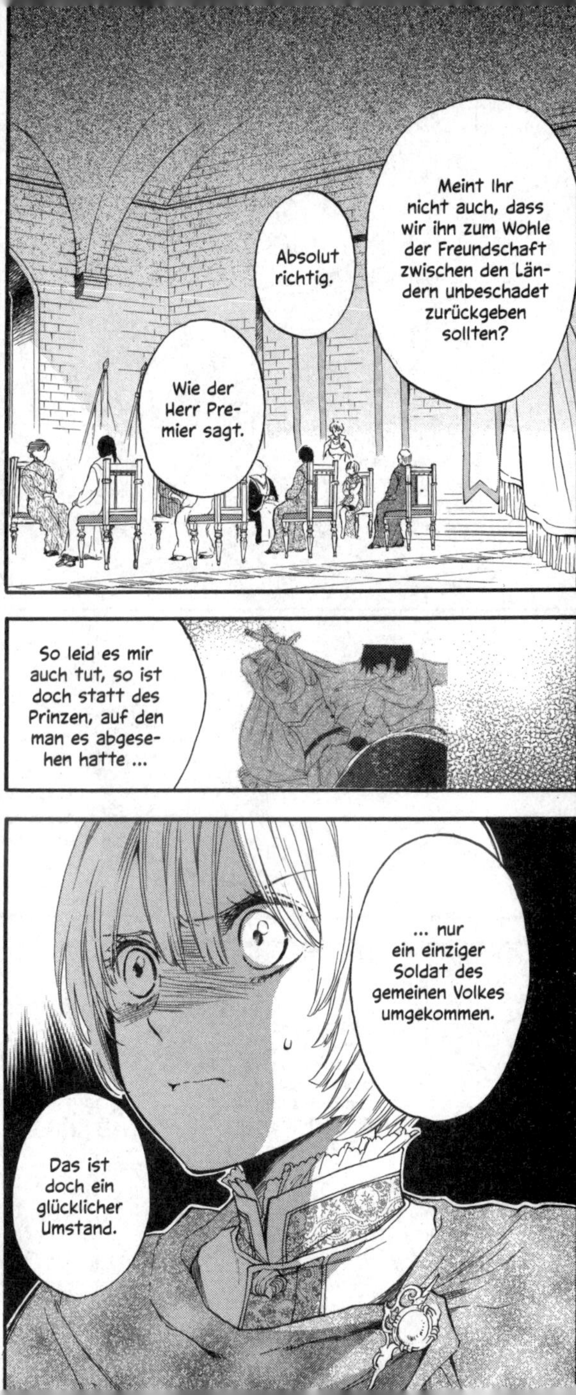


J

Julius.
Der hübsche Beauftragte.

Ich hörte, dass sein Name im Ranking der coolsten ausländischen Namen weit oben steht.

Doch seinen Namen hat er nicht von mir bekommen. Weil ich mir sicher war, dass ich nur merkwürdige Namen ausgesucht hätte, für die man sich schämt, war ich froh, dass ich ihn nicht aussuchen musste.

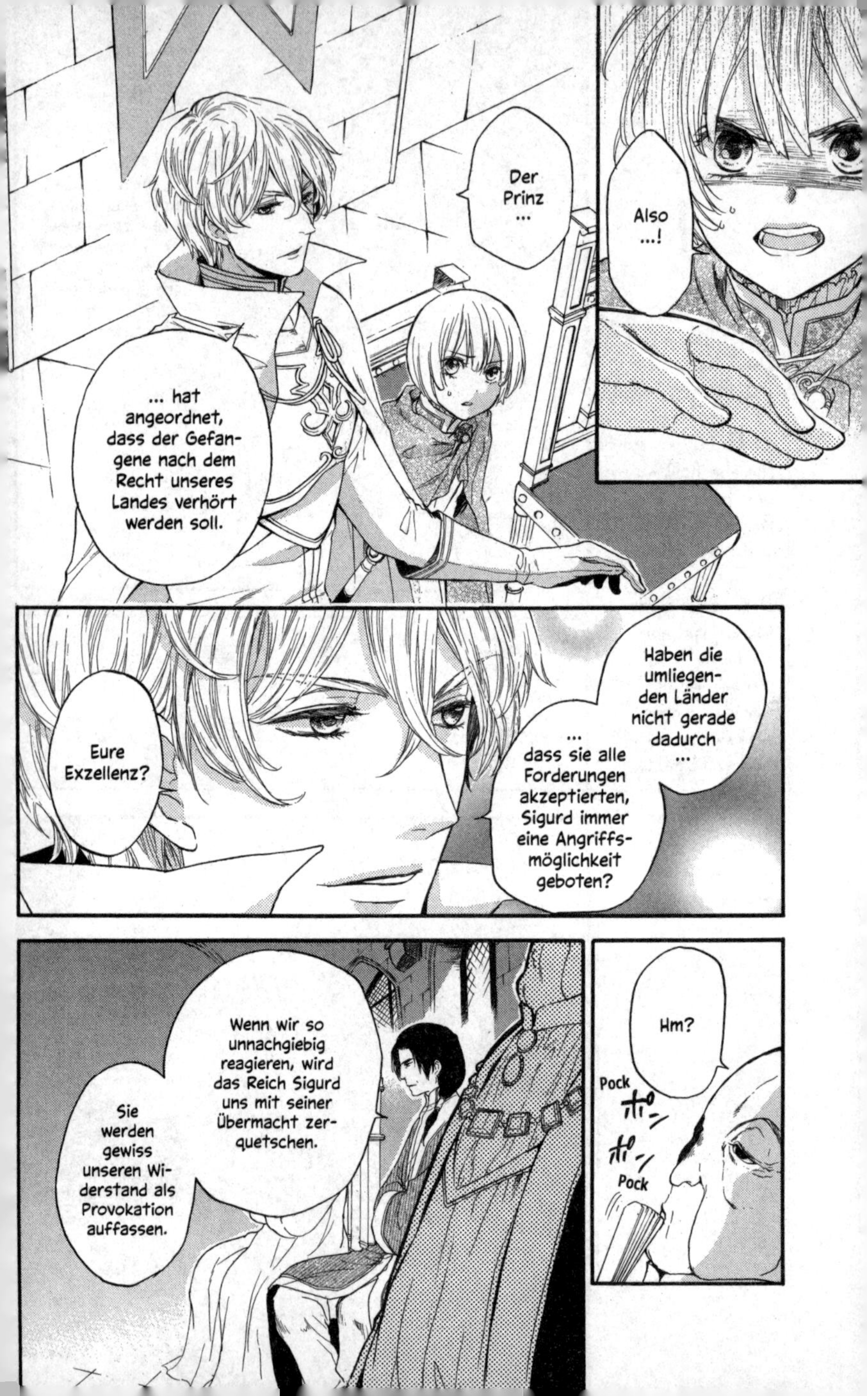
Also ...!
Der Prinz ...
... hat angeordnet, dass der Gefangene nach dem Recht unseres Landes verhört werden soll.
Haben die umliegenden Länder nicht gerade dadurch ...
... dass sie alle Forderungen akzeptierten, Sigurd immer eine Angriffsmöglichkeit geboten?
Eure Exzellenz?
Hm?
Pock
Pock
Wenn wir so unnachgiebig reagieren, wird das Reich Sigurd uns mit seiner Übermacht zerquetschen.
Sie werden gewiss unseren Widerstand als Provokation auffassen.

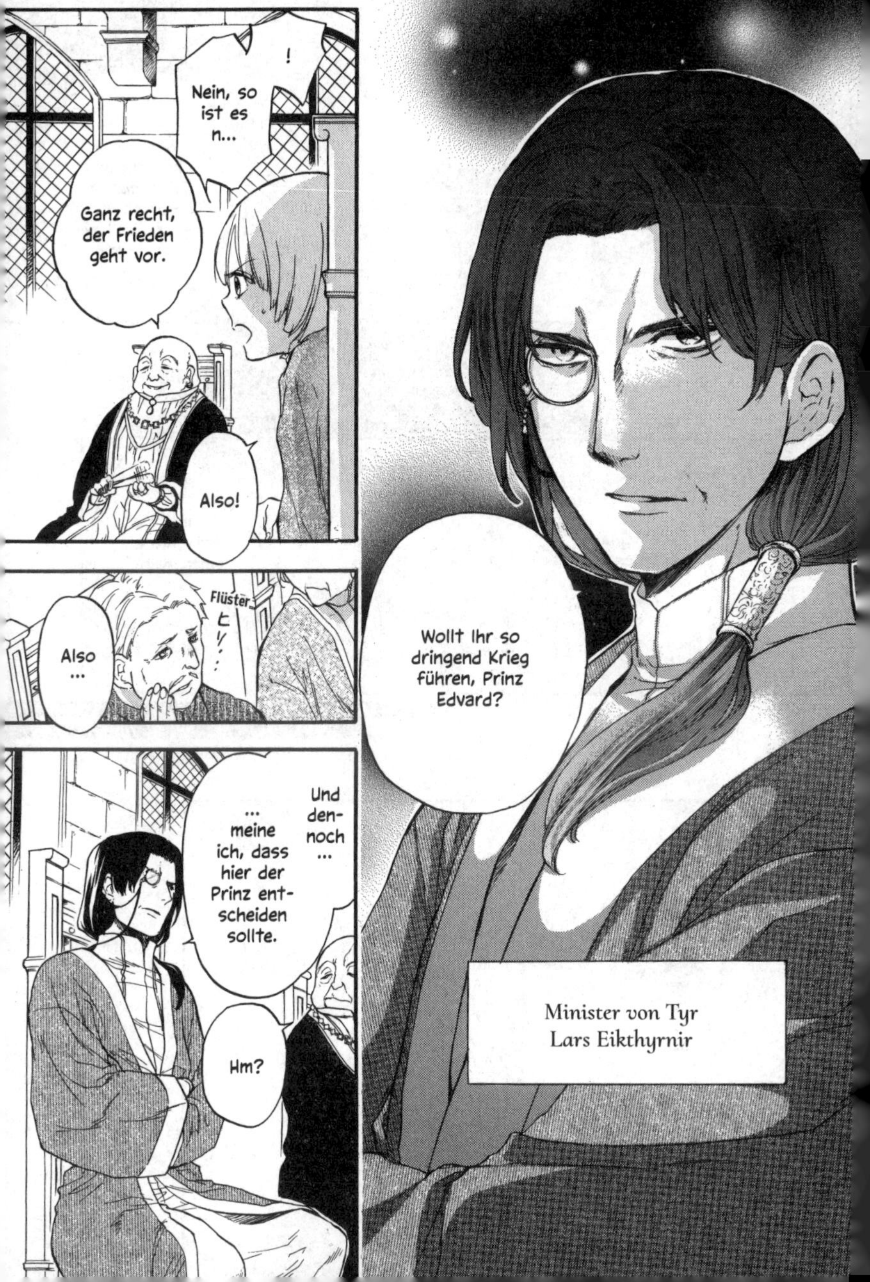
!
Nein, so ist es n...
Ganz recht, der Frieden geht vor.
Also!
Flüster
Also ...
Und den-noch ...
... meine ich, dass hier der Prinz ent-scheiden sollte.
Hm?
Wollt Ihr so dringend Krieg führen, Prinz Edvard?
Minister von Tyr
Lars Eikthyrnir

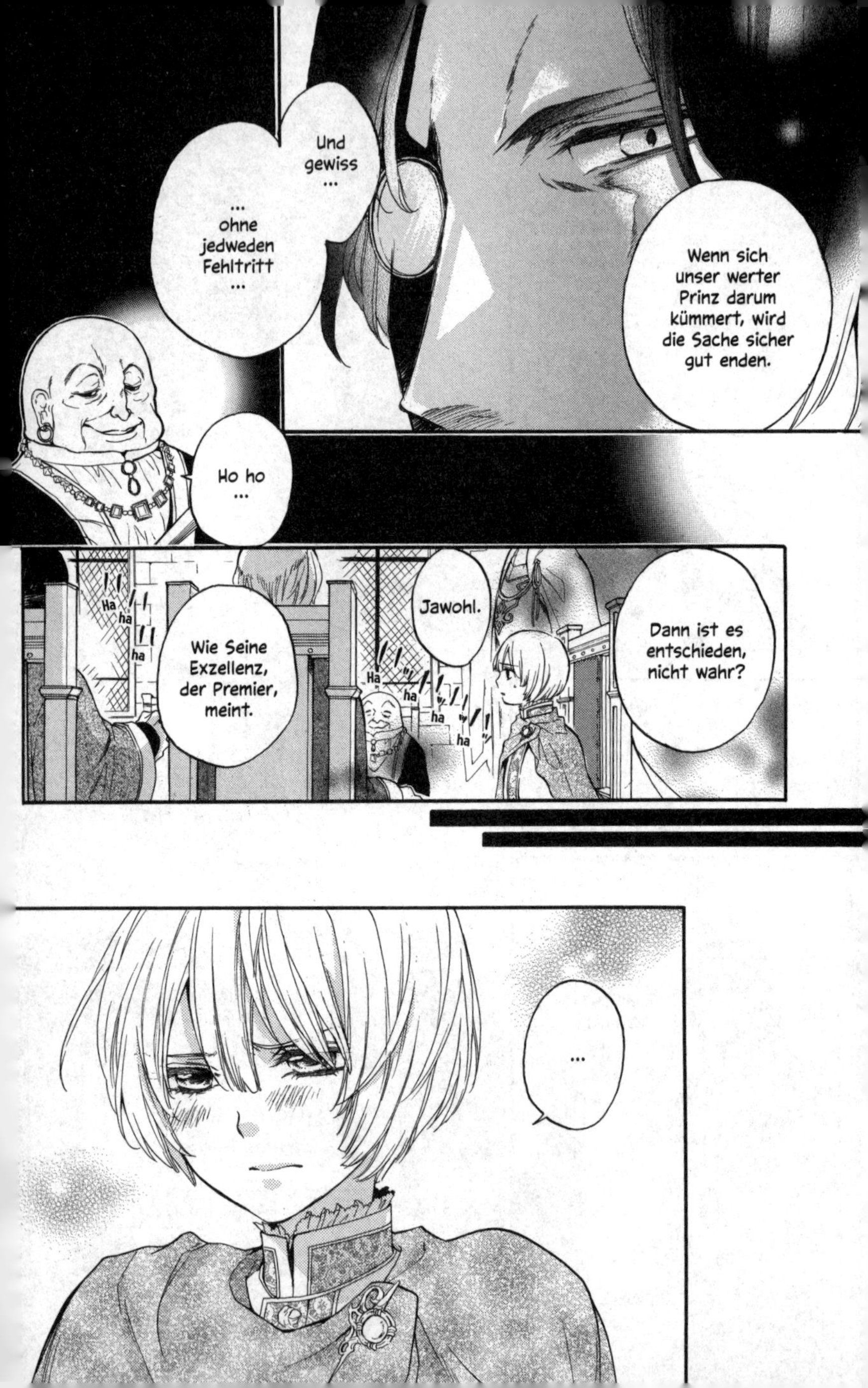
Wenn sich unser werter Prinz darum kümmert, wird die Sache sicher gut enden.
Und gewiss ...
... ohne jedweden Fehltritt ...
Ho ho ...
Dann ist es entschieden, nicht wahr?
Jawohl.
Ha ha ha
Wie Seine Exzellenz, der Premier, meint.
Ha ha ha
...

Die Ritter der Leibwache des Prinzen: Michal und Ingwie.

Sie handeln oft zu zweit. Sind wahrscheinlich befreundet, seit sie sich das erste Mal getroffen haben.

Ich will sie noch viel cooler zeichnen.

Ich gebe mir Mühe!

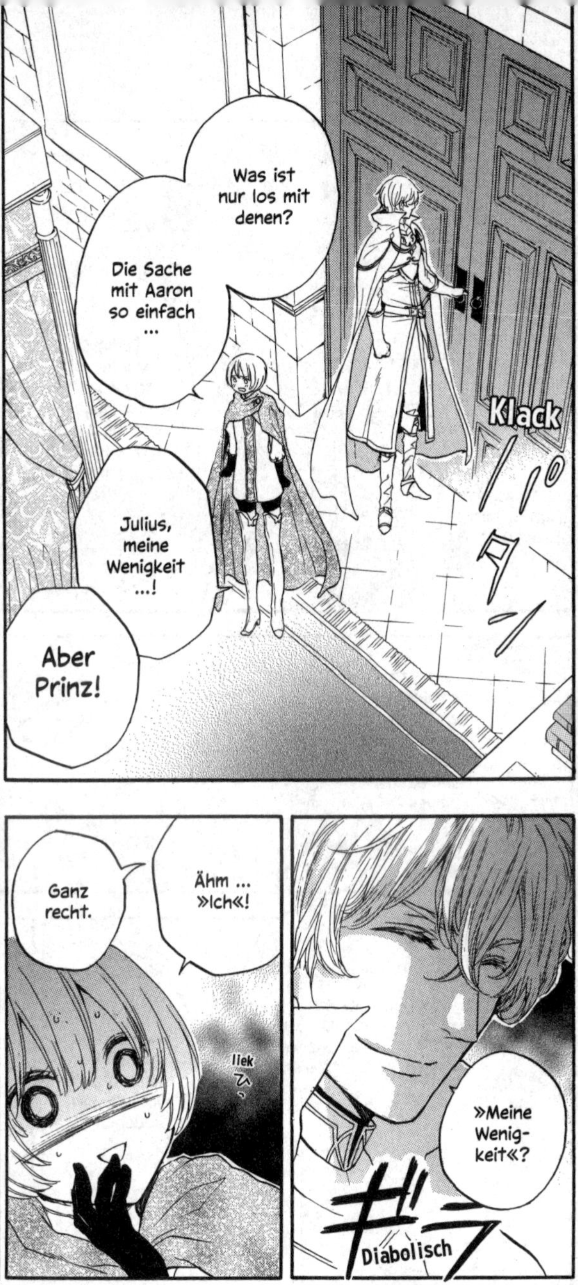

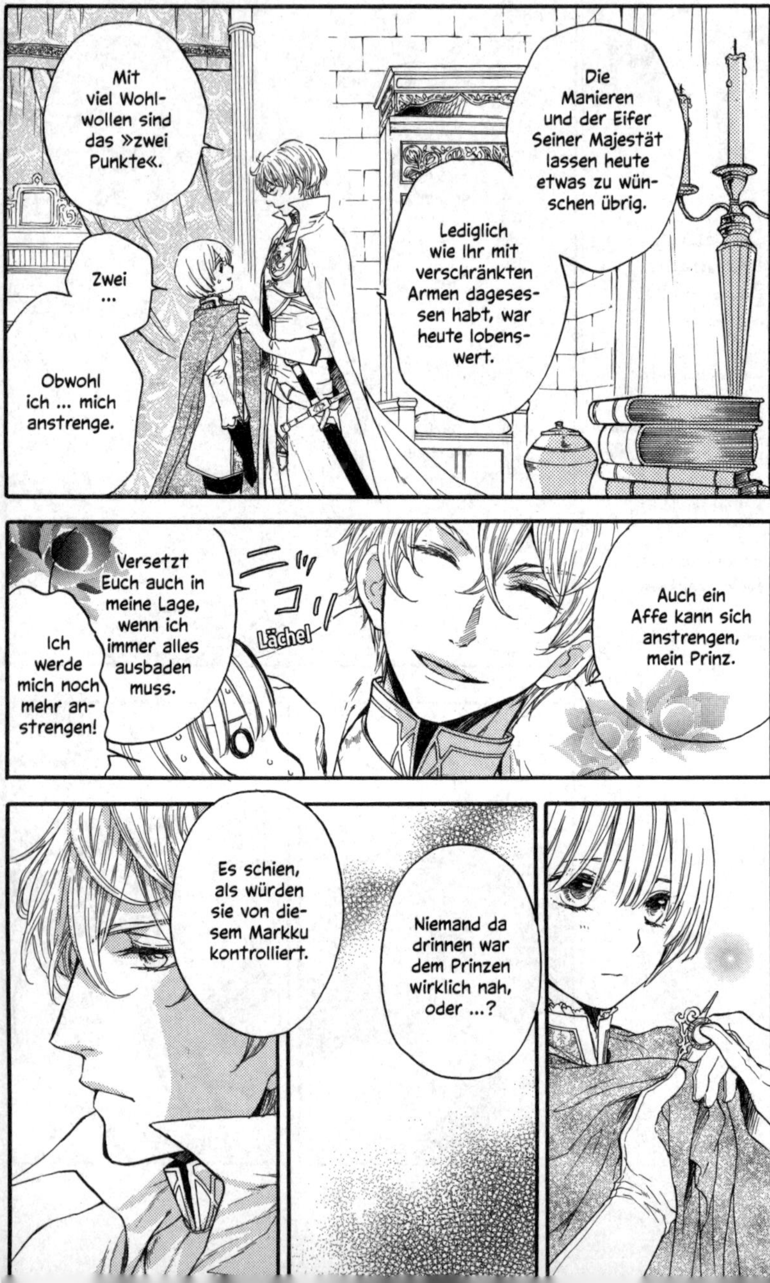
Die Manieren und der Eifer Seiner Majestät lassen heute etwas zu wünschen übrig.
Lediglich wie Ihr mit verschränkten Armen dagesessen habt, war heute lobenswert.
Mit viel Wohlwollen sind das »zwei Punkte«.
Zwei ...
Obwohl ich ... mich anstrenge.
Auch ein Affe kann sich anstrengen, mein Prinz.
Lächel
Versetzt Euch auch in meine Lage, wenn ich immer alles ausbaden muss.
Ich werde mich noch mehr anstrengen!
...
Niemand da drinnen war dem Prinzen wirklich nah, oder ...?
Es schien, als würden sie von diesem Markku kontrolliert.

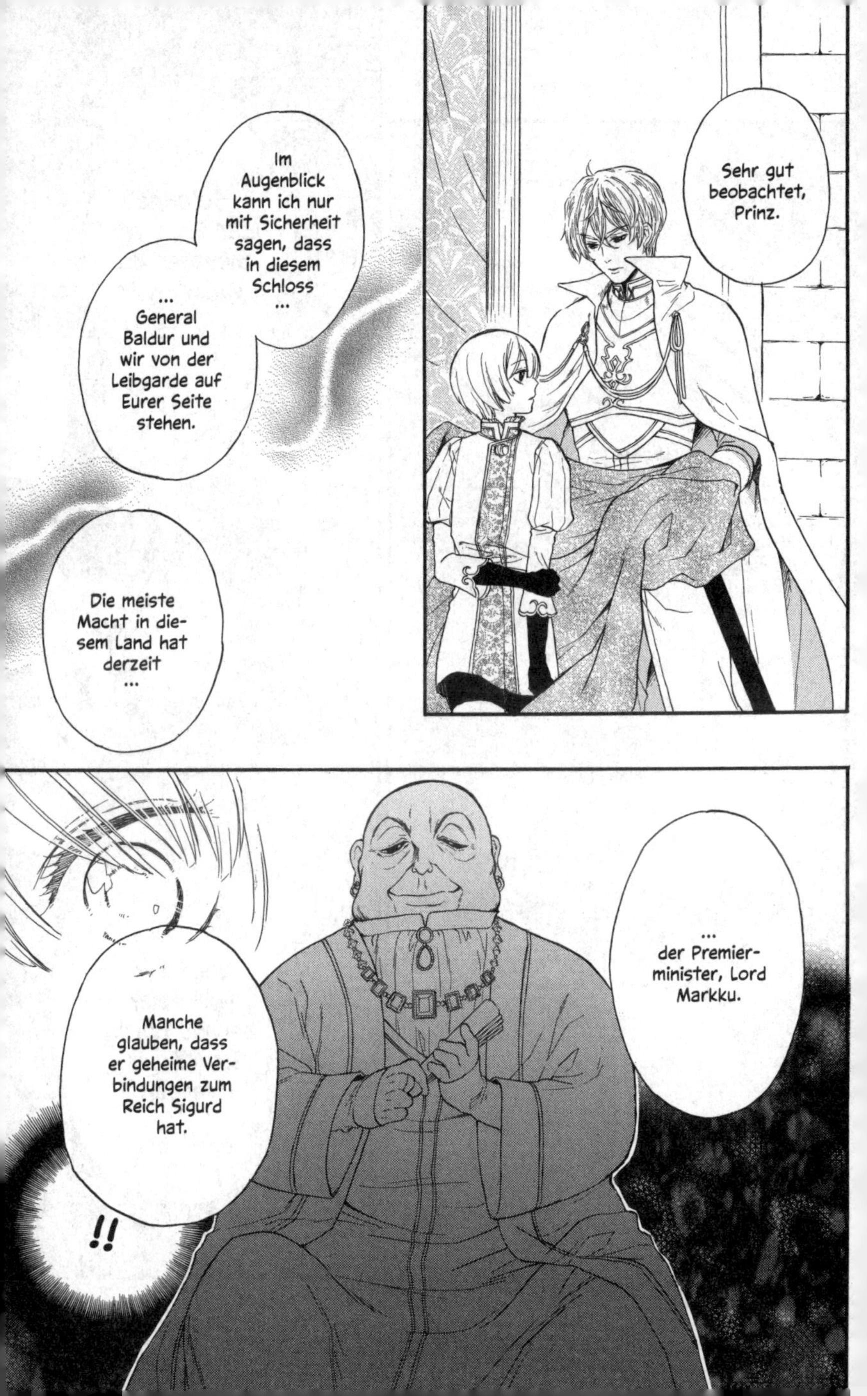
Sehr gut beobachtet, Prinz.
Im Augenblick kann ich nur mit Sicherheit sagen, dass in diesem Schloss ...
... General Baldur und wir von der Leibgarde auf Eurer Seite stehen.
Die meiste Macht in die-sem Land hat derzeit ...
... der Premier-minister, Lord Markku.
Manche glauben, dass er geheime Ver-bindungen zum Reich Sigurd hat.
!!

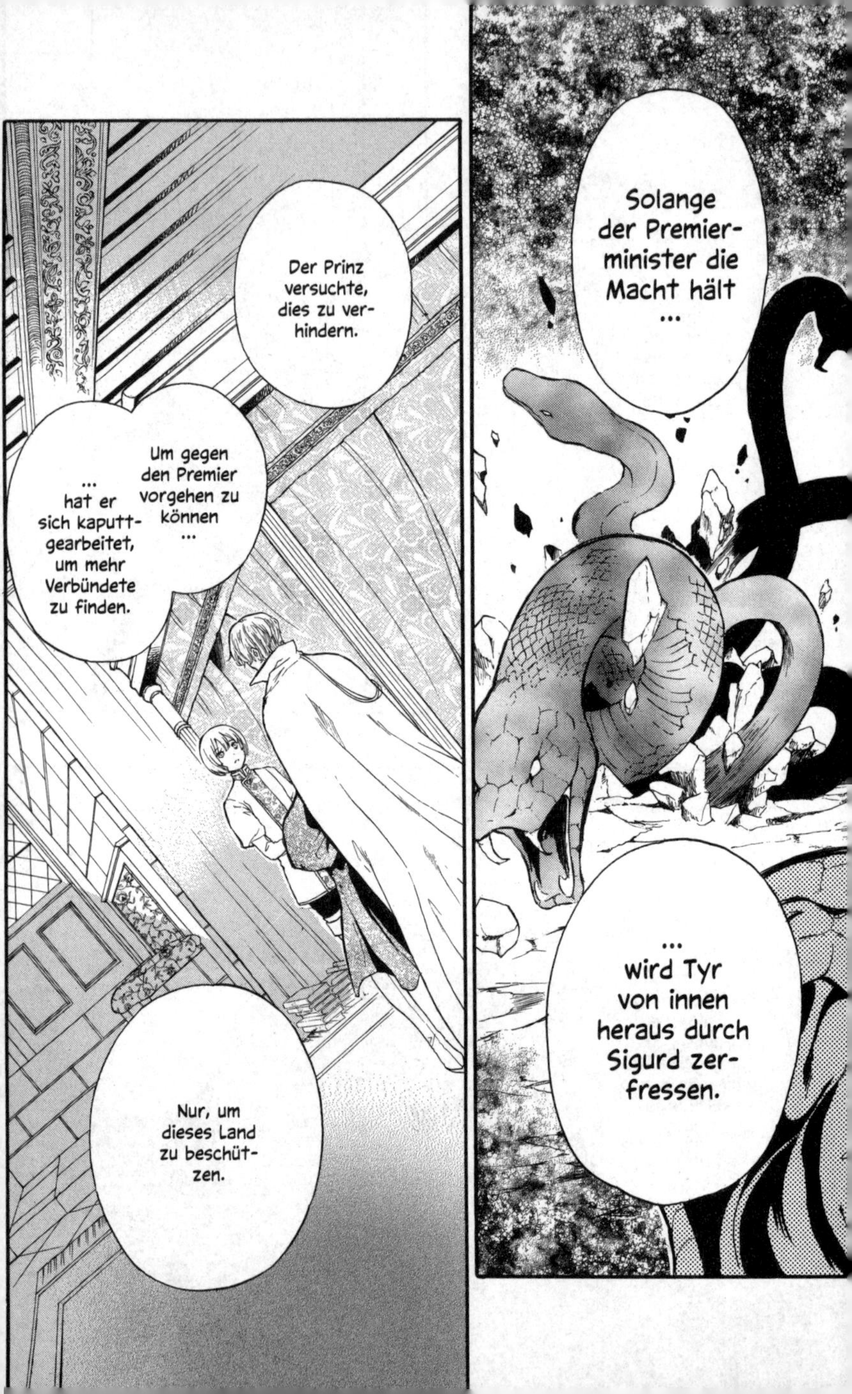
Solange der Premierminister die Macht hält ...
... wird Tyr von innen heraus durch Sigurd zerfressen.
Der Prinz versuchte, dies zu verhindern.
Um gegen den Premier vorgehen zu können ...
... hat er sich kaputtgearbeitet, um mehr Verbündete zu finden.
Nur, um dieses Land zu beschützen.

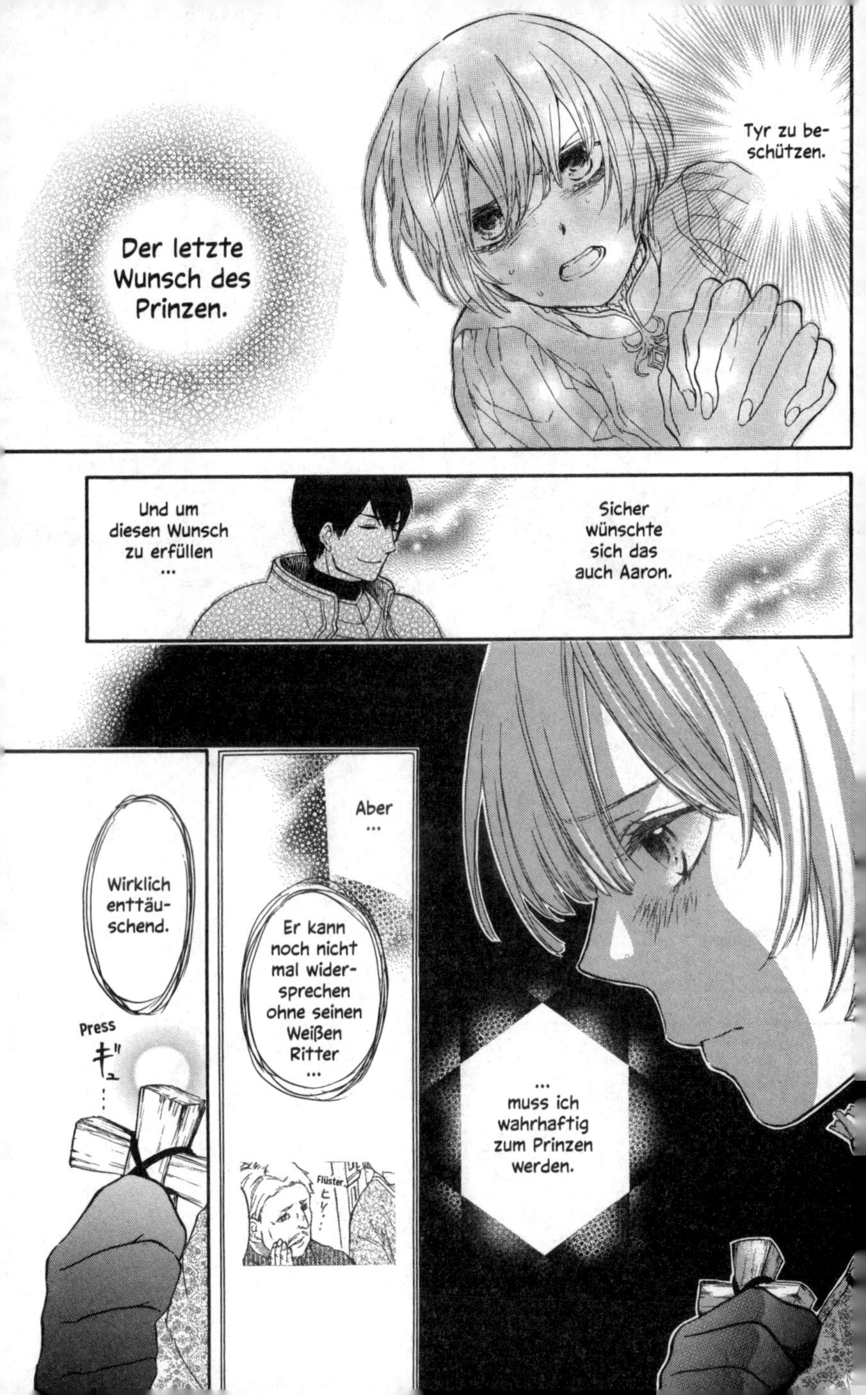
Tyr zu beschützen.
Der letzte Wunsch des Prinzen.
Sicher wünschte sich das auch Aaron.
Und um diesen Wunsch zu erfüllen ...
Aber ...
... muss ich wahrhaftig zum Prinzen werden.
Er kann noch nicht mal widersprechen ohne seinen Weißen Ritter ...
Flüster
Wirklich enttäuschend.
Press

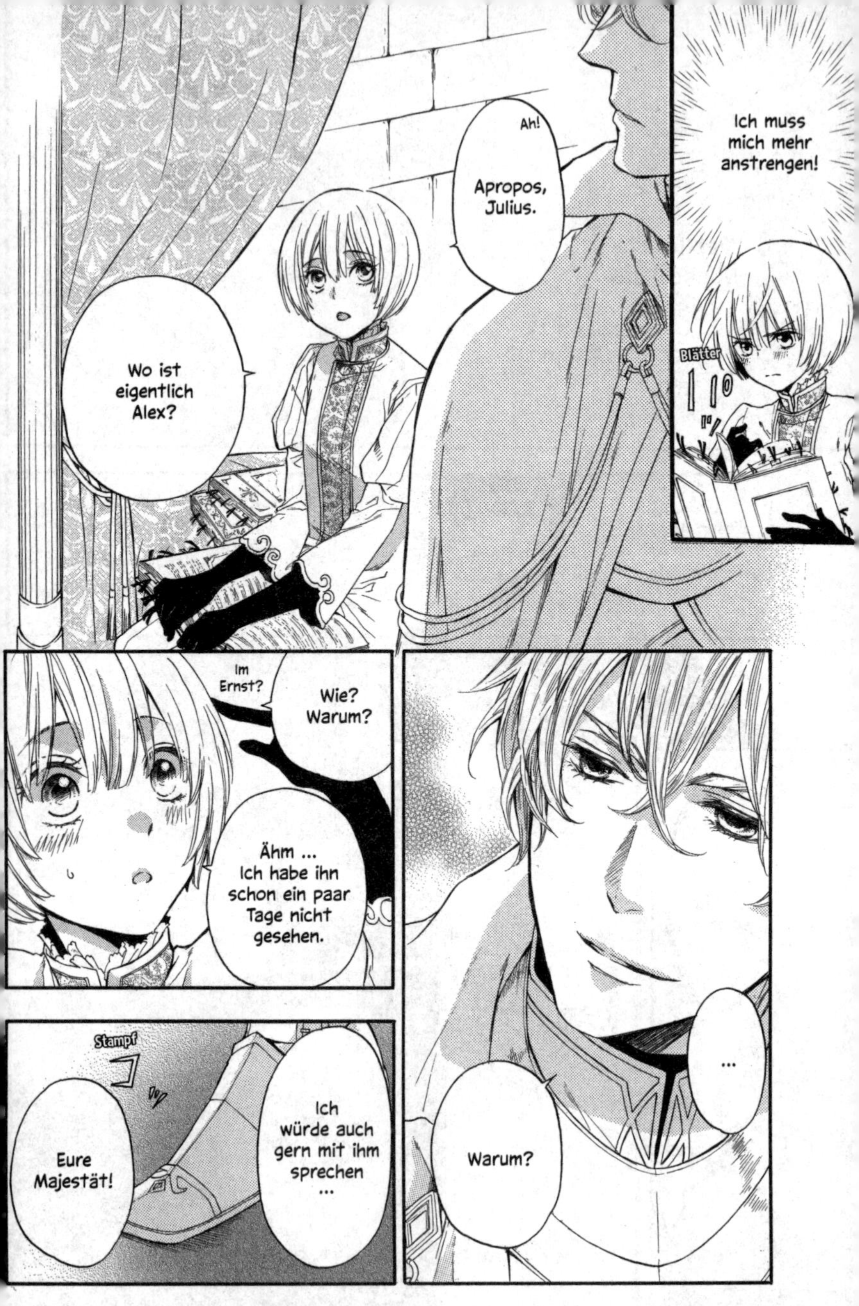
Ich muss mich mehr anstrengen!
Blätter
Ah!
Apropos, Julius.
Wo ist eigentlich Alex?
...
Warum?
Wie? Warum?
Im Ernst?
Ähm ... Ich habe ihn schon ein paar Tage nicht gesehen.
Ich würde auch gern mit ihm sprechen ...
Stampf
Eure Majestät!

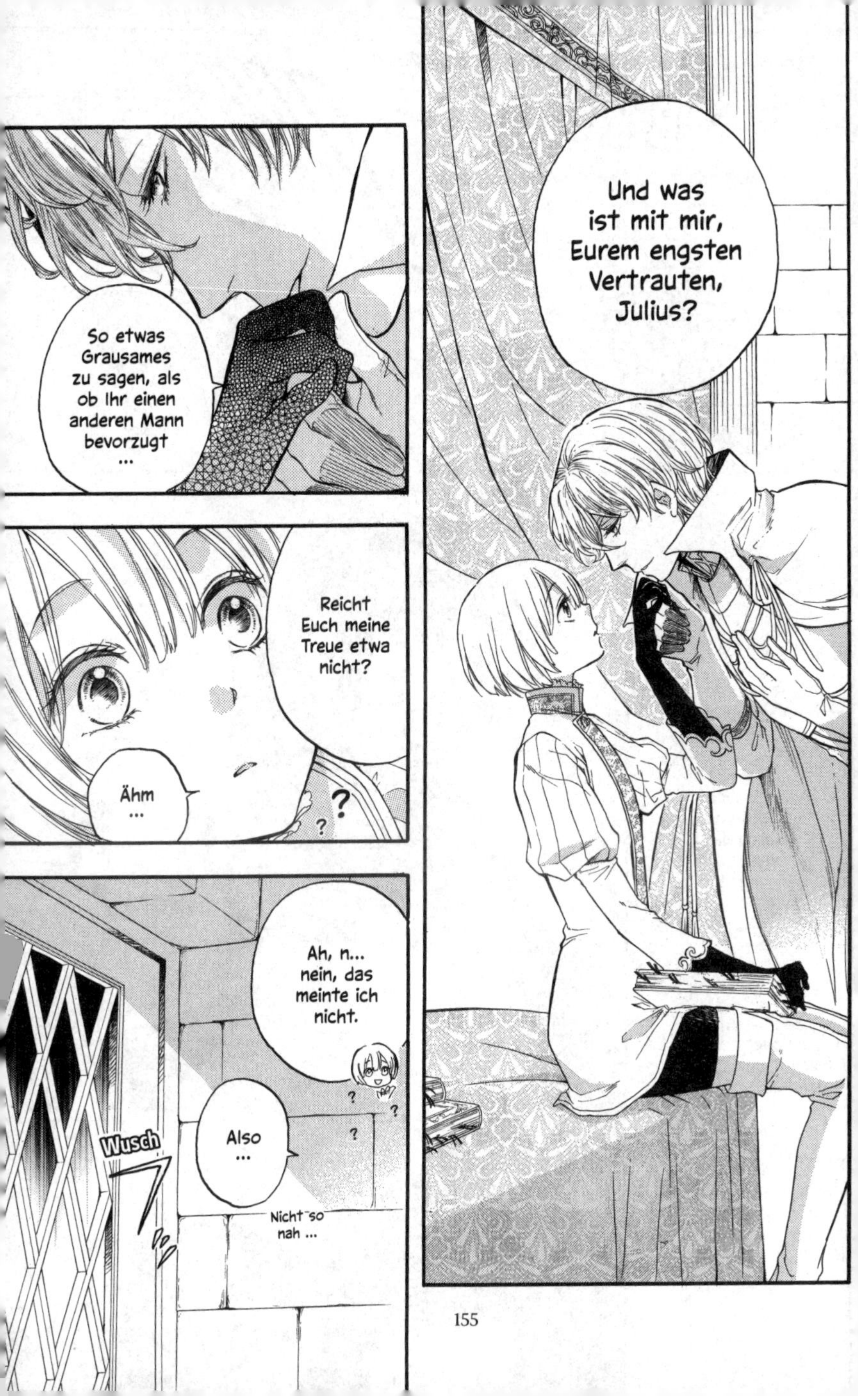
Und was ist mit mir, Eurem engsten Vertrauten, Julius?
So etwas Grausames zu sagen, als ob Ihr einen anderen Mann bevorzugt ...
Reicht Euch meine Treue etwa nicht?
Ähm ...
Ah, n... nein, das meinte ich nicht.
Also ...
Wusch
Nicht so nah ...

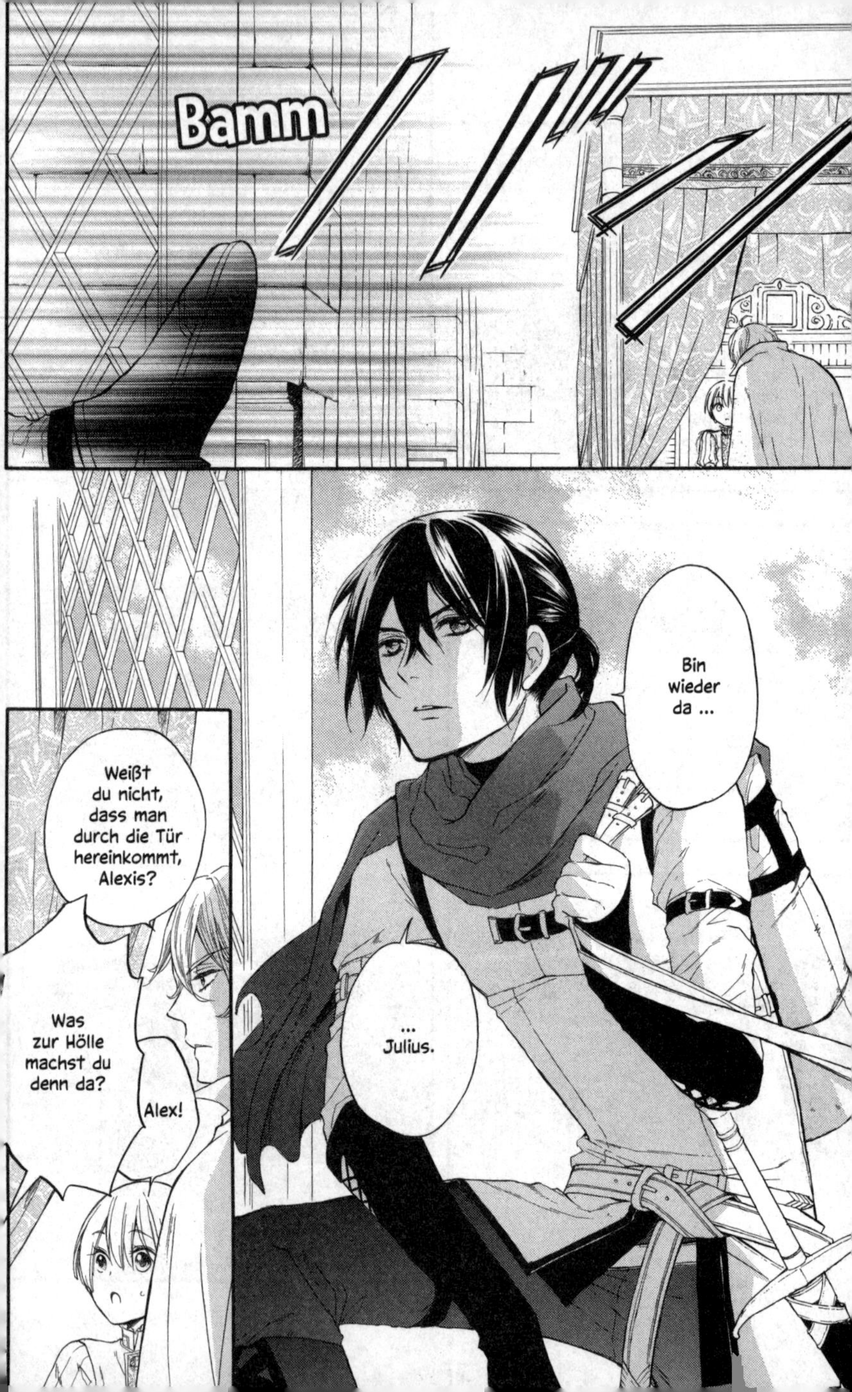
Bamm
Bin wieder da ...
... Julius.
Weißt du nicht, dass man durch die Tür hereinkommt, Alexis?
Alex!
Was zur Hölle machst du denn da?

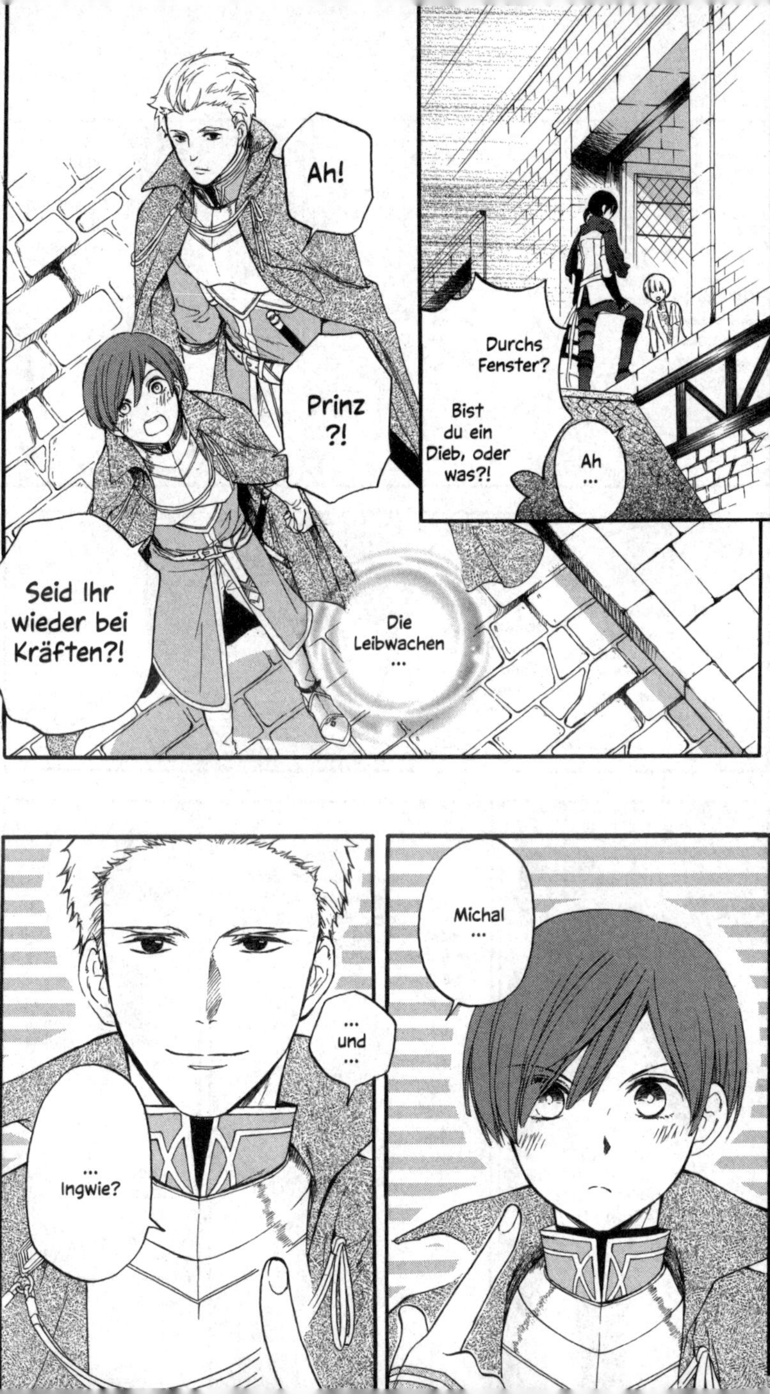
Durchs Fenster?
Bist du ein Dieb, oder was?!
Ah ...
Ah!
Prinz ?!
Die Leibwachen ...
Seid Ihr wieder bei Kräften?!
Michal ...
... und ...
... Ingwie?

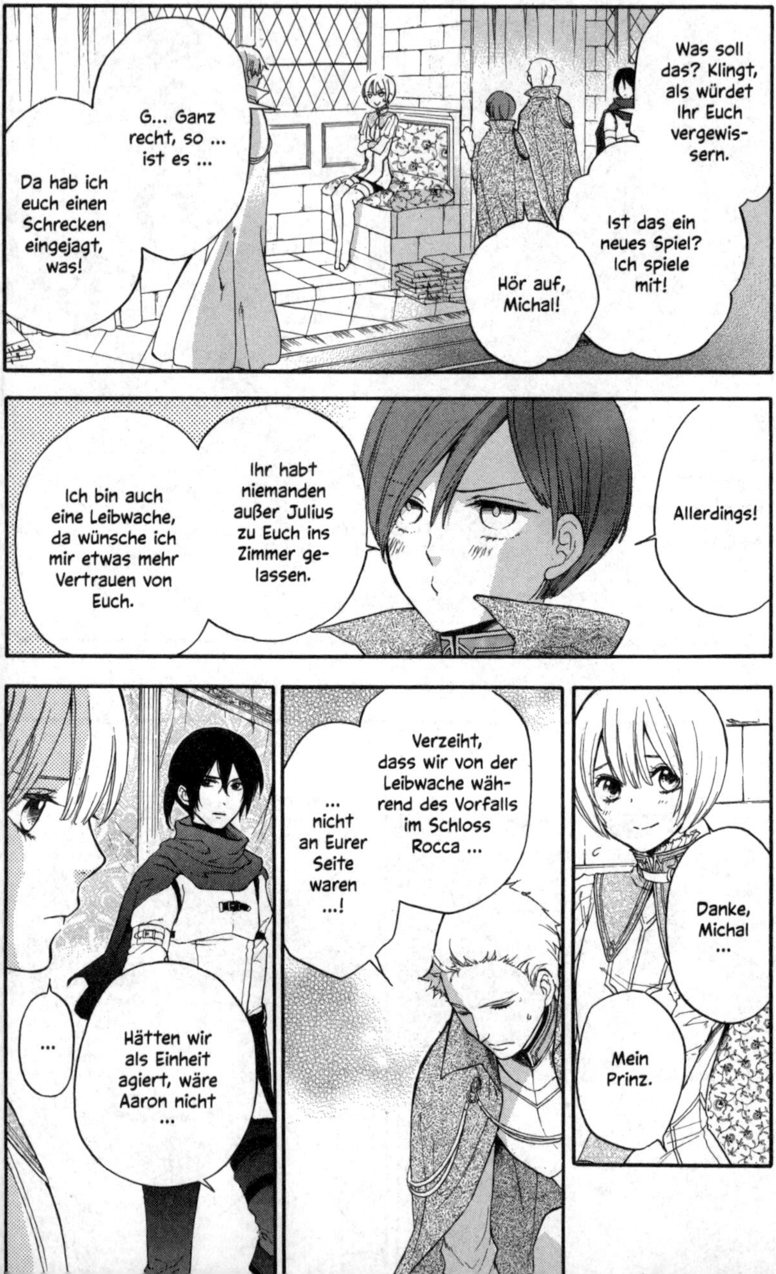
Was soll das? Klingt, als würdet Ihr Euch vergewissern.
Ist das ein neues Spiel? Ich spiele mit!
Hör auf, Michal!
G... Ganz recht, so ... ist es ...
Da hab ich euch einen Schrecken eingejagt, was!
Allerdings!
Ihr habt niemanden außer Julius zu Euch ins Zimmer gelassen.
Ich bin auch eine Leibwache, da wünsche ich mir etwas mehr Vertrauen von Euch.
Danke, Michal ...
Mein Prinz.
Verzeiht, dass wir von der Leibwache während des Vorfalls im Schloss Rocca ...
... nicht an Eurer Seite waren ...!
...
Hätten wir als Einheit agiert, wäre Aaron nicht ...

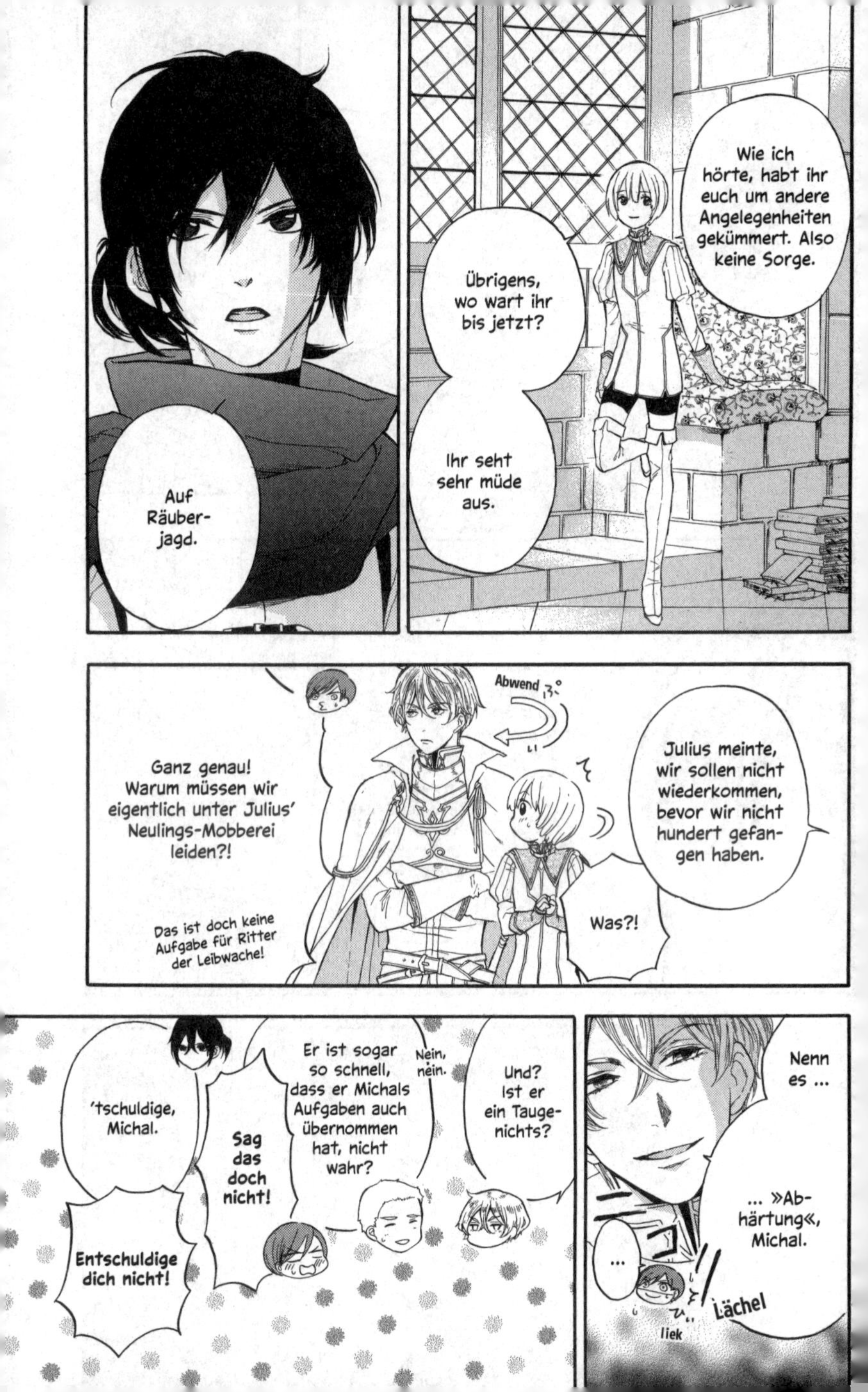
Wie ich hörte, habt ihr euch um andere Angelegenheiten gekümmert. Also keine Sorge.
Übrigens, wo wart ihr bis jetzt?
Ihr seht sehr müde aus.
Auf Räuber-jagd.
Julius meinte, wir sollen nicht wiederkommen, bevor wir nicht hundert gefan-gen haben.
Abwend
Was?!
Ganz genau! Warum müssen wir eigentlich unter Julius' Neulings-Mobberei leiden?!
Das ist doch keine Aufgabe für Ritter der Leibwache!
Nenn es ...
... »Ab-härtung«, Michal.
...
Lächel
liek
Und? Ist er ein Tauge-nichts?
Er ist sogar so schnell, dass er Michals Aufgaben auch übernommen hat, nicht wahr?
Nein, nein.
Sag das doch nicht!
'tschuldige, Michal.
Entschuldige dich nicht!

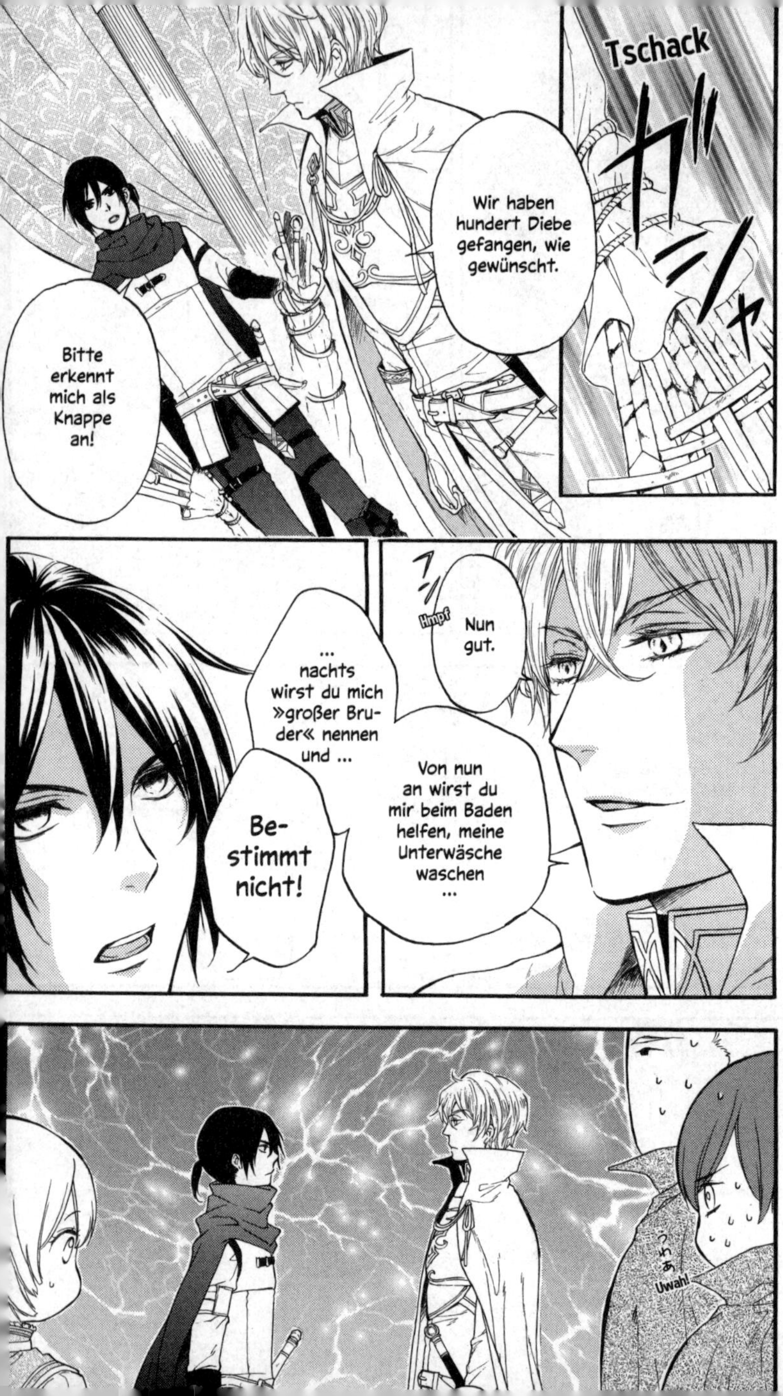
Tschack
ガシャ
Wir haben hundert Diebe gefangen, wie gewünscht.
Bitte erkennt mich als Knappe an!
Hmpf
Nun gut.
Von nun an wirst du mir beim Baden helfen, meine Unterwäsche waschen ...
... nachts wirst du mich »großer Bruder« nennen und ...
Be-stimmt nicht!
Uwah!

Vielen Dank, dass du diesen Manga liest.

Ich werde mich bemühen, dass Band 2 noch viel spannender wird, bleib also bitte dabei.

Meinen AssistentInnen:
Ryo Sakimiya
Miyuki Tsutsui
Yotaro Noma
Bochiko
Misaya Morito

Meiner Redakteurin

Allen Beteiligten an diesem Manga

Meiner Familie

Und natürlich all meinen Lesern

Sage ich:

**Danke schön!**
**Keiko Ishihara**

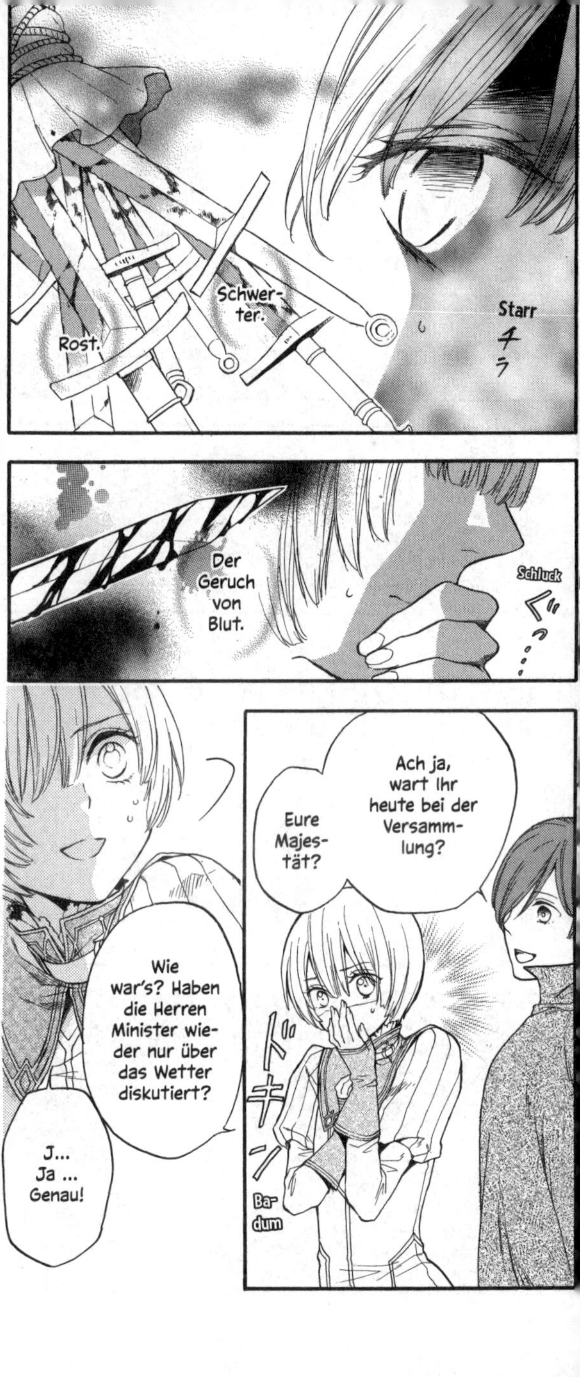

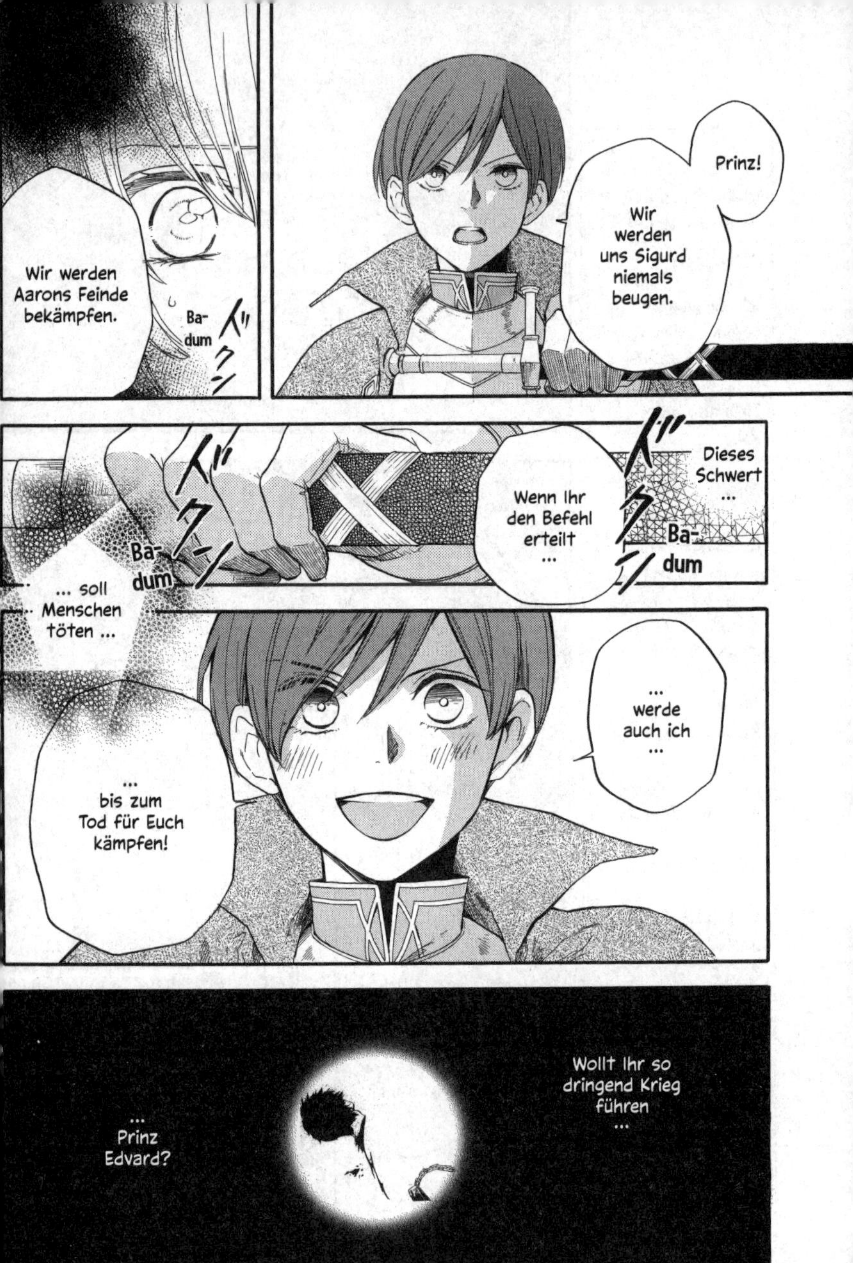
Prinz!
Wir werden uns Sigurd niemals beugen.
Wir werden Aarons Feinde bekämpfen.
ドクン
Ba-dum
Dieses Schwert ...
ドクン
Ba-dum
Wenn Ihr den Befehl erteilt ...
ドクン
Ba-dum
... soll Menschen töten ...
... werde auch ich ...
... bis zum Tod für Euch kämpfen!
Wollt Ihr so dringend Krieg führen ...
... Prinz Edvard?

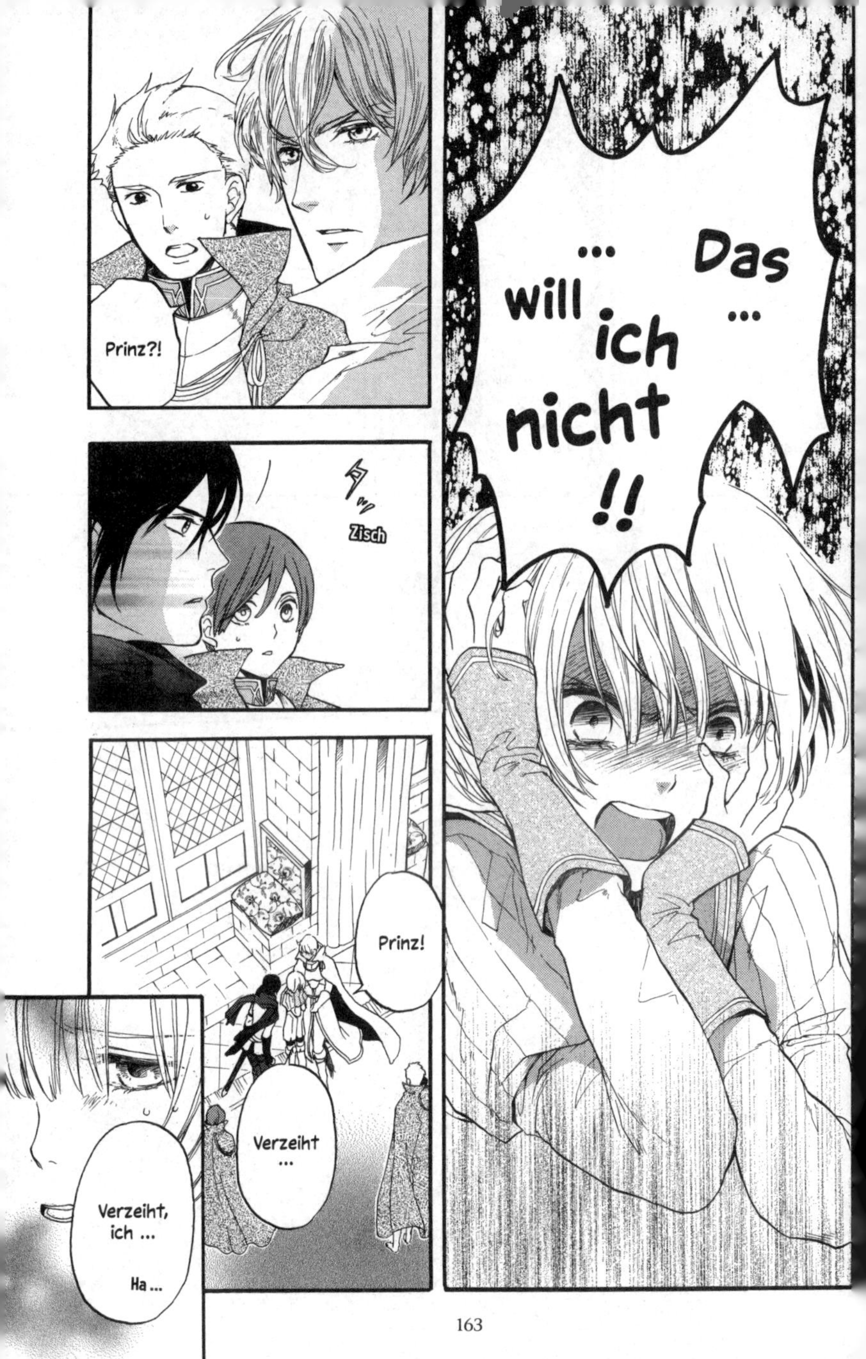
... Das ... will ich nicht !!
Prinz?!
Zisch
Prinz!
Verzeiht ...
Verzeiht, ich ...
Ha ...

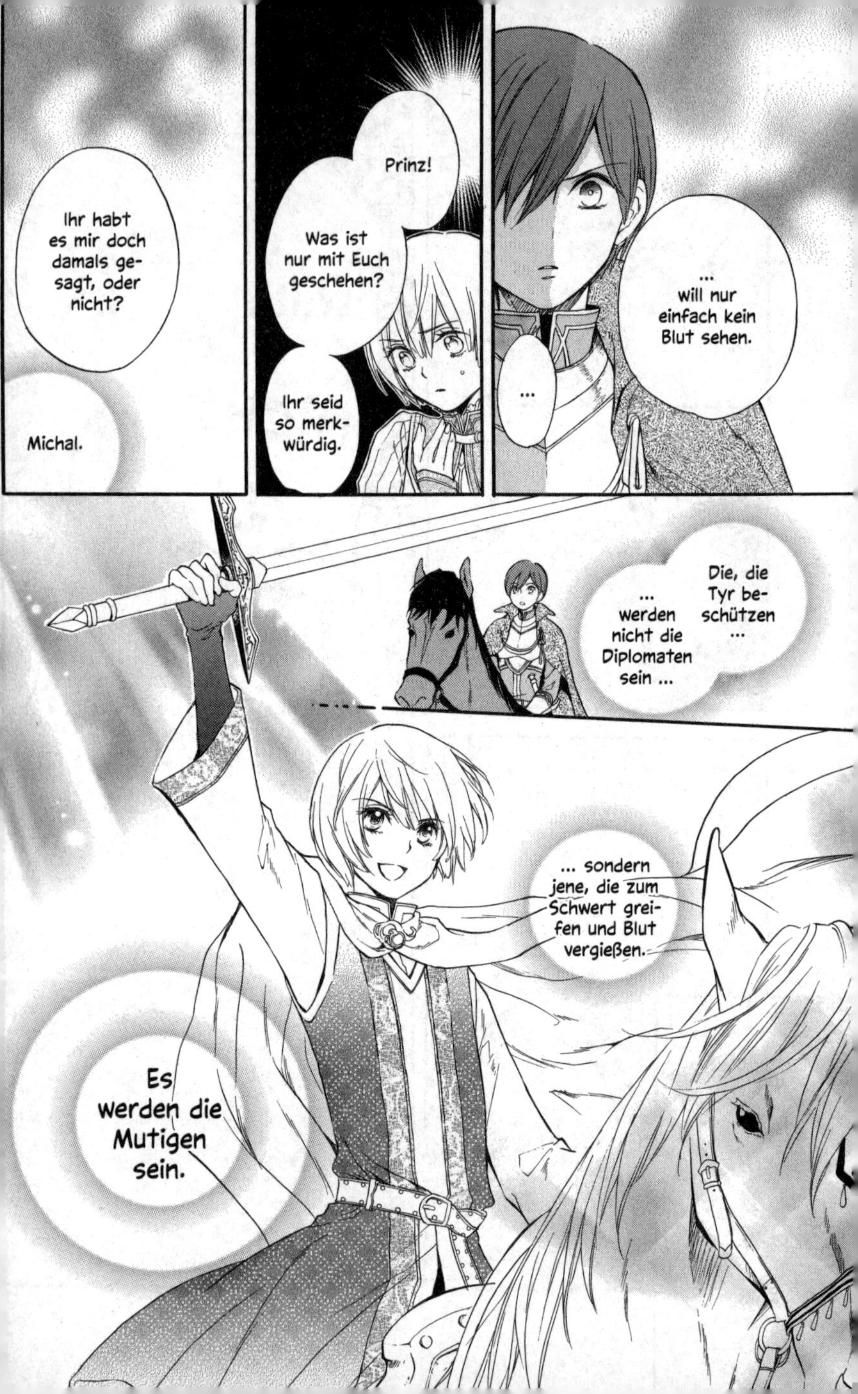

...
... will nur einfach kein Blut sehen.
Prinz!
Was ist nur mit Euch geschehen?
Ihr seid so merkwürdig.
Ihr habt es mir doch damals gesagt, oder nicht?
Michal.
Die, die Tyr beschützen ...
... werden nicht die Diplomaten sein ...
... sondern jene, die zum Schwert greifen und Blut vergießen.
Es werden die Mutigen sein.

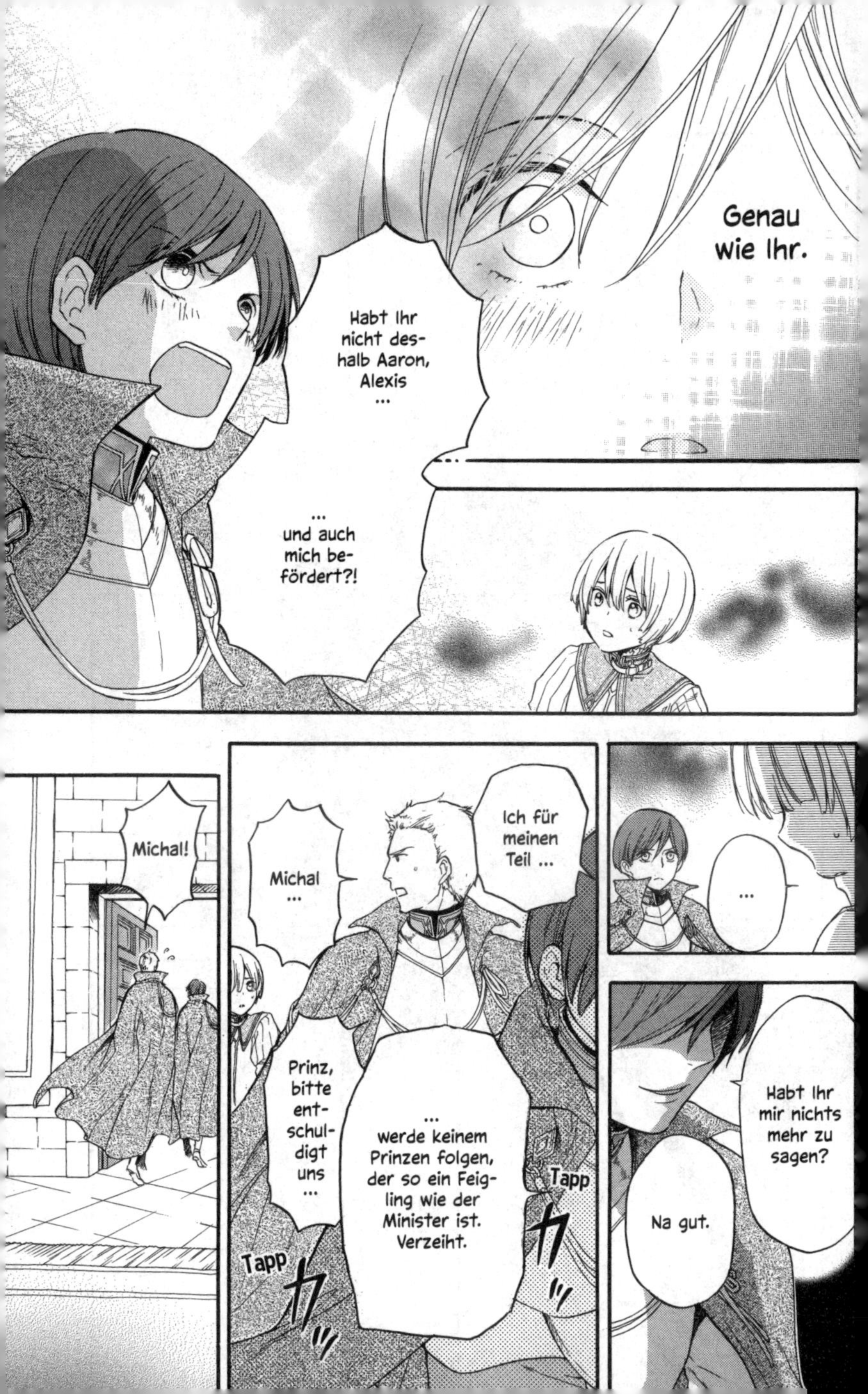

Genau wie Ihr.
Habt Ihr nicht deshalb Aaron, Alexis ...
... und auch mich befördert?!
...
Ich für meinen Teil ...
Michal ...
... werde keinem Prinzen folgen, der so ein Feigling wie der Minister ist. Verzeiht.
Prinz, bitte entschuldigt uns ...
Tapp
Tapp
Habt Ihr mir nichts mehr zu sagen?
Na gut.
Michal!

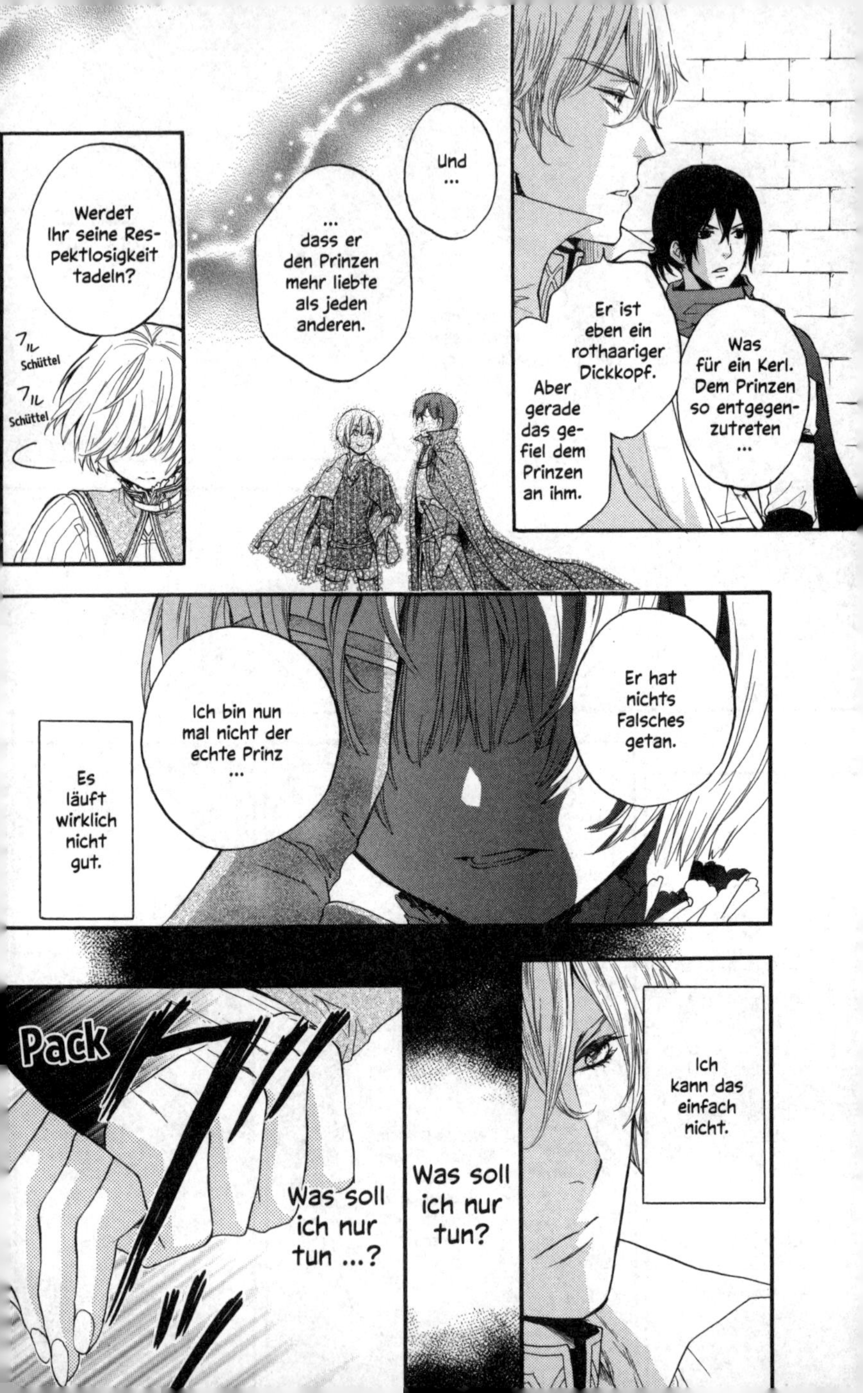

Was für ein Kerl. Dem Prinzen so entgegenzutreten ...
Er ist eben ein rothaariger Dickkopf.
Aber gerade das gefiel dem Prinzen an ihm.
Und ...
... dass er den Prinzen mehr liebte als jeden anderen.
Werdet Ihr seine Respektlosigkeit tadeln?
フル Schüttel
フル Schüttel
Er hat nichts Falsches getan.
Ich bin nun mal nicht der echte Prinz ...
Es läuft wirklich nicht gut.
Ich kann das einfach nicht.
Was soll ich nur tun?
Was soll ich nur tun ...?
Pack

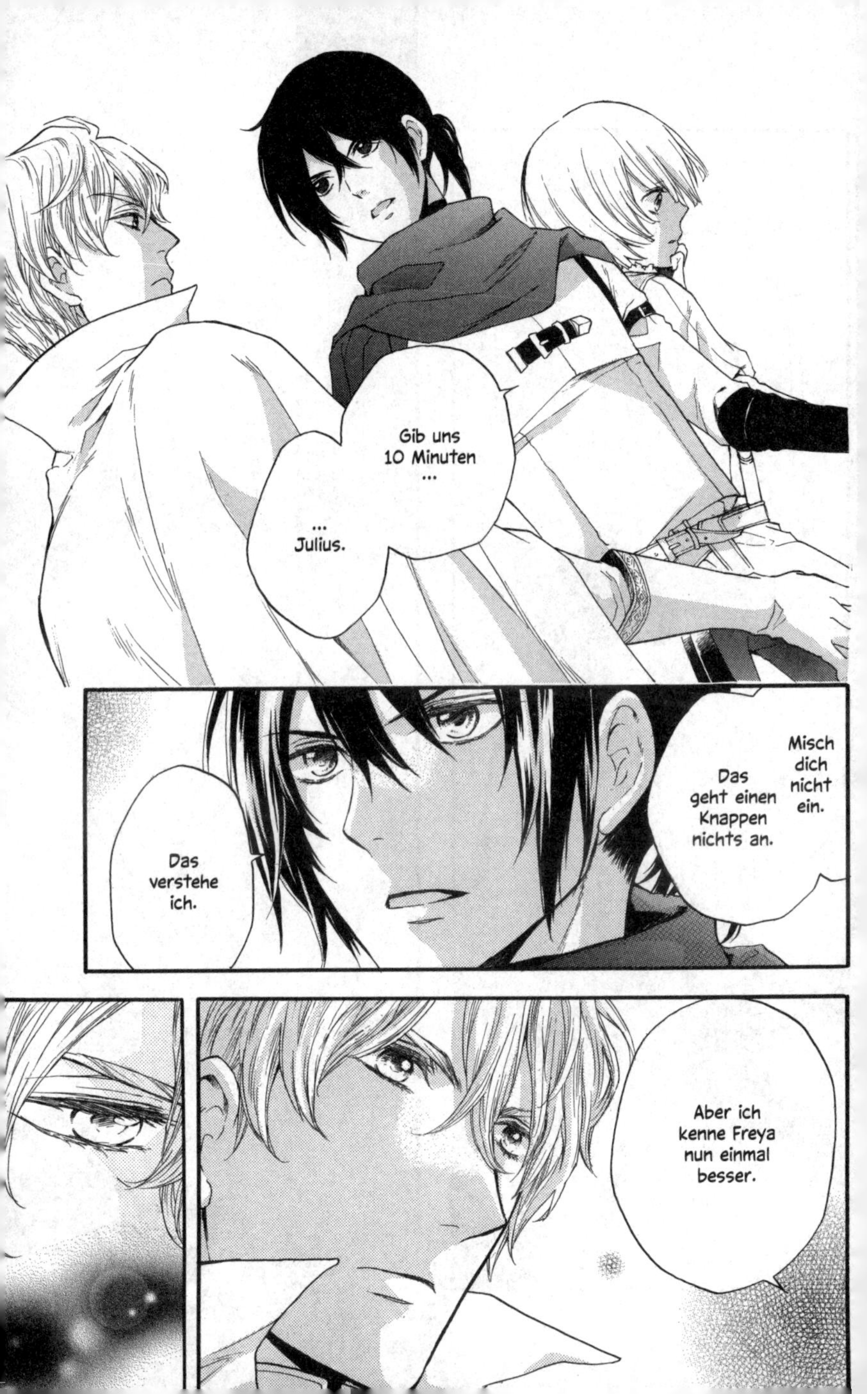
Gib uns 10 Minuten ...
... Julius.
Misch dich nicht ein.
Das geht einen Knappen nichts an.
Das verstehe ich.
Aber ich kenne Freya nun einmal besser.

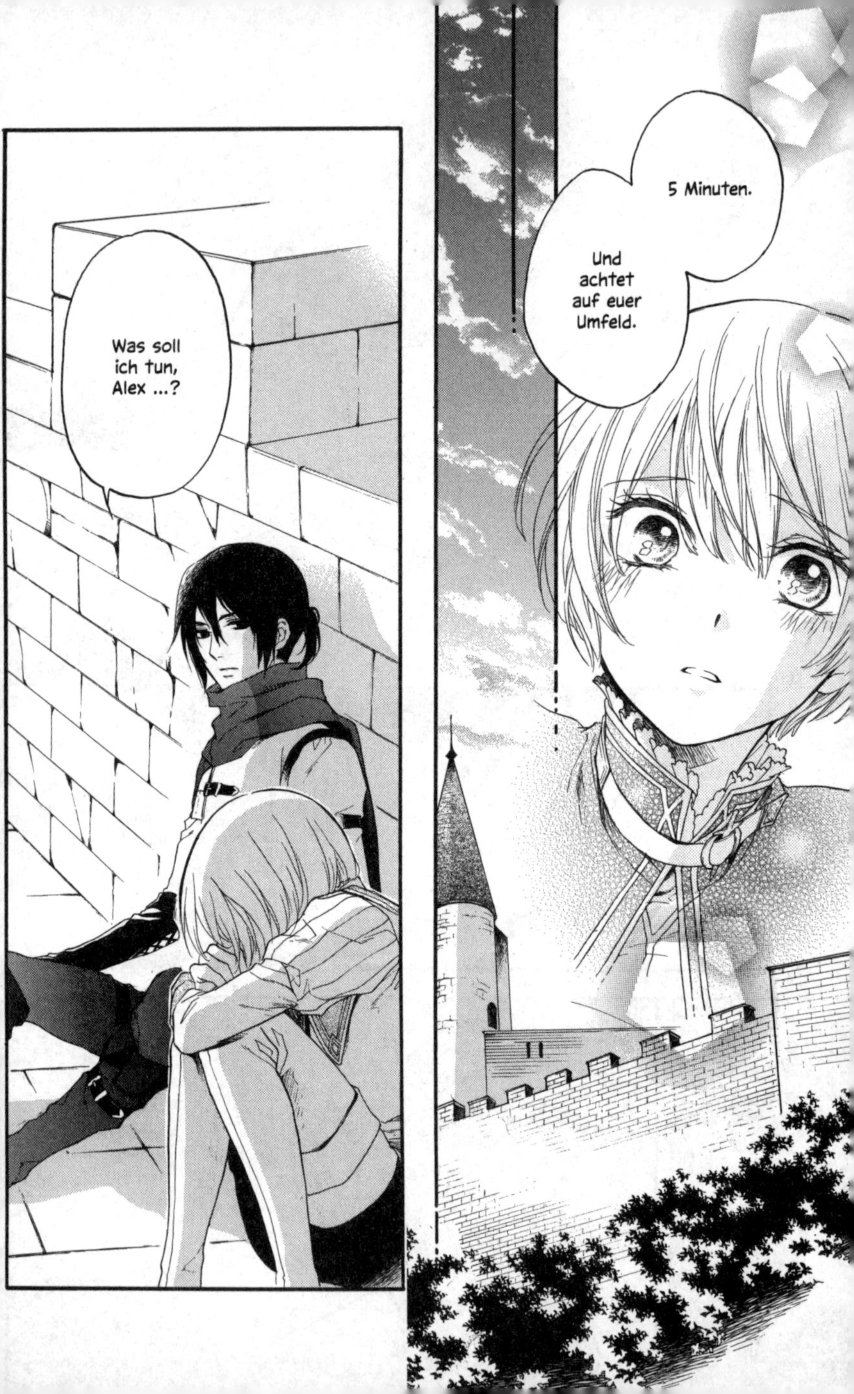
5 Minuten.
Und achtet auf euer Umfeld.
Was soll ich tun, Alex ...?

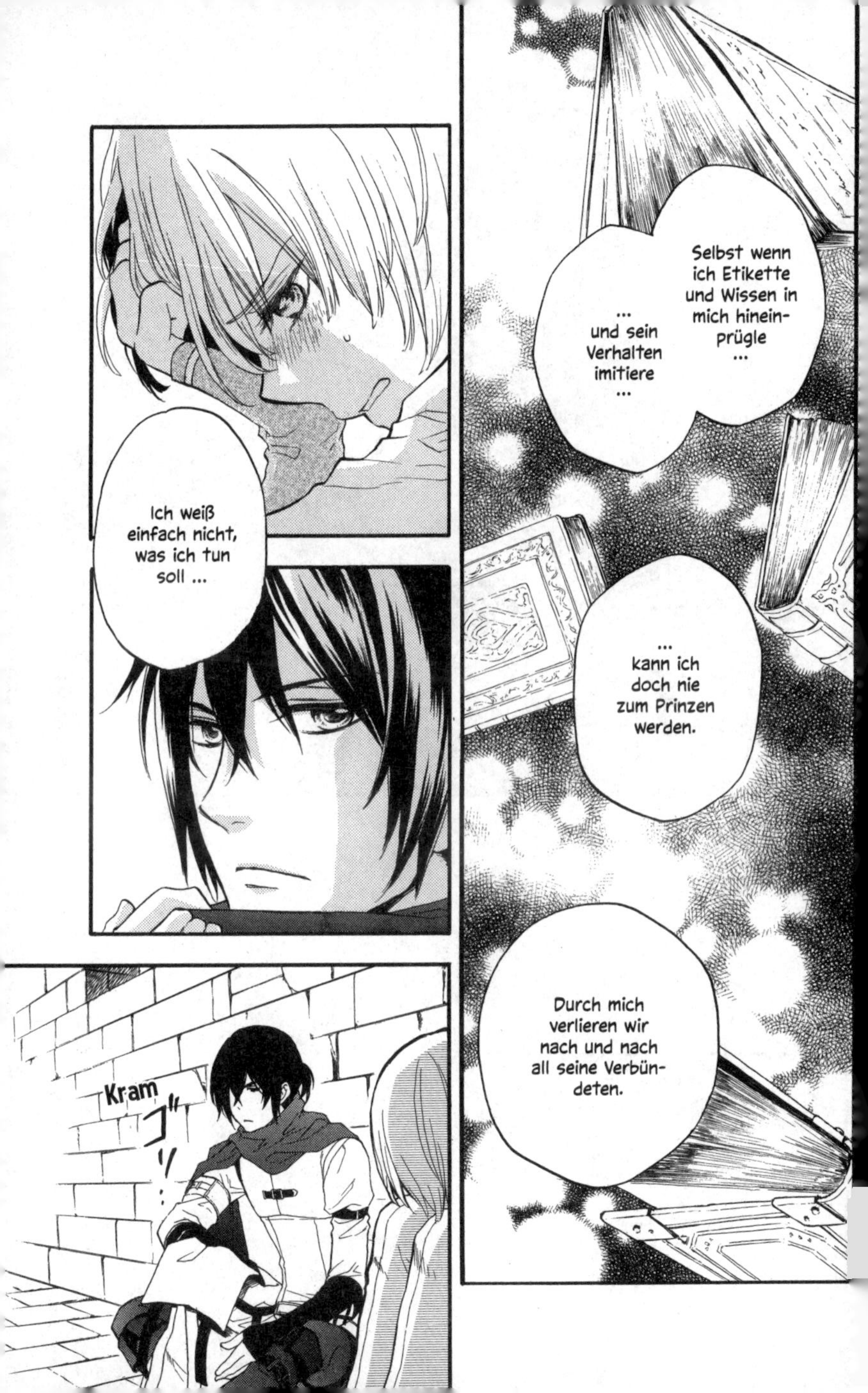
Selbst wenn ich Etikette und Wissen in mich hineinprügle …
… und sein Verhalten imitiere …
… kann ich doch nie zum Prinzen werden.
Durch mich verlieren wir nach und nach all seine Verbündeten.
Ich weiß einfach nicht, was ich tun soll …
Kram

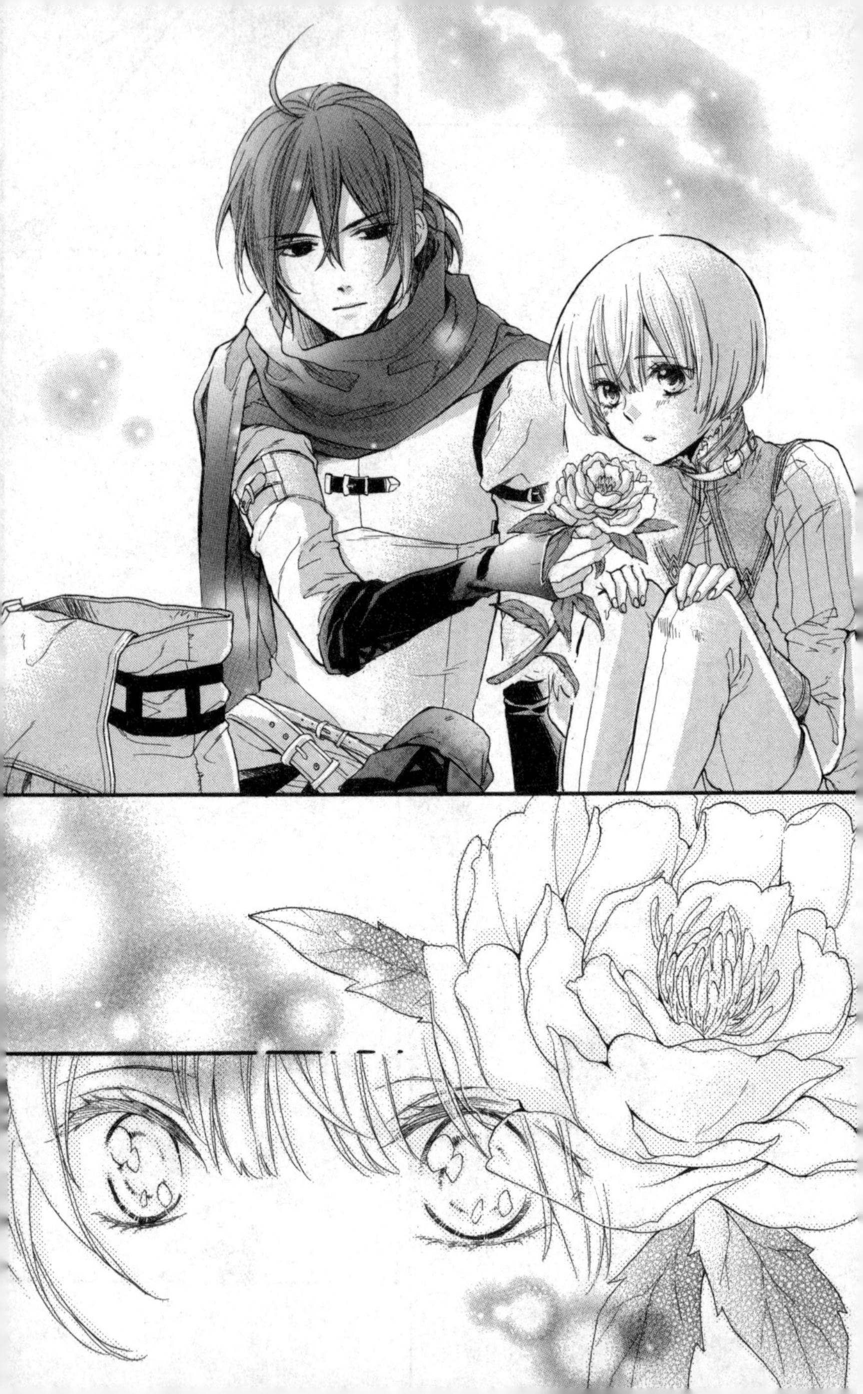

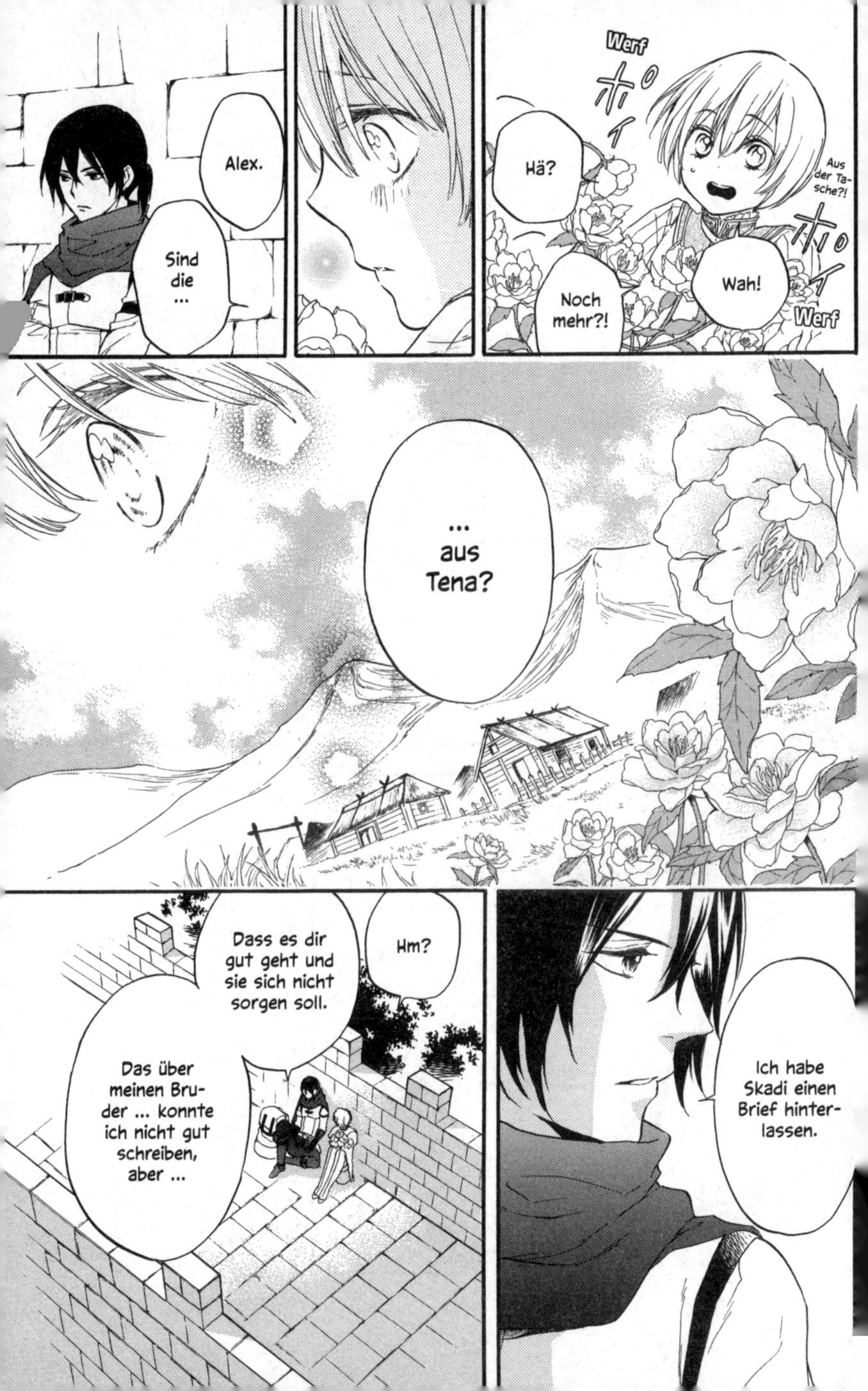

Werf
Hä?
Aus der Tasche?!
Wah!
Noch mehr?!
Werf
Alex.
Sind die ...
... aus Tena?
Ich habe Skadi einen Brief hinterlassen.
Hm?
Dass es dir gut geht und sie sich nicht sorgen soll.
Das über meinen Bruder ... konnte ich nicht gut schreiben, aber ...

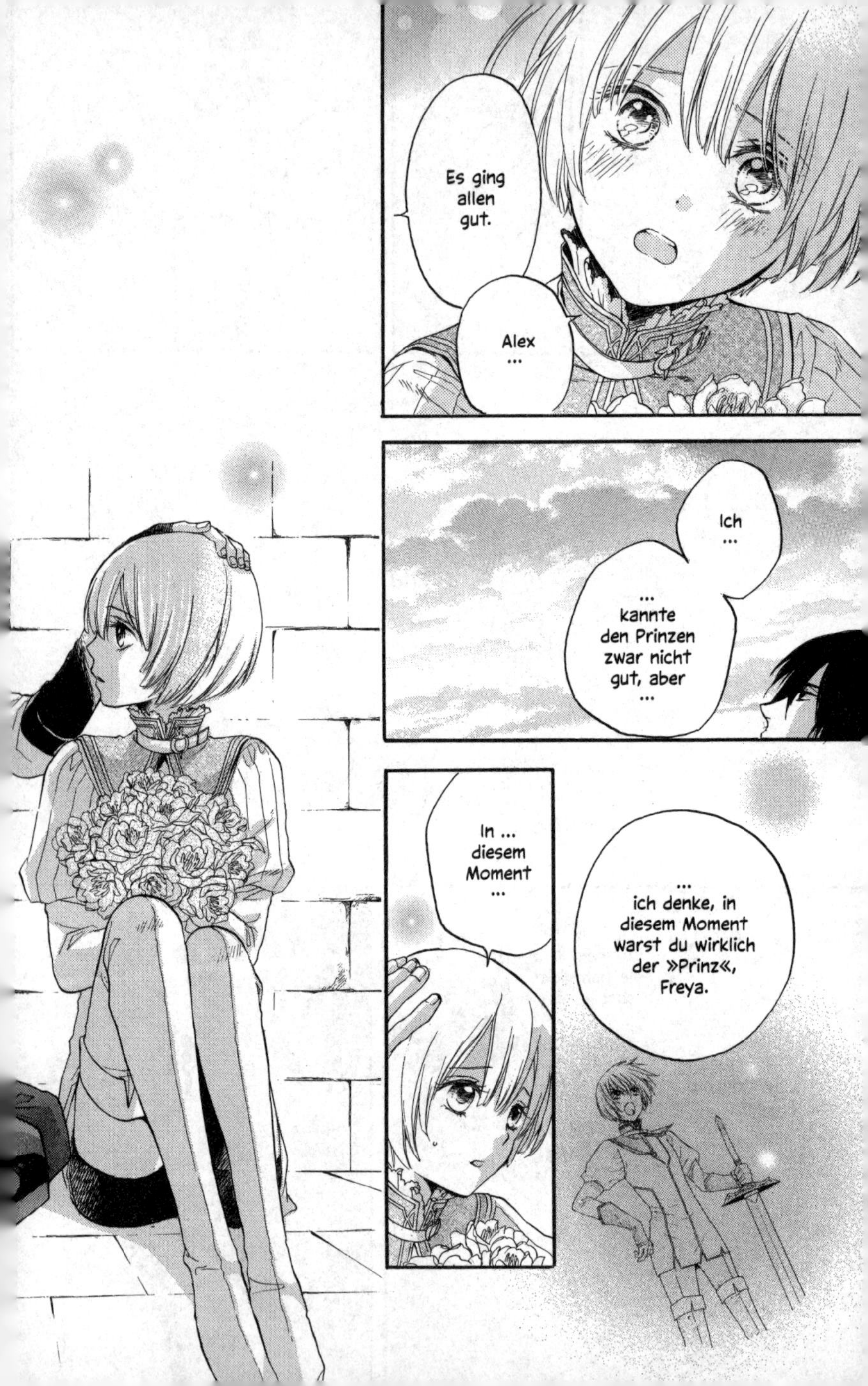
Es ging allen gut.
Alex ...
Ich ...
... kannte den Prinzen zwar nicht gut, aber ...
... ich denke, in diesem Moment warst du wirklich der »Prinz«, Freya.
In ... diesem Moment ...

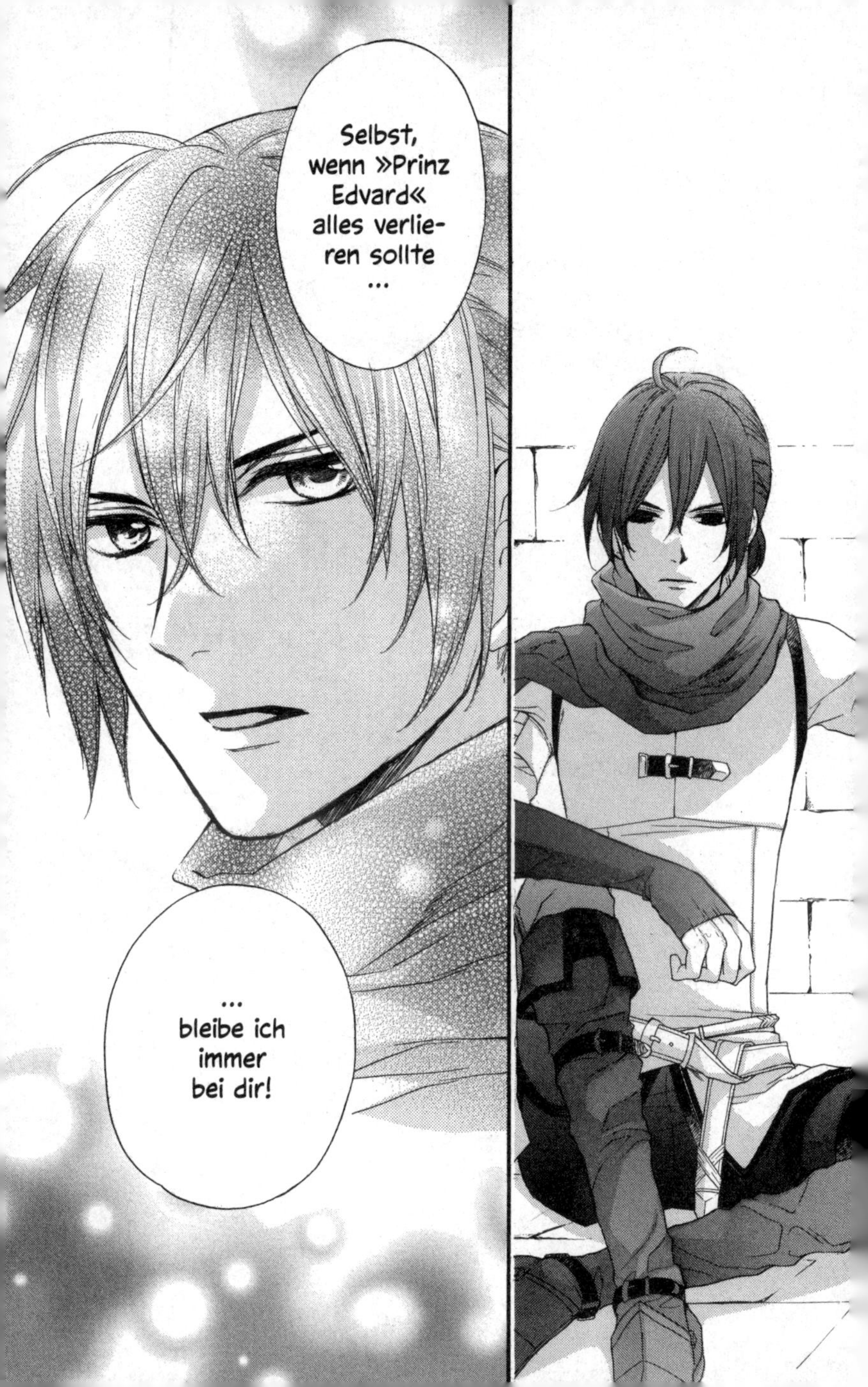
Selbst, wenn »Prinz Edvard« alles verlieren sollte …
… bleibe ich immer bei dir!

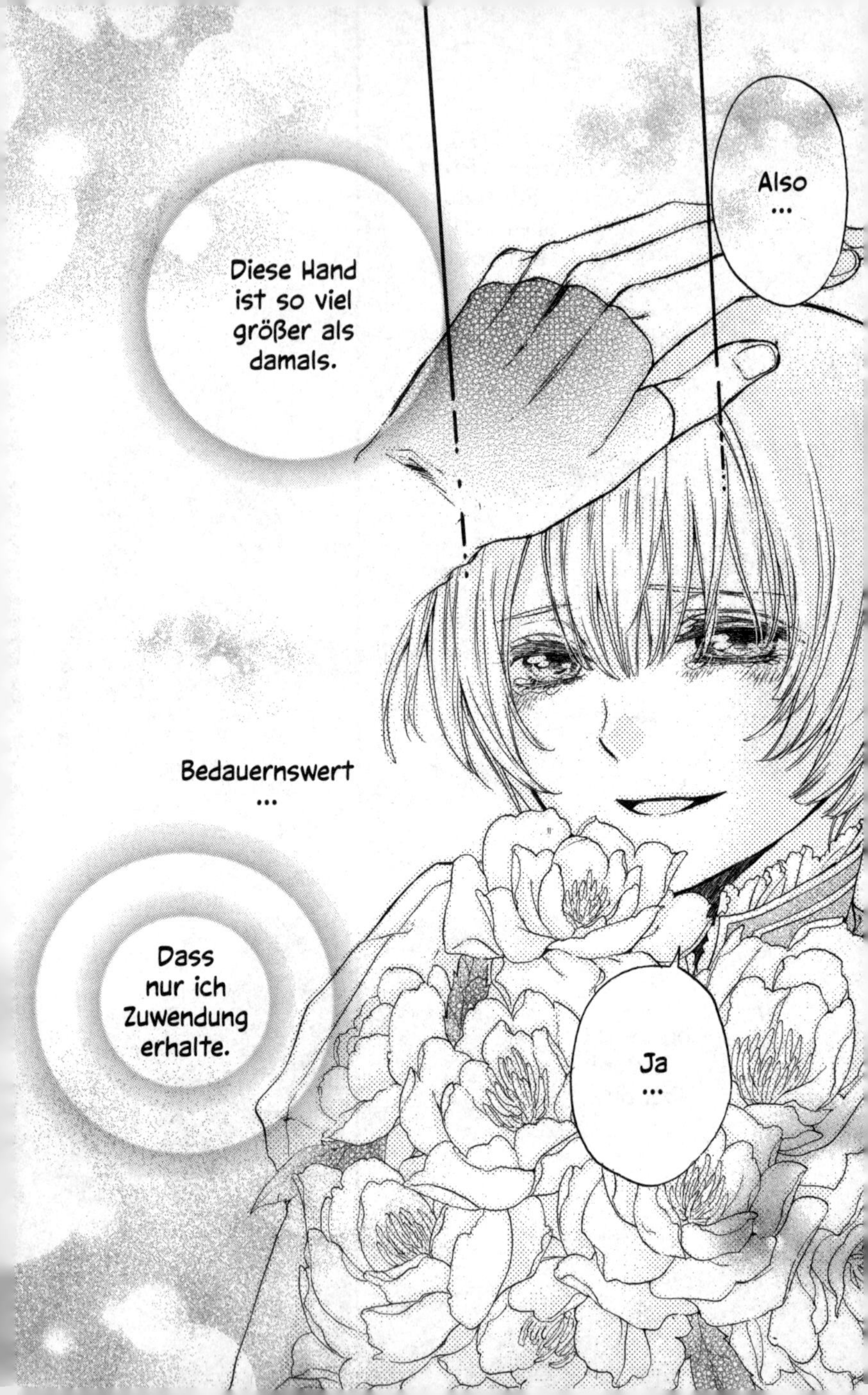

Also ...
Diese Hand ist so viel größer als damals.
Bedauernswert ...
Ja ...
Dass nur ich Zuwendung erhalte.

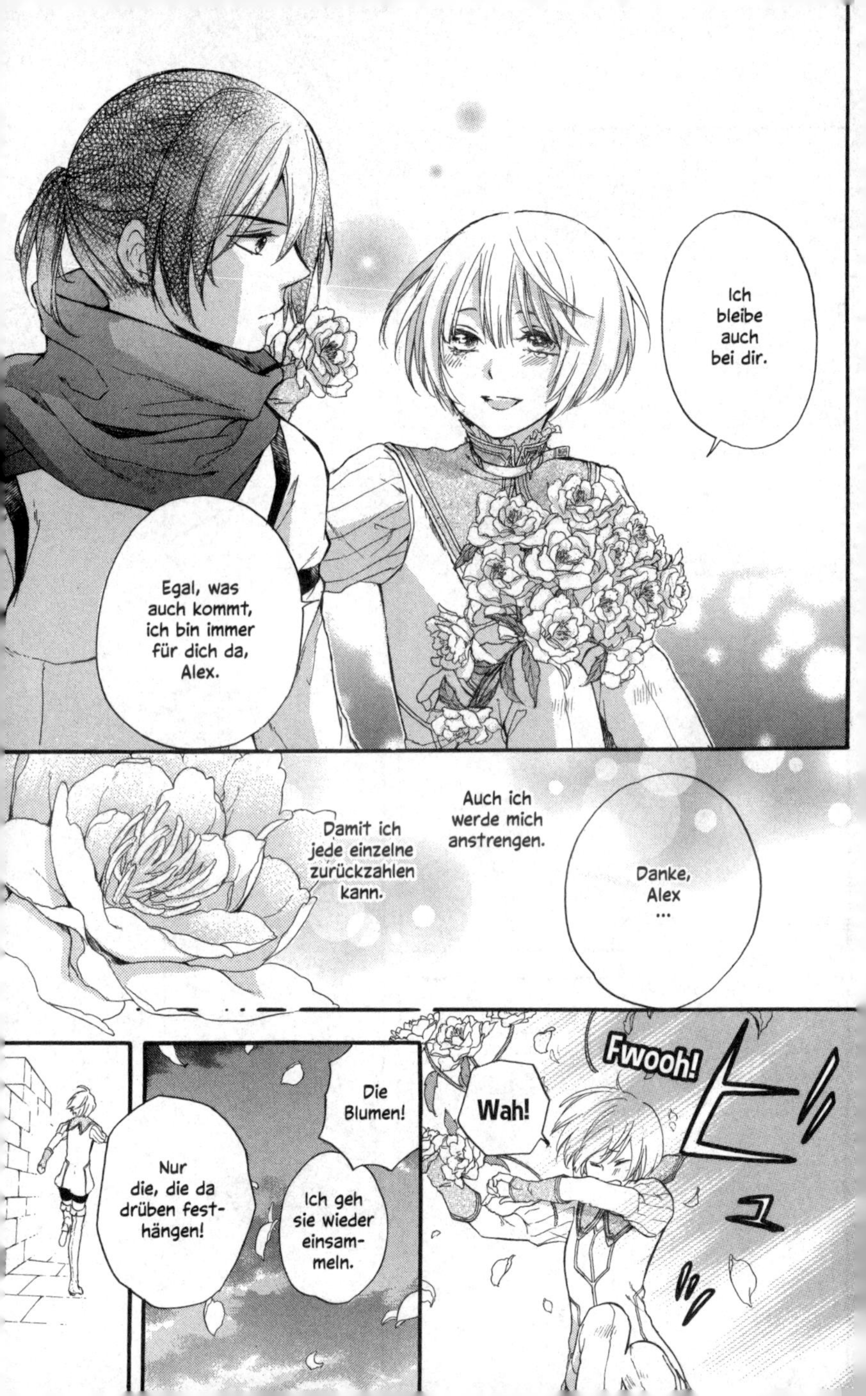
Ich bleibe auch bei dir.
Egal, was auch kommt, ich bin immer für dich da, Alex.
Danke, Alex ...
Auch ich werde mich anstrengen.
Damit ich jede einzelne zurückzahlen kann.
Fwooh!
Wah!
Die Blumen!
Ich geh sie wieder einsammeln.
Nur die, die da drüben festhängen!

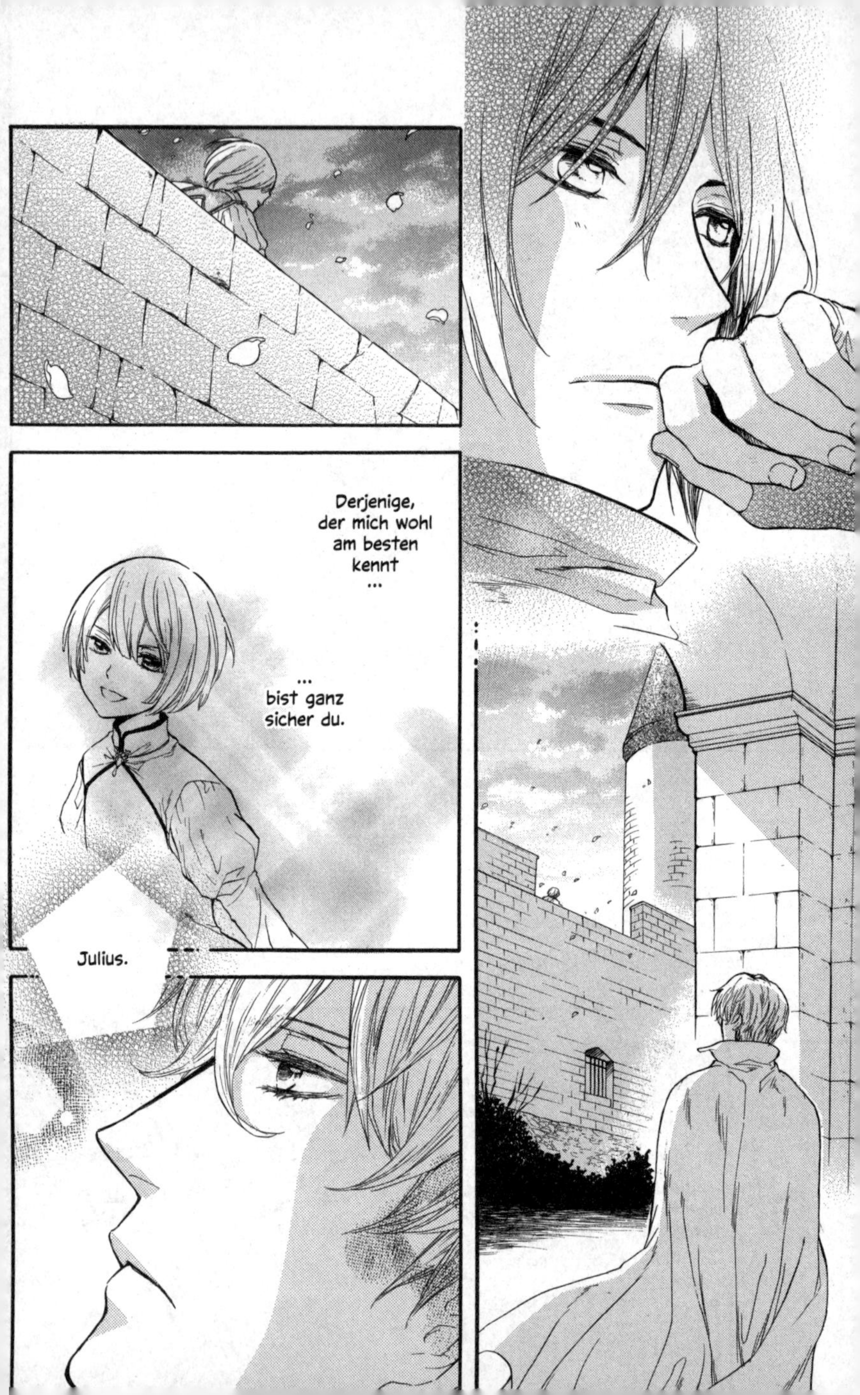
Derjenige, der mich wohl am besten kennt ...
... bist ganz sicher du.
Julius.

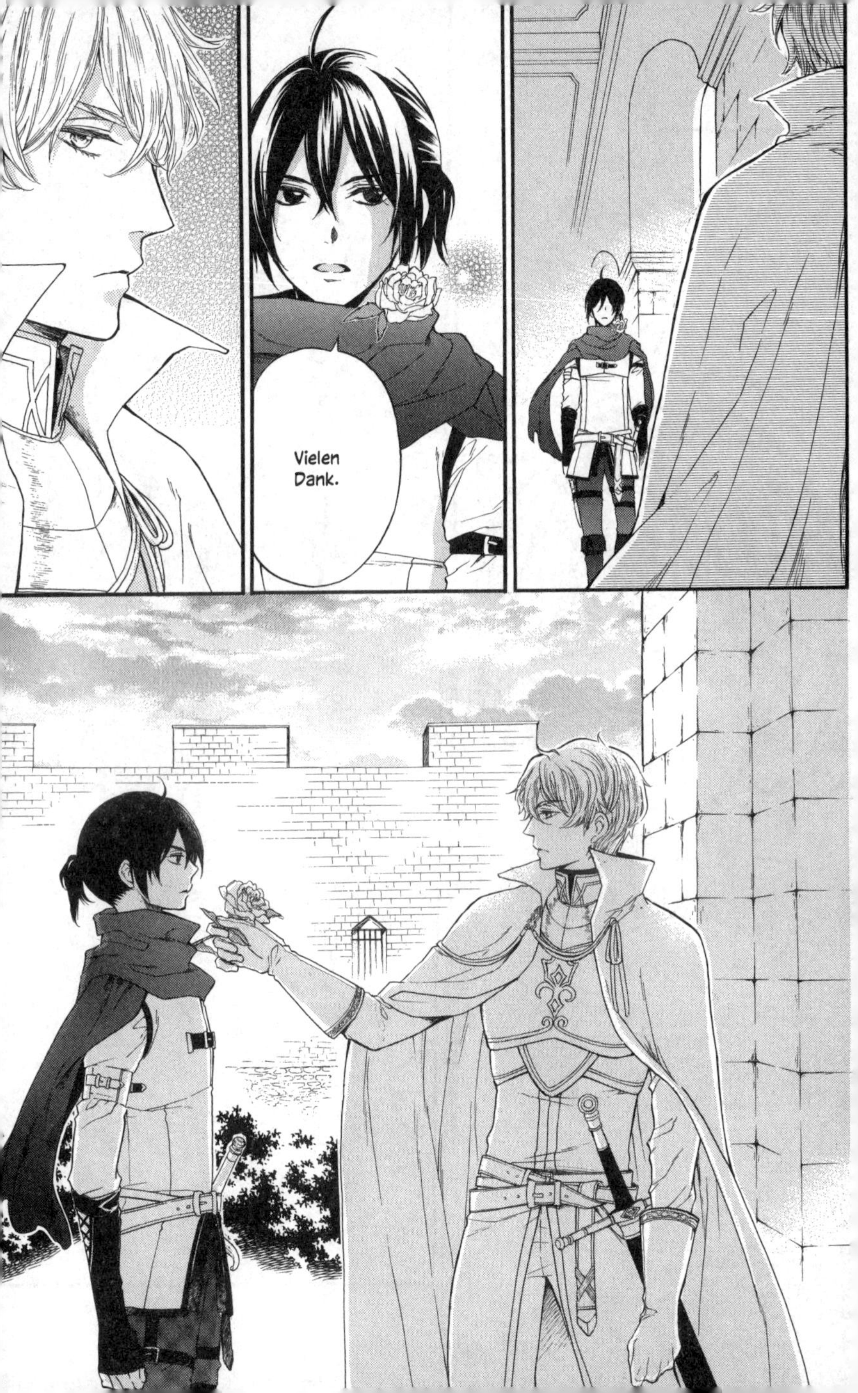
Vielen
Dank.

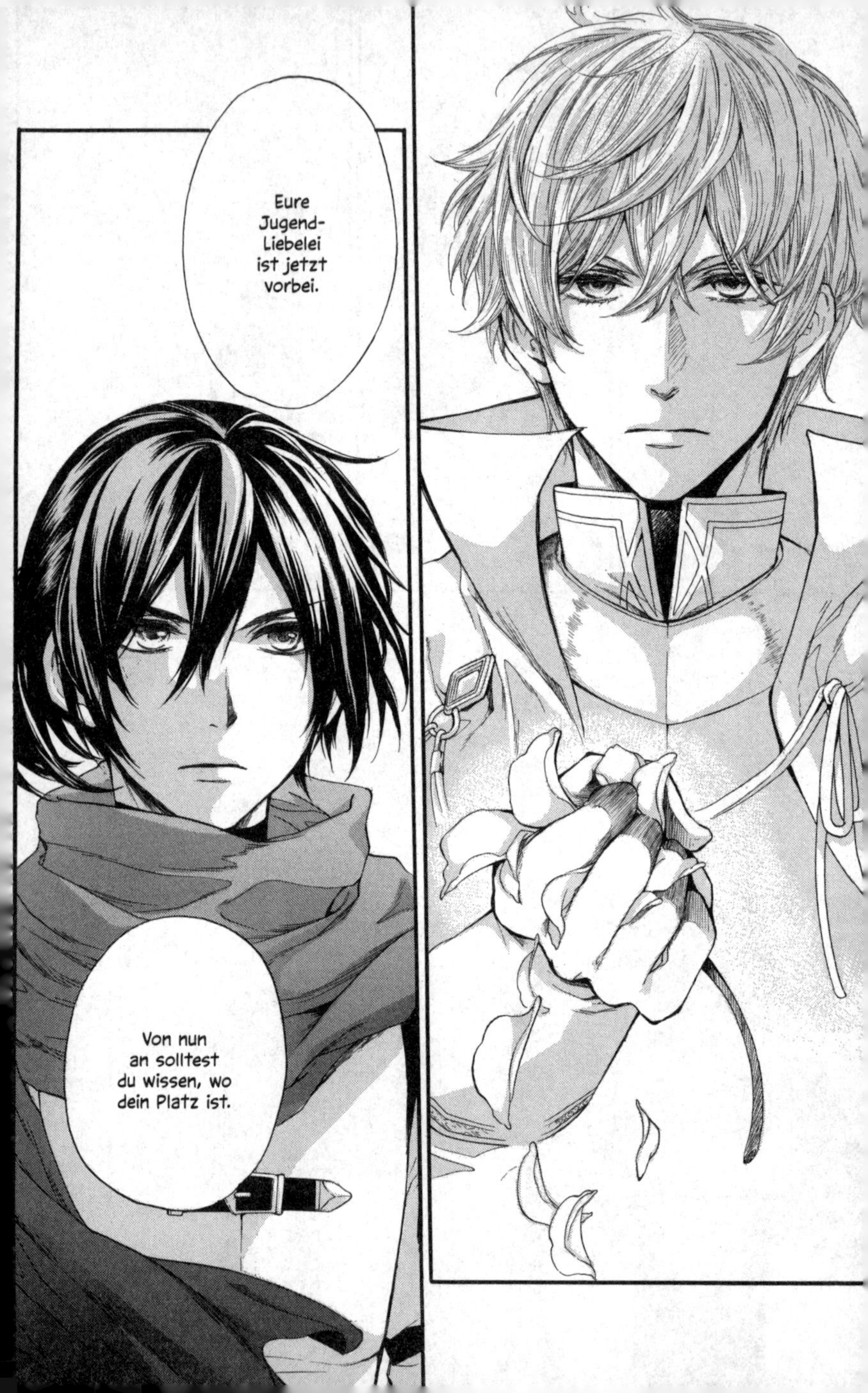
Eure Jugend-Liebelei ist jetzt vorbei.
Von nun an solltest du wissen, wo dein Platz ist.

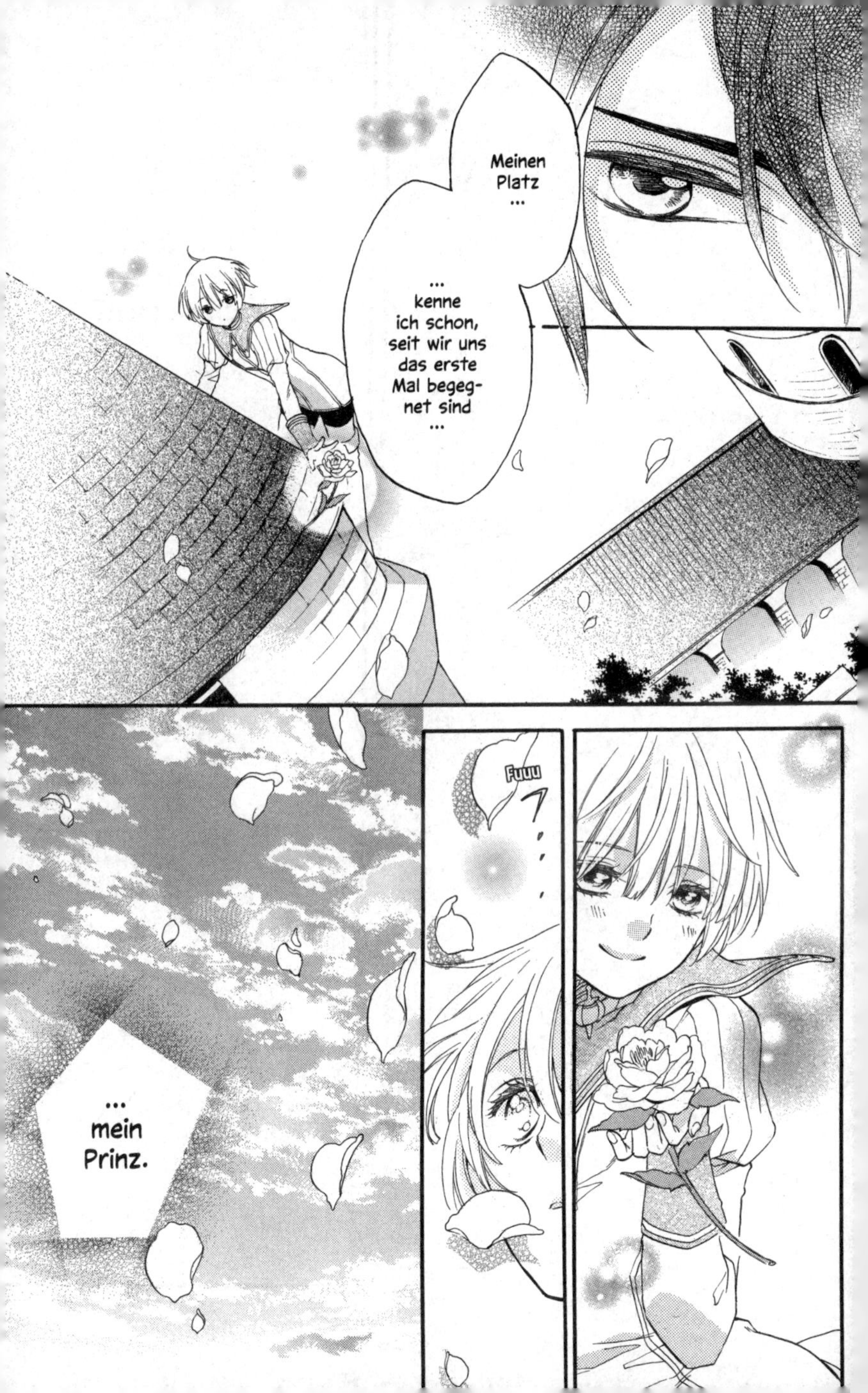
Meinen Platz ...
... kenne ich schon, seit wir uns das erste Mal begegnet sind ...
Fuuu
... mein Prinz.

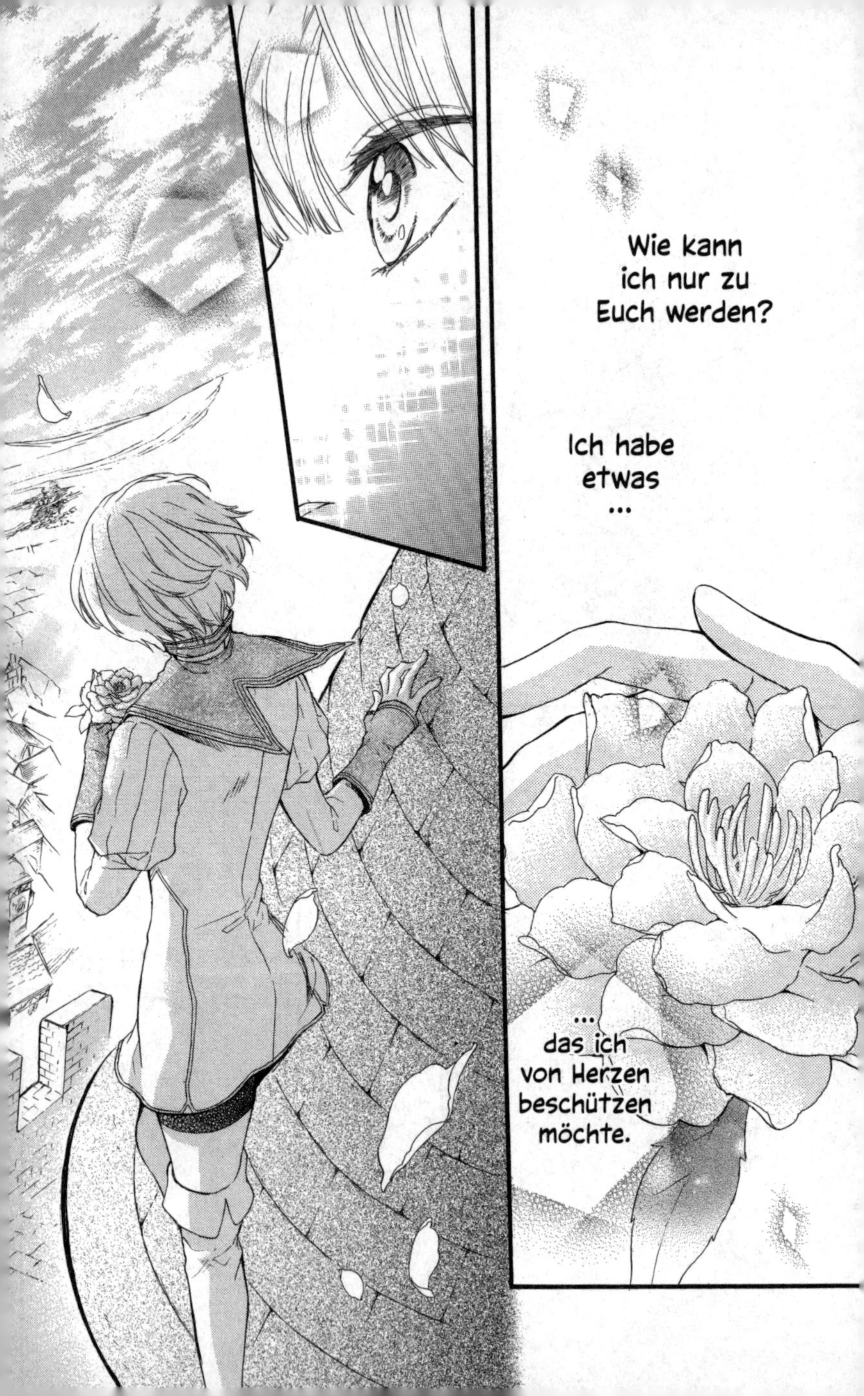
Wie kann ich nur zu Euch werden?
Ich habe etwas ...
... das ich von Herzen beschützen möchte.

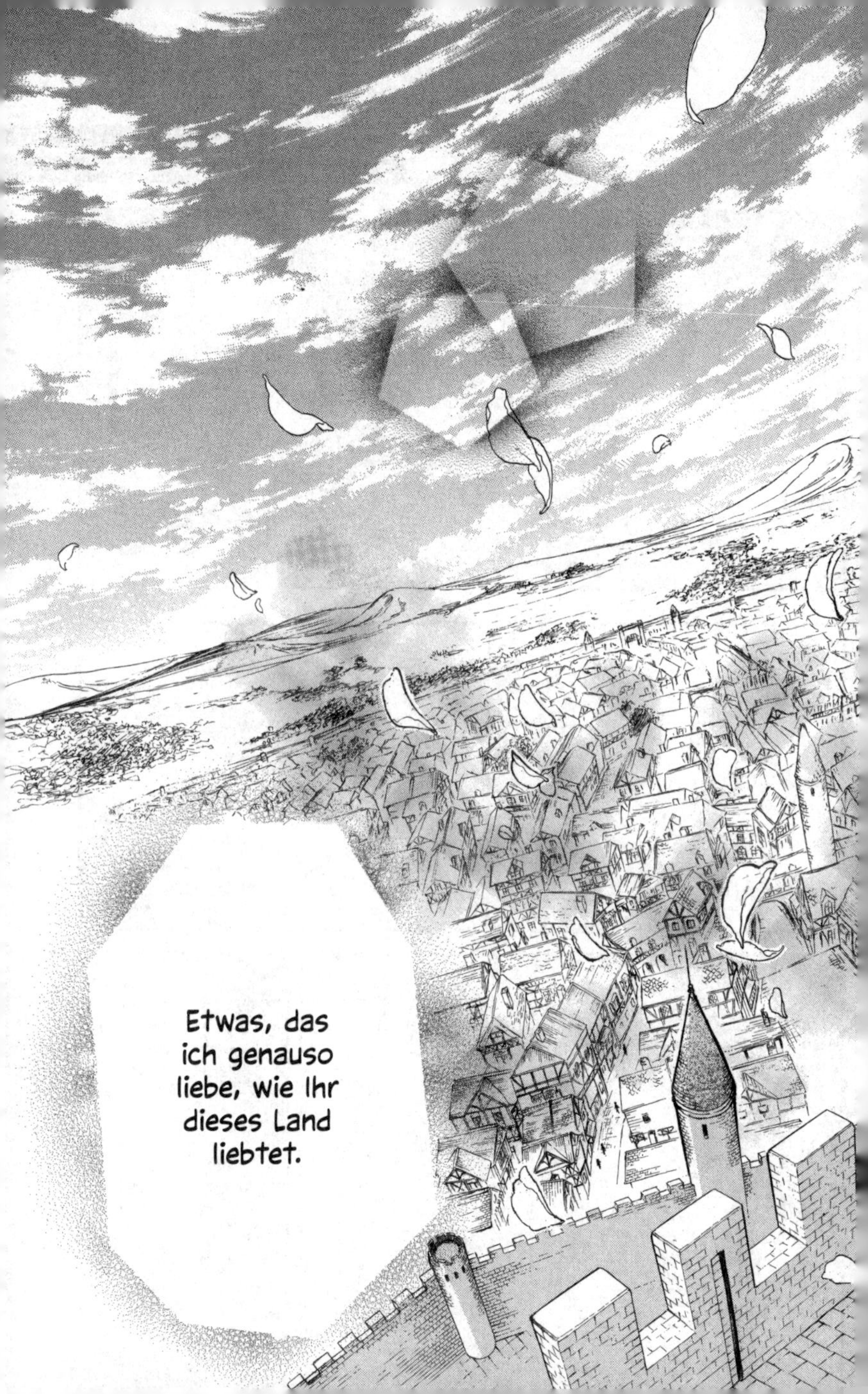
Etwas, das ich genauso liebe, wie Ihr dieses Land liebtet.

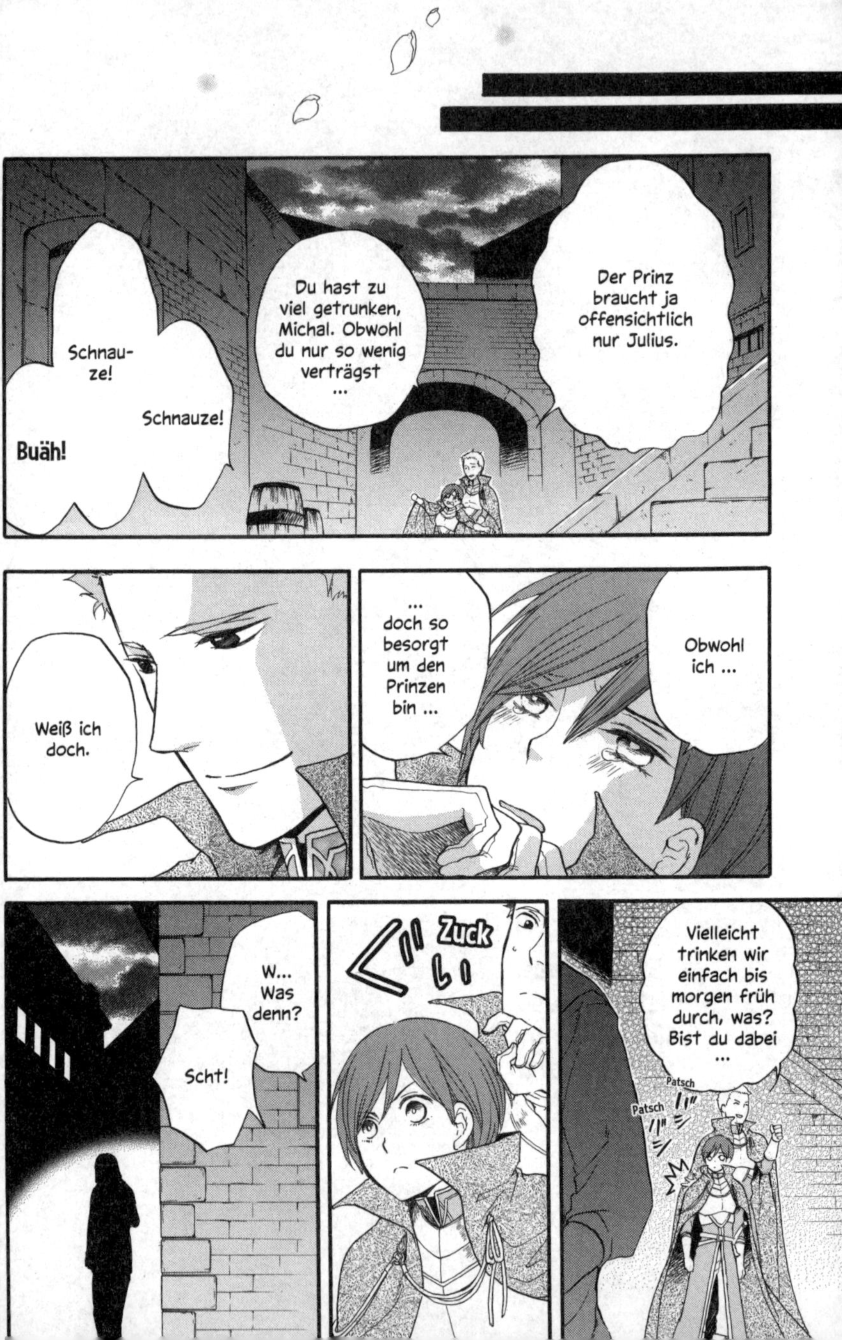
Der Prinz braucht ja offensichtlich nur Julius.
Du hast zu viel getrunken, Michal. Obwohl du nur so wenig verträgst ...
Schnauze!
Schnauze!
Buäh!
Obwohl ich ...
... doch so besorgt um den Prinzen bin ...
Weiß ich doch.
Vielleicht trinken wir einfach bis morgen früh durch, was? Bist du dabei ...
Patsch
Patsch
Zuck
W... Was denn?
Scht!

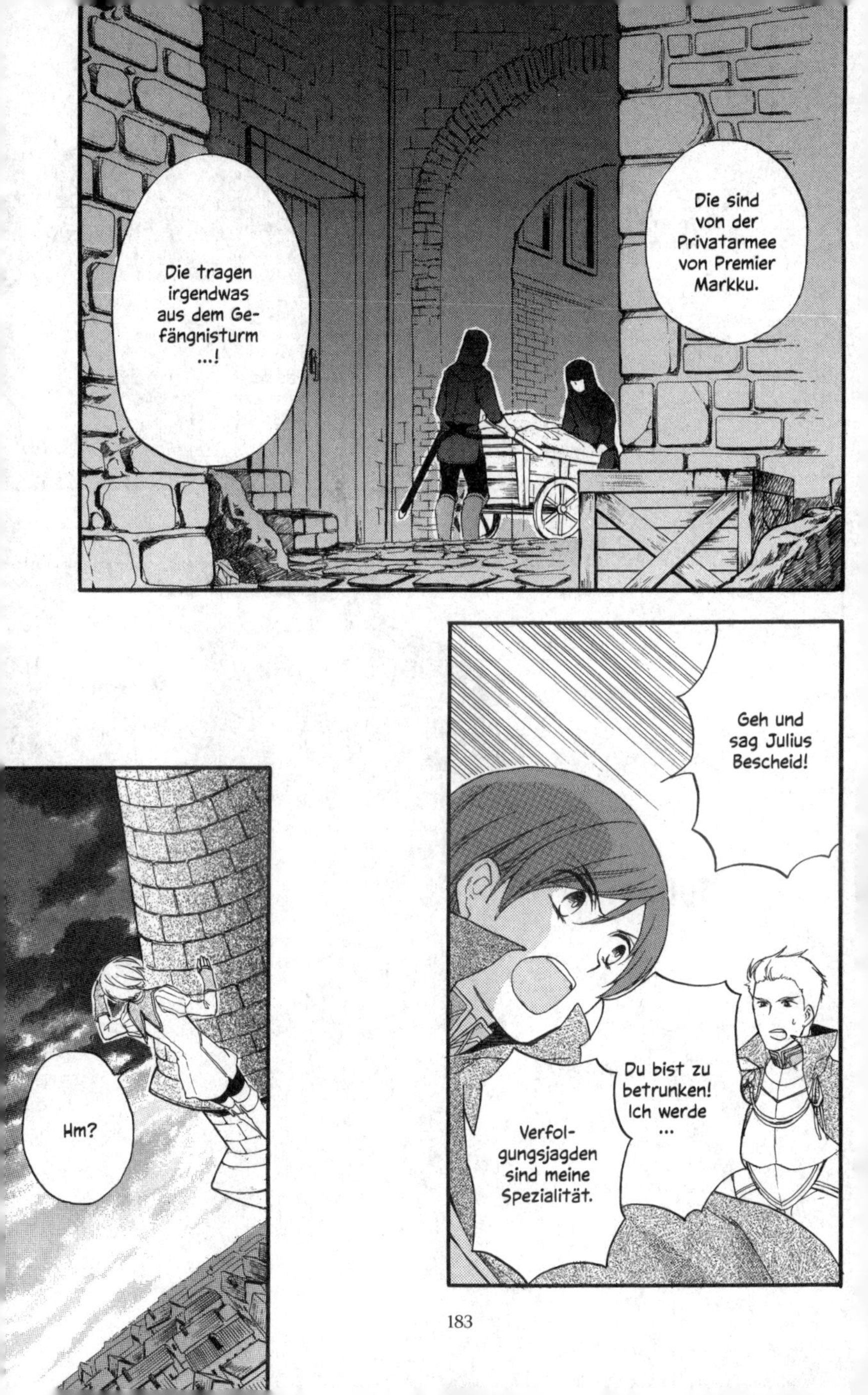
Die sind von der Privatarmee von Premier Markku.
Die tragen irgendwas aus dem Gefängnisturm ...!
Geh und sag Julius Bescheid!
Du bist zu betrunken! Ich werde ...
Verfolgungsjagden sind meine Spezialität.
Hm?

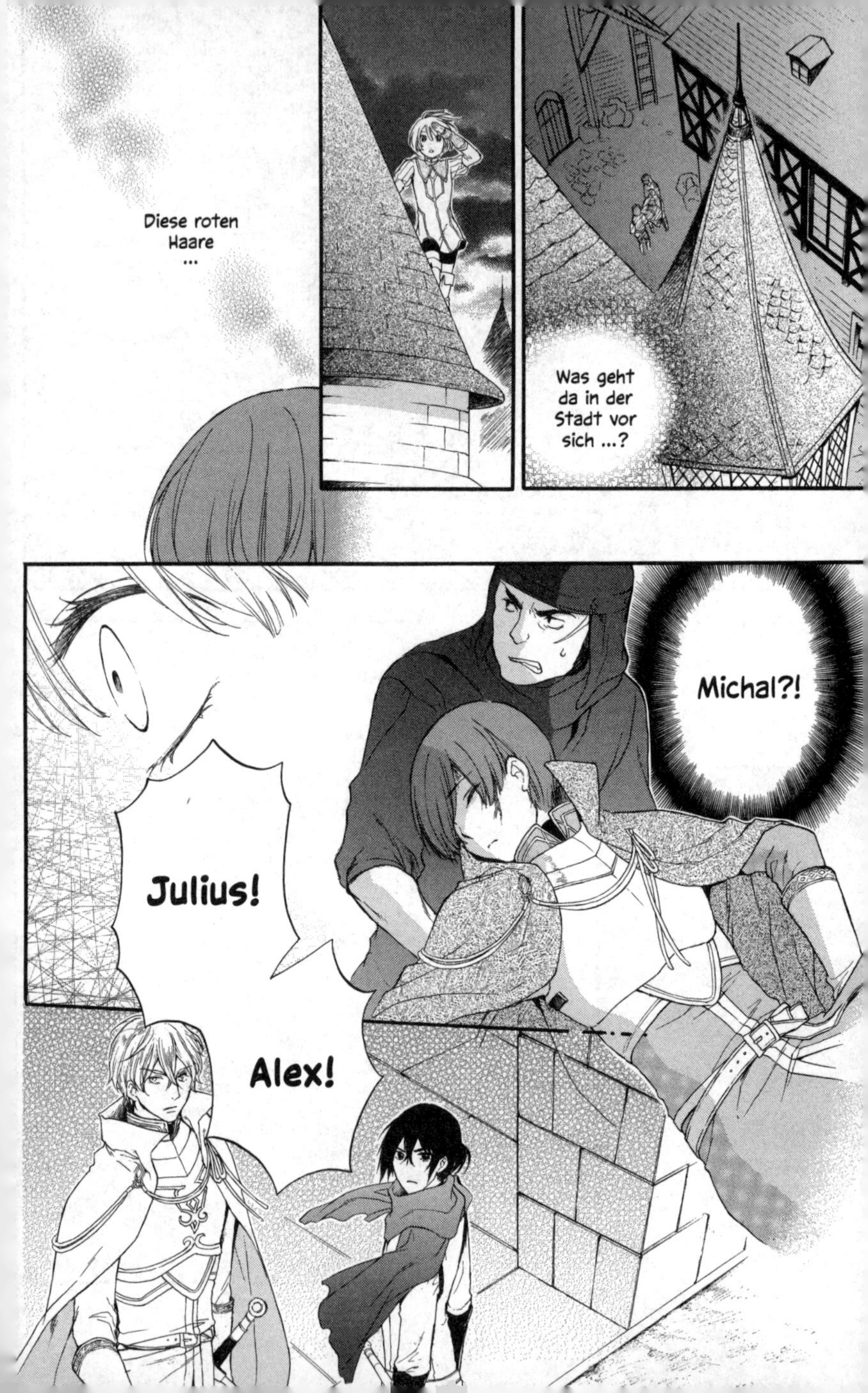
Was geht
da in der
Stadt vor
sich ...?
Diese roten
Haare
...
Michal?!
Julius!
Alex!

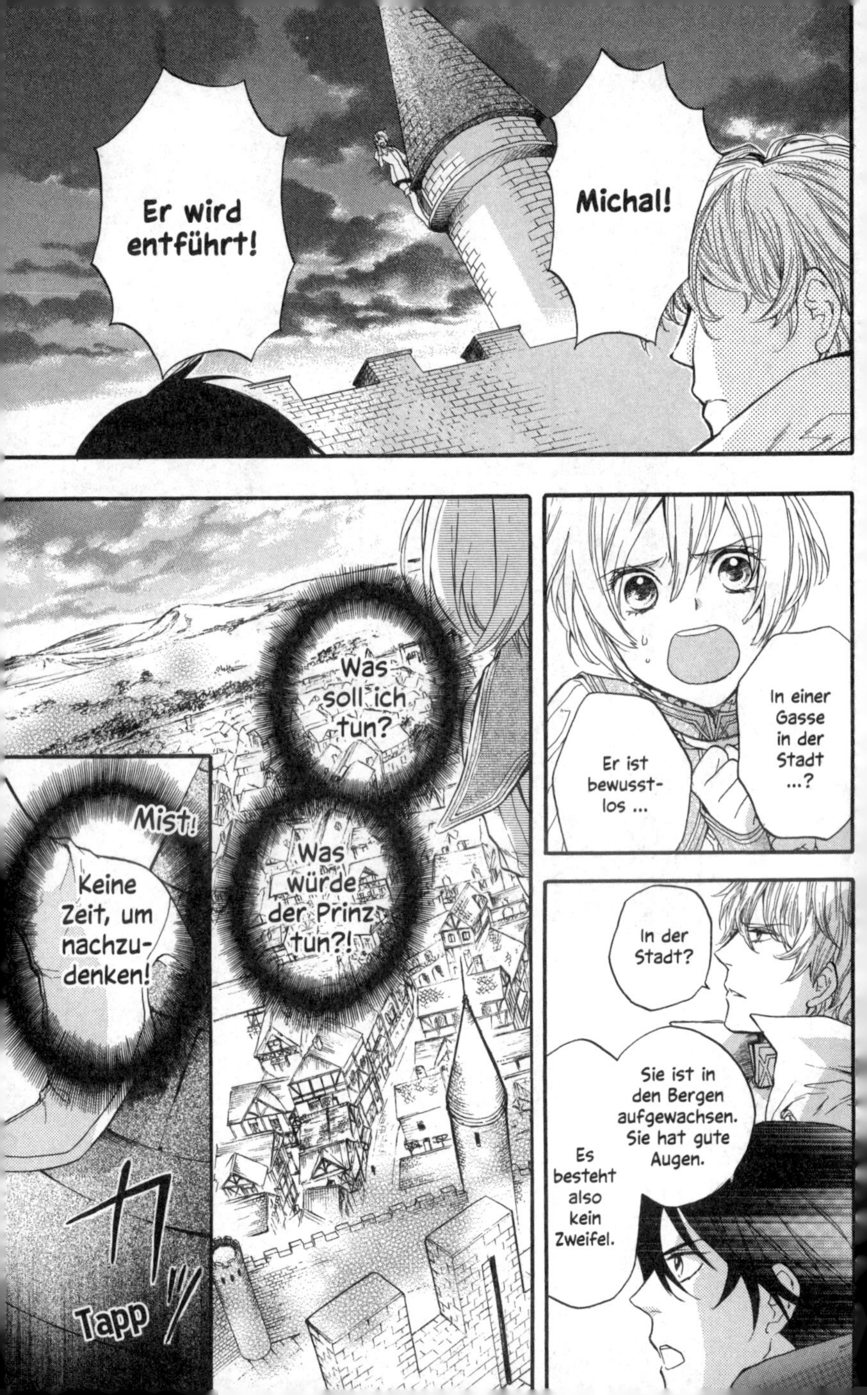

Michal!
Er wird entführt!
In einer Gasse in der Stadt ...?
Er ist bewusstlos ...
In der Stadt?
Sie ist in den Bergen aufgewachsen. Sie hat gute Augen.
Es besteht also kein Zweifel.
Was soll ich tun?
Was würde der Prinz tun?!
Mist!
Keine Zeit, um nachzudenken!
Tapp

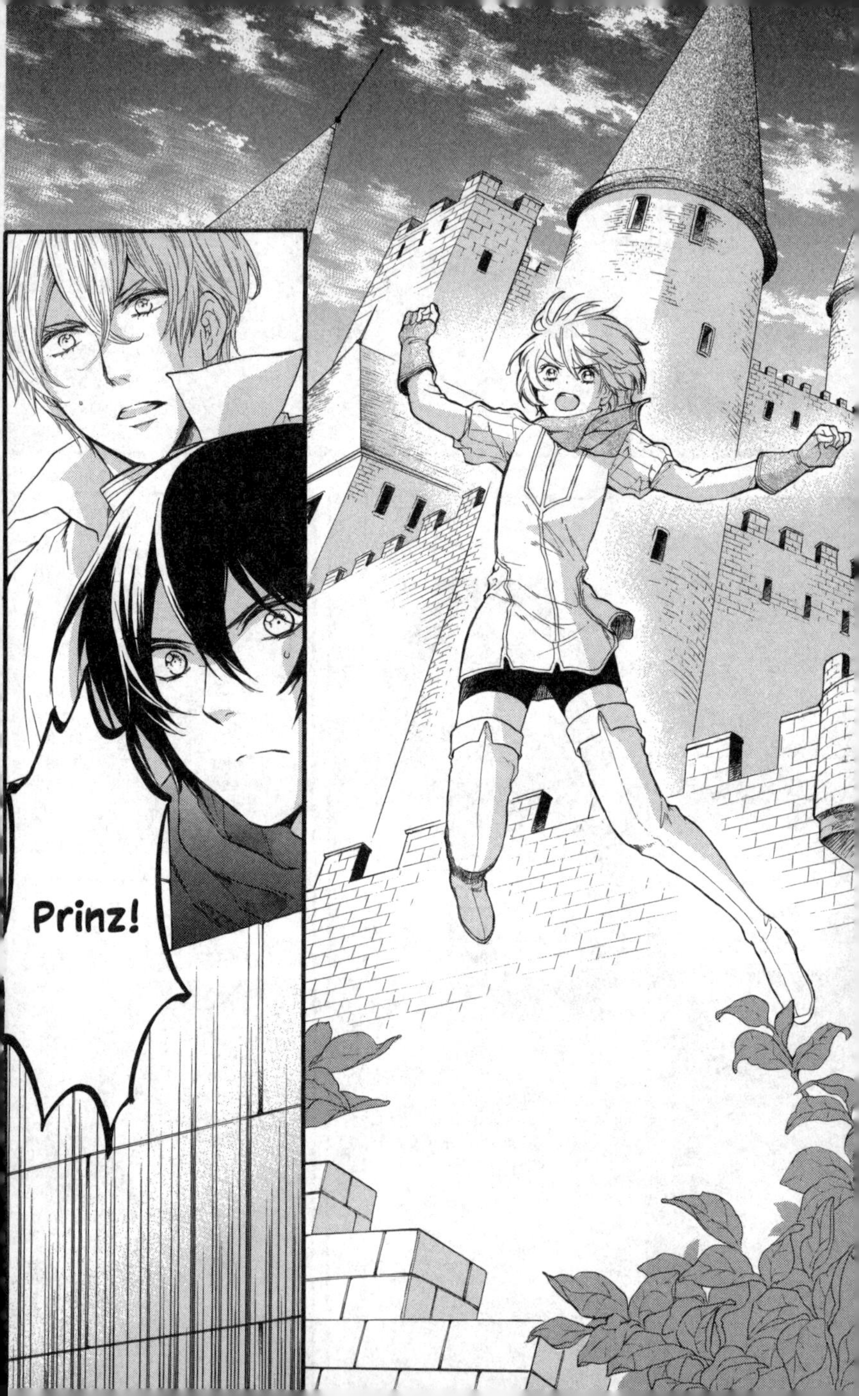
Prinz!

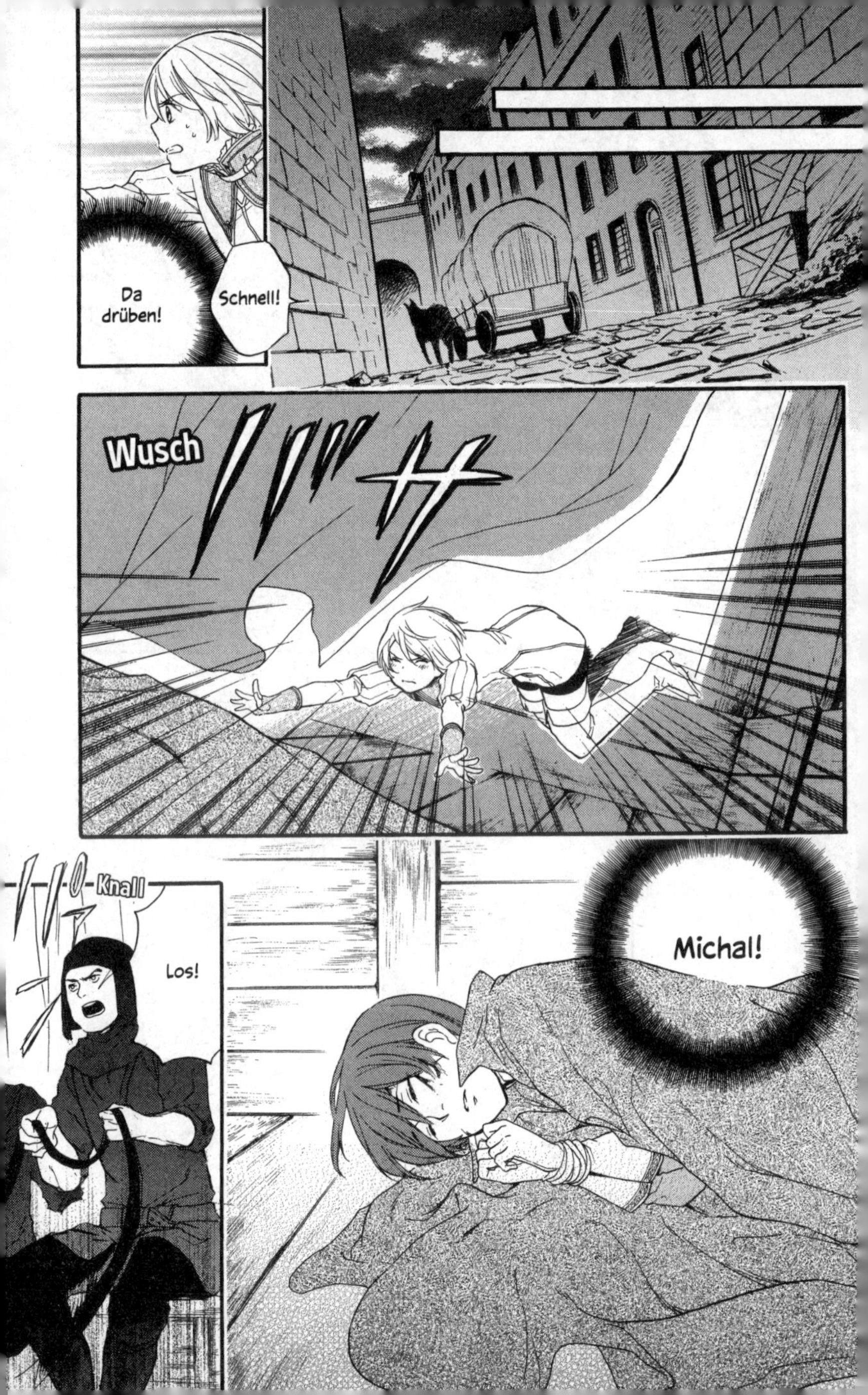
Schnell!
Da drüben!
Wusch
Michal!
Knall
Los!

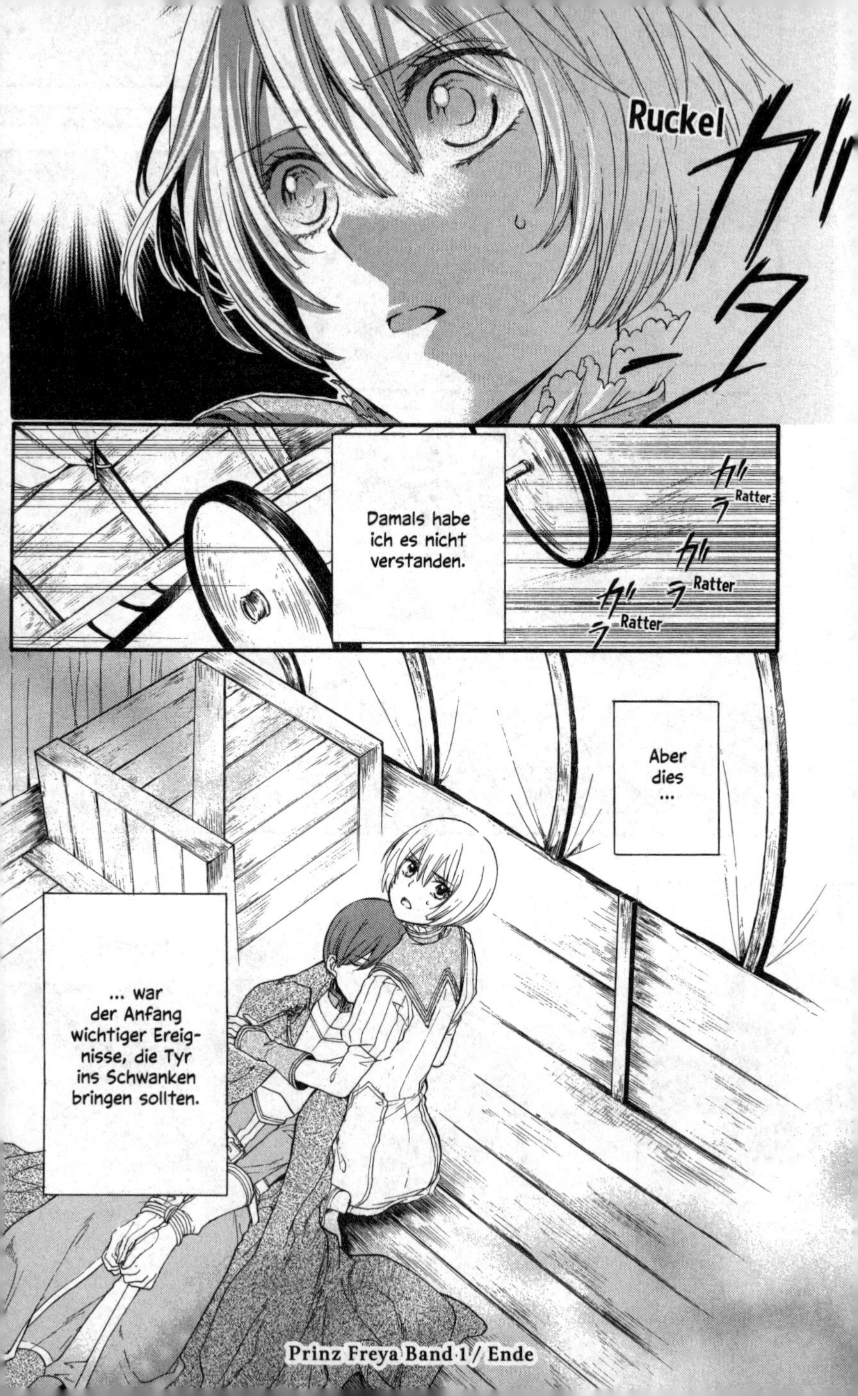
Ruckel
Ratter
Ratter
Ratter
Damals habe ich es nicht verstanden.
Aber dies ...
... war der Anfang wichtiger Ereignisse, die Tyr ins Schwanken bringen sollten.
Prinz Freya Band 1 / Ende

## Nachwort

### Vor der Produktion von *Freya*

Keiko Ishihara

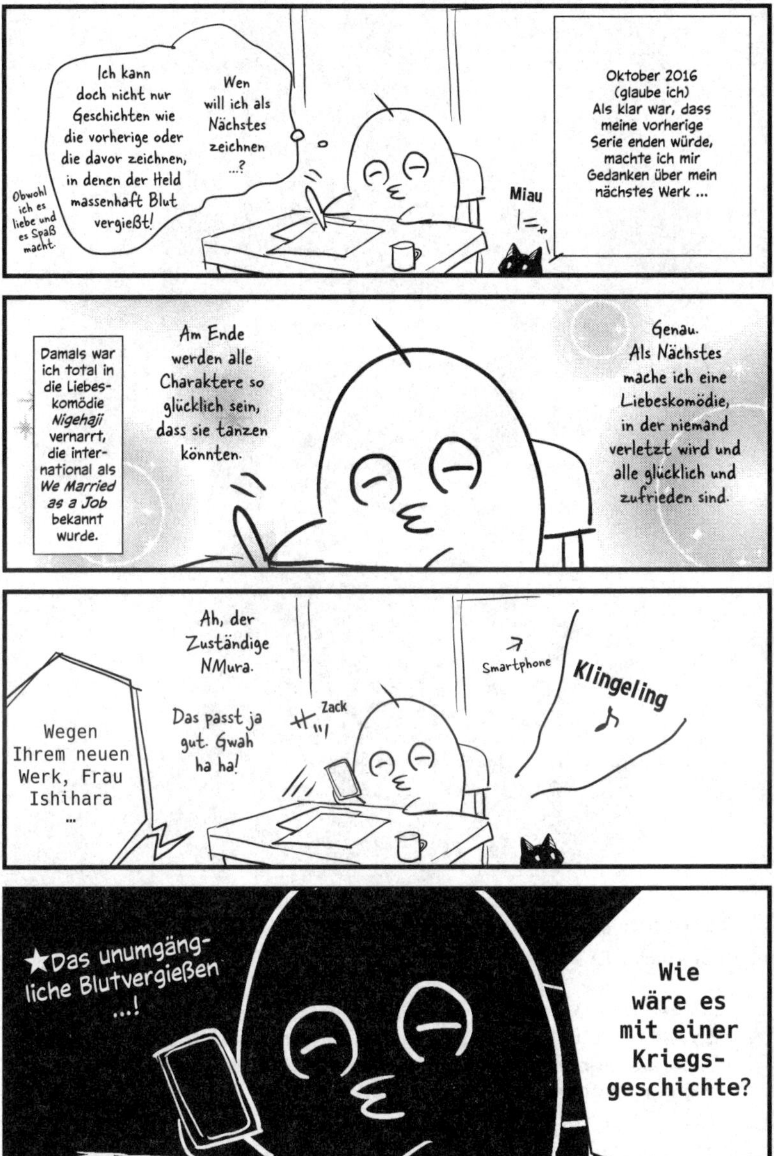

Fantasy 13 +

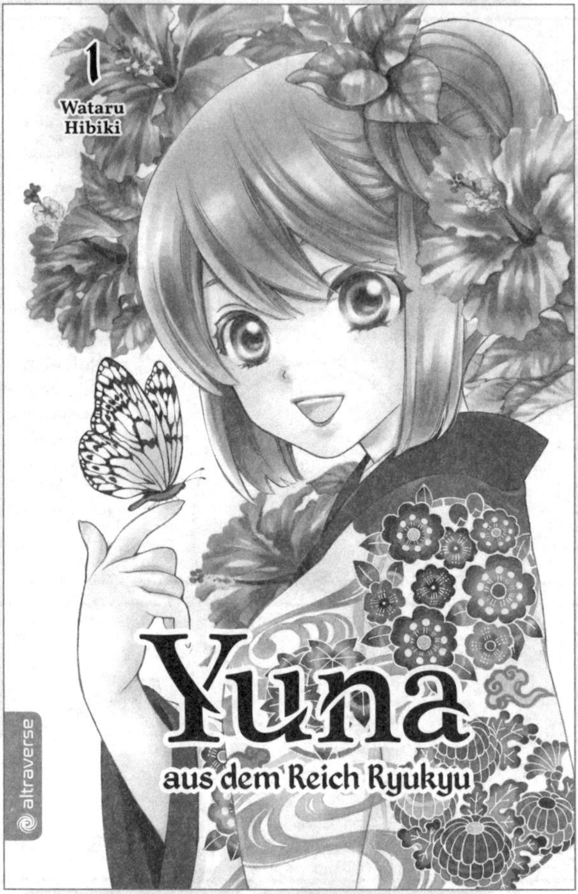


**Yuna aus dem Reich Ryukyu**

Wataru Hibiki

Mit ihren roten Haaren und wundersamen Kräften hat es Yuna nicht leicht. Von den Menschen als ein arglistiges Geistwesen verschrien, bleibt ihr oft nur die Gesellschaft ihrer Wächterlöwen Shi und Sa. Zumindest bis sie auf den jungen König von Ryukyu trifft ...

Fantasy 13 +

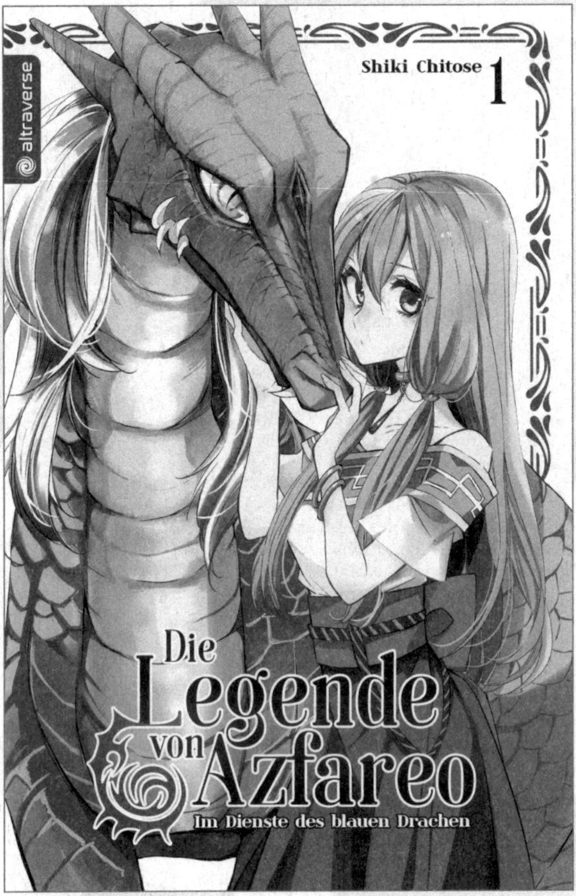


## Die Legende von Azfareo

Shiki Chitose

Im Schloss des Königreichs Azfareo haust ein fürchterlicher Drache. Rukul wird auserwählt, ihm zu dienen. Das aufbrausende Temperament der Bestie verschreckt sie zunächst, doch sie bemerkt schnell, dass sich hinter seiner rauen Schale eine sanfte Seele verbirgt. Jedoch rankt sich um den Drachen und den verschwundenen König noch ein großes Geheimnis ...

altraverse

Deutsche Ausgabe / German Edition
Altraverse GmbH – Hamburg 2021
Aus dem Japanischen von Larissa Freundt

ITSUWARI NO FREYA by Keiko Ishihara

First published in Japan in 2018 by HAKUSENSHA, Inc., Tokyo.
German language translation rights arranged with HAKUSENSHA, Inc., Tokyo
through Tuttle-Mori Agency, Inc.

Redaktion: Gwyneth Minte
Herstellung: Cathrin Hamester
Lettering: Vibrant Publishing Studio

Druck: CPI books GmbH, Leck
Printed in Germany

MIX
Papier
FSC FSC® C083411

ISBN 978-3-96358-877-8
1. Auflage 2021

www.altraverse.de